行動分析学
行動の科学的理解をめざして

坂上貴之・井上雅彦［著］

はじめに

　本書は行動分析学［Behavior Analysis］をはじめて学ぼうとする人のために書かれた教科書である。行動分析学という学問自体にはじめて出会う人も少なくないだろう。この学問の名を見て，フロイトの精神分析学［Psychoanalysis］を思い浮かべ，行動を分析するとはどんなことだろうと思いをめぐらせた人は，大変鋭い直感を持っている。というのも，精神分析学と違って，行動分析学は「精神」や「心」を語る代わりに行動を語り，その語り口には意識や自我をはじめとする心的用語が登場しないという，現代の心理学のなかでも最も特異な立場にある学問だからである。すでにここに至るまでに，「思い浮かべる」「思いをめぐらせる」「直感」といった心に関わる言葉が使われているにもかかわらず，である。

　筆者らはこの行動分析学という学問に惚れこんでいるので，本書を書いた。坂上はヒトを含む動物を対象とし，井上は障害を持つ人を対象とし，それぞれの対象の行動と自身の行動を形成し，増強し，維持し，減弱した。対象の両者がともに言葉が通じない対象であったことだけが，この学問を究めようとした理由ではない。この学問は，「心」と呼ばれるものが単なるフィクションにすぎないということに気がつかせてくれただけでなく，行動や環境が持つ機能が，この2つの事象の関係＝随伴性によって生み出されてくることを，実験や臨床を通じて何度も確認させてきたことで，私たちの確信をいよいよもって堅固なものに変えていった。

　本書は当初，坂上と2年先輩に当たる望月昭氏（立命館大学名誉教授）の2名で，基礎と臨床両方の基礎を学ぶための教科書として企画された。全体の3分の1程度までを書き進んだところで，残念な

i

ことに望月氏の公務や個人的事情から離脱やむなきに至り，一時は執筆を断念しかけたこともあった。しかし，臨床の後任として望月氏をよく知る井上の参加を得ることで，再び基礎と臨床との共同での執筆が始まった。企画からほぼ 10 年に近い年月の間，私たちの仕事を支えてくださった有斐閣の編集担当の方々，中村さやか，尾崎大輔，渡辺晃の各氏に深い謝意を表したい。

　人文科学，社会科学，自然科学，これらの交差点の 1 つによく心理学が挙げられることがある。行動分析学は，こうした観点からは生物学の一員としてその研究を推進してはいるが，この学問を支える哲学である徹底的行動主義は，科学のあり方自体を問うなかで，この行動分析学を人文科学や社会科学の一員として引き留めているように見える。今後，知性と呼ばれる営みに携わっていく人間として，こうした広い知的世界を俯瞰できる，しっかりとした世界観を体得していく一助に本書が役立ってくだされば，これに勝る喜びはない。

2017 年 2 月　三田山上にて
坂上貴之・井上雅彦

HOW TO USE

●本書の使い方

　本書は全9章よりなっている。第1章では行動を分析するとはどういうことかを学ぶ。第2章では，観察と操作という2つの学問的な行動が，対象となる行動をどのように明らかにしていくかを学ぶ。この2章分が，本書の入り口となっている。第3-5章で，それぞれ生得性行動，学習性行動のうちのレスポンデント，同じ学習性の行動のオペラント，の3つの行動の特徴やそれぞれの行動を制御する環境の機能を学ぶ。第6章と第7章ではオペラントを制御している2つの側面，先行刺激による刺激性制御と，後続刺激による強化スケジュールについて，さらに深く学ぶ。第8章と第9章は，ここまでに学んだ行動の知識を使った現在でも話題となっている，より高度なトピックを扱う。第8章では価値や選択が，第9章では言語や文化が焦点となっている。

　学習者は本書をただ読むだけであれば，それほど時間はとらない。しかし，他の心理学に見られない独特の考え方を確実に理解しようとすると，第7章までをしっかりと学習したうえで，第8,9章に挑戦していくのがよいだろう。巻末付録の読書案内に日本語で読める行動分析学関連書籍を挙げておくので，具体的な実験例や，行動分析学の考え方をより深く理解するために，これらの書籍にもぜひ目を通してほしい。行動分析に特有な略語や本書で用いた略記については，巻末付録のリストにまとめた。

　本文と区別して，3つのコーナーを用意した。**CASE** は具体的な事例を取り上げており，本文で使われている考え方をより直感的に

iii

理解するためのものである。**POINT** は本文で用いられた概念の整理やまとめのために設けられている。**STEP UP!** では，学習者の研究テーマ探しなどのきっかけとなるよう，本文で述べた基礎的な概念や事実をもとにした，より高いレベルのトピックを取り上げた。

各章末には，3つのタイプの問題を用意している。Basic 問題は各章の内容確認のための基本問題で，もう一度テキストをしっかりと確認すれば解答が可能な問いである。Search 問題は，テキストを手掛かりにさらに自分で調べたり，検討を深めたりするための問いである。最後に Advance 問題は，**STEP UP!** コーナーと同様，発展的な問題や議論の題材となる問いである。新しい経験を獲得するためには，環境に対して「オペラント」（自発的な働きかけ）することが必要であることを，学習者は本書を通じて学ぶことになるが，各問題に挑戦することは，まさしくこの「オペラント」することにほかならない。そして，最終的には，学習者自身が新しい問題を作り出す「オペラント」を始めるようになれば，本書を本当の意味で学習したことになるのである。

●本書をご利用いただく先生方へ

本書は大学の授業半期分（90分×15回）で行動分析学の基本的考え方とそれを用いた応用とを学べるように構成されている。行動分析学で使われている専門用語は，第1章で述べるように，日常生活で使われる心的用語や心的構成概念と区別するために，一般に聞き慣れない用語となっている。そのために，はじめはややとっつきにくいかもしれないが，慣れてくると，様々な心理現象を，「納得」や「共感」といった心的用語に訴えない自立した言葉で語れるようになる。したがって，学習者にとってそうした用語を自分のものとしていかなくてはならない，第7章に至るまでの理解がカギとなる。

そしてよりハードルの高い第 8, 9 章に読み進める前に，こうした行動分析学の概念や手続きを学習者にしっかりと理解させてほしい。ゆっくりと学習者の理解をモニターしながら進めるのであれば，第 7 章くらいまでで半期分を終えるのが適切であろう。さらに，科目担当者の工夫で第 8, 9 章でのトピックを深めようとすると，それだけで 5 回分以上を取ってしまうかもしれないので，その場合は半期のアドバンス・コースの入門として第 8, 9 章を利用し，その後，巻末付録の読書案内に挙げたいくつかの書籍へと進むことも考えられる。

著者紹介

坂 上 貴 之（さかがみ たかゆき）

現　　職：慶應義塾大学文学部教授

主　　著：『心理学が描くリスクの世界——行動的意思決定入門』［第3版］
（慶應義塾大学出版会，2018年，共編著）

『意思決定と経済の心理学』（朝倉書店，2009年，編著）

『行動生物学辞典』（東京化学同人，2013年，共編著）

『ゲームの面白さとは何だろうか』（慶應義塾大学出版会，2017年，
共著）

井 上 雅 彦 （いのうえ まさひこ）

現　　職：鳥取大学大学院医学系研究科教授

主　　著：『家庭で無理なく対応できる困った行動Q&A』（学研教育出版，
2015年，編著）

『8つの視点でうまくいく！ 発達障害のある子のABAケーススタ
ディ——アセスメントからアプローチへつなぐコツ』（中央法規
出版，2013年，共編著）

『発達障害の子どもをもつ親が行なう親支援——ペアレント・メン
ター入門講座』（学苑社，2011年，共編著）

目　次

はじめに　i
HOW TO USE　iii
著者紹介　vi

第1章　心とは何か　1

●行動分析学から接近する

1　心と行動の科学 …………………………………… 1

2　動物に心はあるか ………………………………… 3
　人間と動物は違うか　3　　　動物の心への科学的アプローチ
　4

3　脳は心の座であるか，あるいは脳は行動の源泉か … 5

4　心はどのように行動を説明するか ………………… 7
　なぜ若者は暴走を繰り返すのか　7

5　なぜ「心」による行動の説明が好まれるのか …… 10
　第1の理由：納得感や共感を得るための「心」　11　　　第2の
　理由：やっかいな説明を省くための「心」　12　　　第3の理
　由：直前の原因としての「心」　14　　　いつも反応に先立つ刺
　激があるのだろうか　15　　　どんな反応も刺激によって引き
　起こされているのだろうか　16　　　「心」による説明の落とし
　穴　17

6　「心」による説明は行動を変容することができるか … 18

7　行動分析学における行動の原因 ………………… 23
　履歴的，現前的出来事に注目する　23　　　現実的な解決（行
　動変容）に注目する　24

vii

第2章 観察法と実験法 27

●行動を科学するために

1 行動をどのように定義するか ……………………… 27
行動とは何か 27　　個体とは何か 29　　環境とは何か 31

2 個別の行動はどのように対象化されるか ………… 33
反応型と機能による行動の定義 33　　機能による行動の定義の長所 34　　運動，活動，行為，そして刺激と反応 36　　所産は行動とどのように異なるのか 37

3 行動を科学的に観察する ………………………… 39
精度の高い行動観察のために 39　　測定単位時間とセッション時間の設定 41　　行動観察法の分類 45　　行動の観察による推論の限界と随伴性 48

4 行動実験法——随伴性と環境の操作 …………… 50
反転法とは 50　　反転法の問題点 54　　多層ベースライン法とは 56　　単一事例法と群間比較法 56

第3章 生得性行動 63

●経験によらない個体の行動とは

1 行動の分類 ……………………………………… 63
学習性と生得性 63　　淘汰性と誘発性 64　　なぜ行動を分類するのか 66

2 刺激の分類 ……………………………………… 66

3 生得性行動 ……………………………………… 68
生得性行動の種類 68　　誘発性行動：反射 68　　誘発性行動：向性，走性，動性 70　　誘発性行動：固定的活動パターンと生得的反応連鎖 70　　非誘発性行動：原始自発反応 74

4 生得性行動のもつ学習的側面——馴化／鋭敏化 …… 75
馴化と鋭敏化 75　　馴化の現象 75　　適応と馴化・鋭敏化 77　　馴化・鋭敏化は学習か 79

第4章 レスポンデント　85

●環境の機能を変える方法を知る

1 条件づけと随伴性操作 ……………………………………… 85

2 レスポンデント条件づけ ………………………………… 87

無条件レスポンデント刺激と無条件レスポンデント　88
条件レスポンデント刺激と条件レスポンデント：レスポンデント条件づけの随伴性　89　　レスポンデント消去　91
ランダム統制手続き　92　　レスポンデント条件づけで観察される現象　92　　レスポンデント条件づけの意味　95

3 レスポンデント条件づけの具体的な実験例 ……… 97

基本的なレスポンデント条件づけ　97　　条件情動反応と不安・恐怖　98　　恐怖反応の条件づけ　100　　恐怖症の治療　100

4 レスポンデント条件づけの展開 …………………… 103

条件補償反応：無条件レスポンデントと条件レスポンデントの類似性と非類似性　103　　味覚嫌悪学習：条件づけの任意性・一回性・長い遅延　105　　隠蔽・阻止・条件制止　105
レスポンデント条件づけの現象とその説明　107　　随伴性空間と随伴性の知覚　110

第5章 オペラント　117

●行動やその出現機会を作り出す方法を知る

1 オペラントとは …………………………………………… 117

2 オペラント条件づけ …………………………………… 119

オペラント条件づけの基本形式　119　　強化と弱化　123
強化随伴性とオペラントの「母体」　126　　強化と弱化，提示型（正）と除去型（負）　127　　現実場面での随伴性　129

3 反応クラスと刺激クラス …………………………… 131

反応クラス　131　　刺激クラスと環境クラス　133　　反応形成　134

4 弁別オペラント条件づけと3項強化随伴性 ……… 138

目　次　ix

弁別オペラント条件づけ 138　　3項強化随伴性 140
弁別オペラントの意義 141

5　随伴性の拡張 ……………………………………… 143

条件強化子と無条件強化子 143　　般性条件強化子 144
反応連鎖 146　　条件性弁別刺激と弁別刺激 149

6　ここまでに出てきた随伴性の整理 ……………… 151

7　自動反応形成 ……………………………………… 154

第6章　強化随伴性

161

●行動変容のための諸変数と規則

1　強化随伴性 …………………………………………… 161

2　さまざまな独立変数と従属変数 ………………… 163

強化をめぐる独立変数 163　　反応についての従属変数
165

3　強化スケジュール──要素スケジュール ……… 167

強化スケジュールの分類 167　　反応非依存型スケジュー
ル：時間スケジュールと消去スケジュール 169　　反応偏依
存型スケジュール：時隔スケジュールと比率スケジュール
172　　反応偏依存型スケジュール：反応間時間分化強化スケ
ジュール 175

4　強化スケジュール──構成スケジュール ……… 177

構成スケジュール：継時型・同時型・複雑型・関係型スケジ
ュール 177　　継時型スケジュール：混成・混合・連鎖・連
接スケジュール 178　　同時型スケジュール：並立・共立ス
ケジュール 180　　複雑型スケジュール：論理和・論理積・
連動・累進・高次スケジュール 182　　関係型スケジュー
ル：調整・連結スケジュール 183

5　強化スケジュールと反応の相互関係 …………… 184

強化スケジュールの役割と行動機構の理論化 184　　強化率，
強化遅延，強化確率，強化量 186　　強化履歴 188　　オ
ペラント随伴性空間 189

第7章 刺激性制御 193

●はじめての環境に個体が出会うとき

1 弁別刺激と刺激性制御 ……………………… 193

2 基本的な刺激性制御 ……………………… 195
刺激弁別と刺激般化 195　同時弁別訓練と継時弁別訓練
199　条件性弁別刺激と弁別刺激 201　弁別訓練を促進
する要因は何か 204

3 「概念」形成とその派生的関係の成立 ……………… 206
「概念」形成 206　刺激等価性 208

4 弁別訓練によって何が学習されたのか ………… 211
移調 212　学習セット 213

5 心的構成概念に対する刺激性制御 ……………… 214
「心の理論」課題 214　誤信念課題に関する刺激性制御
216

第8章 反応遮断化理論と選択行動 221

●強化と価値を考える

1 強化・弱化の新しい捉え方 ……………………… 221
プレマックの原理 221　反応遮断化理論 226

2 価値と選択行動 ……………………… 229
行動分析学と「価値」 229　選択行動とマッチング法則
232　マッチング法則とその手続きの進展 236　マッチ
ング法則とその理論 238

3 行動経済学──無差別曲線理論と需要供給理論 ……… 239
無差別曲線理論 240　需要供給理論 242

4 自己制御と「意志」の問題 ……………………… 246
自己制御とは 246　自己制御性選択肢と衝動性選択肢
247　選択行動と随伴性 250　「自己」をどう捉えるか
251

目　次　xi

第9章 言語行動と文化随伴性 257

●行動分析学から展望する

1 言語行動と機能 ……………………………………… 257

言語を行動として捉え，機能として分析する　257　　言語行動と他者の存在　258　　言語行動と社会的行動　259

2 情 動 反 応 ……………………………………………… 262

情動反応の制御　263　　情動に対する機能からのアプローチの重要性　265

3 私的事象と情動反応 ……………………………………… 267

私的事象の言語行動による記述　267

4 ルール支配行動と随伴性形成行動 …………………… 271

言語行動による行動変容　271　　観察による行動変容　273　　ルール支配行動の限界　275

5 言語行動と文化 ……………………………………… 277

6 行動分析学を行動分析する行動 …………………… 281

お わ り に　287
読 書 案 内　290
引用・参考文献　293
本書で使用した略記　302
事 項 索 引　304

STEP UP!

① 相関関係と因果関係 ……………………………………… 13
② 行動観察と録音・録画 …………………………………… 40
③ 反転法を用いた場合の留意点 …………………………… 52
④ 固定的活動パターンと行動生物学 ……………………… 71
⑤ ブライテンベルクの車 …………………………………… 72
⑥ 馴化と選好注視法 ………………………………………… 78
⑦ 嫌悪刺激が学習に及ぼす影響 ………………………… 102
⑧ レスコーラ・ワーグナー・モデル …………………… 108
⑨ レスポンデント研究における派生的な現象を生み出す手続きの比較
   ……………………………………………………………… 109
⑩ 刺激の好みを測る：強化子アセスメント ……………… 125
⑪ 記述的オペラントと機能的オペラント ………………… 132
⑫ トークンとトークン・エコノミー ……………………… 145
⑬ 課題分析と全課題提示法 ………………………………… 148
⑭ 迷信行動と付随行動 ……………………………………… 170
⑮ 行 動 対 比 ………………………………………………… 198
⑯ サリー・アンの誤信念課題 ……………………………… 214
⑰ ハトに自己制御を教えることは可能か ………………… 250
⑱ マンドとタクト …………………………………………… 261
⑲ 私的事象の真偽性は検証できるか ……………………… 269

図版イラスト：山口みつ子（p. 120, p. 212, p. 222, p. 252）

本書のコピー，スキャン，デジタル化等の無断複製は著作権法上での例外を
除き禁じられています。本書を代行業者等の第三者に依頼してスキャンや
デジタル化することは，たとえ個人や家庭内での利用でも著作権法違反です。

第1章 心とは何か

●行動分析学から接近する

Introduction

「心とは何か？」 心の科学のためには，この問いを避けて通ることはできない。近年の脳科学の進歩によって，以前は不可能であった脳の活動を可視化することも可能になってきている。私たちは近い将来，心を可視化することが可能になるのであろうか。その一方で，私たちは心を知ることを，なぜかくも希求するのであろうか。古くて新しいこの命題に対して，行動分析学の哲学的立場である徹底的行動主義という視点から何が見えてくるのであろうか。

1 心と行動の科学

　心理学を勉強したい人の多くは，一度は「心が知りたい」と思ったのではないだろうか。そのときの心とは，霊魂や魂のような深遠なものでも，精神や**意識**のように哲学的なものでもない，単に自分からは窺うことのできない，相手の考えや気持ちではなかっただろうか。相手の内側にあり，直接見ることのできない何か，そしてその何かはその相手の行動を統御している，そんな何かを漠然と「心」と呼んでいるのではないのだろうか。その何かを知れば，相

手の次なる行動を予測でき，自分は適切に振る舞うことができるのだ。そうした意味で「心」が知りたかったのではないだろうか。

　そのような思いは，ある意味でごく真っ当なものである。人が社会的な存在である限り，私たちはたった 1 人で生きていくことはできない。だから，他者との関係をうまく保っていくことがとても重要であることを経験上知っている。科学としての心理学は，この「内側にあって行動を統御する何か」を知ろうとする営みの 1 つであるといってよい。ただ，それは心理学特有の営みではない。哲学，倫理学，文学等，心理学以外の学問もまた，そうした何かを知ろうとしている。本書は，科学としての心理学の一分野である行動分析学においての，この営みのあり方を説明するものである。

　上で述べた「心」＝「内側にあって行動を統御するもの」についての考え方には，次の 2 つの極にあたる考え方がありそうである。1 つの極を占める考え方は，「身体とは別に心というものがあり，心は身体の行動を統御している」というものである。この考え方を**二元論**と呼んでおこう。もう 1 つの極を占める考え方は「心は脳の機能であり，脳が身体の行動を統御している」というもので，**一元論**と名づけられよう。そして現代の心理学はこの 2 つの極の間のどこかに，自分たちの考える「心」を置いている。

　行動分析学の哲学的な立場である徹底的行動主義 [radical behaviorism] は，こうした一元論と二元論の軸からはずれたところにある。簡単にいえば，「心は行動の説明のために作られたフィクションであり，行動を統御しているのは，心や心に対応する脳ではない」というものだ。どうしてそうした考えに立つのかを，これからゆっくり説明することにする。

2 動物に心はあるか

人間と動物は違うか

二元論をはじめて明確に述べたのは**デカルト**（R. Descartes, 1596-1650）であった。彼は身体と心（この時代の考え方からは，精神と呼んだほうがよいかもしれない）とを異なる別々のものとしただけでなく，人間とそれ以外の動物との違いを，心があるか否かで区別した。人間は心を持った特別な存在と考えられたのである。この人間と動物との間の圧倒的な差は，**ダーウィン**（C. R. Darwin, 1809-1882）による進化論の登場によって大きく縮められることになるが，それでも両者の連続性や類似性に注目するより，両者の相違点に注目する心理学が，これまで主流を占めてきたといってよい。人間の「心」を知るうえで，動物で得られた研究結果を利用することは，一時期を除きほとんどなかったのである。

心の「働き」として，よく「知情意」という言葉が日本では使われる。これらは心理学では，認知，思考，知識，情動，感情，動機，意図，意思決定などと呼ばれてきた。動物にも，心やこうした心の「働き」に対応するものがあるのだろうか。

筆者の一人（井上）は，精神分析学を専門とする友人の心理臨床家に，「動物に心はあるか」という質問を投げかけたことがある。サルは，イヌは，ヘビは，サカナは，ではミジンコは，と矢継ぎ早に回答を急かすと，彼の答えは「ないと思うが，あるかのように接する」というものであった。筆者は彼の言葉に，同じ臨床家として強い共感を覚えた[1]。

たとえば飼い主が，帰宅してまとわりつく愛犬に対して「さみし

かったんだね」というように，言葉を持たない動物に対して私たちと同じ心を持つと想定することで，彼らの行動の一部が納得いくものとなったり，それによって愛着を抱いたり，親和性を高めたりすることができる。つまり，動物にも自分たちと同様の「心」があると考えたほうが，私たちの動物と接する行動は「強化」されやすくなるのであろう。

上の例は，私たちの日常的な行動に見られる，すべてのものに人と同じように霊魂が宿っているというアニミズム的な思考の例であって，これによって動物に「心」があると証明されるわけではない。

| 動物の心への科学的アプローチ |

それでは**動物の心**に科学的にアプローチすることは，どこまで可能なのだろうか。「心の座は脳にある」とすれば，そして動物に心があるとすれば，それぞれの動物種の脳の構造によって心は規定されることになる。

例としてハトの「認知」に関する研究を取り上げてみよう。「ハトはピカソの絵とモネの絵を区別できるか」という有名な実験がある（Watanabe et al., 1995）。渡辺らのこの研究は，「人々を笑わせ，そして考えさせてくれる研究」に与えられる「イグノーベル賞」を受賞した研究でもある。実験では 10 枚のピカソの絵と 10 枚のモネの絵を使った。ハトはおよそ 20 日間程度の訓練で，この「弁別」ができるようになった。しかしこれだけでは，ハトは 20 枚の絵を丸暗記して覚えただけかもしれない。そこで，さらにこのハトに，訓練に使われていない何枚もの新しい絵を見せる「般化」テストを行った。その結果，ハトははじめて見るモネの絵とピカソの絵を正しく弁別しただけでなく，白黒にしたり，輪郭線をぼかしたりしてもモネとピカソを正しく弁別することができた。渡辺らの研究グループはほかにも，「絵の上手・下手がわかる」ことなど，動物の

「認知」に関する多くのユニークな研究を行ってきている。

このほか，多くの動物を対象とする心理学的研究によって，動物に対してある環境を実験的に設定し，そこでの学習を繰り返すことによって，私たちが「認知」と呼んでいる行動を生じさせられることが明らかとなってきている。これは，人間だけが固有に持っているものと考えられがちな「心」に対して，動物にも「心の働き」に対応するような行動が存在しうることを示し，その違いを研究することで，「動物としての」ヒトの「心」とは何かを探求しようとする試みであるということができる。

ここでは，早急に動物に心があるかないかを決着させることが目的ではない。ぜひ読者も，ヒトとヒト以外の動物との間をどのように比較していけばよいかを問い，それぞれの「心」について考えてみてほしい。

3 脳は心の座であるか，あるいは脳は行動の源泉か

一元論の方に近づいて心や行動について考えてみよう。私たちが脳について学ぶとき，最初に接するのは脳の構造である。ヒトを含めてさまざまな動物の脳を比べてみると，全体や各部の大きさには違いがあるが基本的な構造はよく似ている。では，動物とは異なるヒトの心というものは，どこに宿っているのだろうか。ヒトの脳はゴリラの約2倍の大きさがあり，その大脳皮質の連合野の広さは際立っている。このことから，この部分にいわゆるヒトの心があるといってよいのだろうか。また脳の各部分は心とどのような関係があるのだろうか。

過去には大脳皮質はどこも同じ働きをすると考えられてきたが，

今日では大脳皮質の構造は各部で違いがあり，分業されていることがわかっている。ブロードマン（K. Brodmann, 1868-1918）は組織構造が均一である部分をひとまとまりと区分して1から52までの番号を振ることで脳地図を作成した。脳機能の局在性の研究は，臨床的には脳腫瘍などの摘出手術で，切除すべき病変が言語野・運動野などに関連する場合，手術中に脳を電気的に刺激しながら機能をマッピングし切除を行うことで，術後の後遺症状を軽減することなどに活用されている。

現在では，脳の形態的分析に，コンピュータ断層撮影（CT）や核磁気共鳴画像法（MRI）などが用いられるほか，脳活動を測定するため，血流動態を観察する機能的（核）磁気共鳴画像法（fMRI），ポジトロン断層法（PET），近赤外線分光法（NIRS），また神経細胞の電気活動を可視化するための脳電図（脳波），脳磁図（MEG）などが開発されてきた。

現代の脳研究では，これらの装置を使い，ある特定の刺激や特定活動中に，局部的に脳がどのように働くかを可視化することで，あるいは脳のさまざまな場所を刺激したり機能を喪失させたりすることで，行動と脳活動の関係を解明しようとしている。クリューヴァーとビュシーは，アカゲザルの扁桃体を含む両側の側頭葉を破壊すると，食物と非食物の区別の不能や，対象物を口唇で検査する行動傾向の増加，性行動の異常亢進，情動反応の低下（ヘビなどを見せても恐怖反応を示さなくなる）などの症状を呈することを報告した（Klüver & Bucy, 1939）。その後の研究は，ヒトを含む動物における恐怖に関連する重要な脳構造として扁桃体を同定し，恐怖条件づけとの関連から様々な研究がなされている（Delgado et al., 2006）。

しかし脳科学者のなかで，ヒトの心や複雑な行動を，このような脳の物質的過程として研究することによって，完全に理解できると

考えている人はどれくらいいるのだろうか。研究が進むにつれて，いよいよ心や行動の理解から遠ざかってしまうように感じてはいないだろうか。

こうした脳と心の間の漸近的な接近と乖離は，脳や神経系の物質的過程について明確な科学的定義が可能である一方で，私たちが心と呼んでいるものが明確には定義されていないというギャップから生じているように思える。これは私たちが脳死という問題を考える場合，「意識の有無」について脳や中枢神経系の物質的過程の有無として納得できるか否かという問題にも関連する。「脳は心の座である」という言葉が表すように，私たちが心と呼ぶものの多くが脳の活動に由来していることは事実である。しかし，心の定義を行わない状況で脳活動にその由来を求めても，証明は困難であるといわざるをえない。

また行動の原因を，脳を含む物質的過程に求めたとしても，これらの脳活動も，ある環境の変化に影響されるものであれば，行動の原因は脳活動そのものにあるのではなく，むしろ脳活動もまた行動の1つと考える立場もありうる。次節では，この心と行動の原因について考えてみよう。

4　心はどのように行動を説明するか

なぜ若者は暴走を繰り返すのか

今度は二元論の方から考えてみる。「心」＝「内側にあって行動を統御するもの」という心の捉え方では，行動を説明する道具として「心」が使われている。たとえば人は，ある犯罪行為が起きたときに，「なぜ犯人は白昼多くの人の目の前で，見ず知らずの通

行人を次々に刺していったのか？」というように，その行動の原因を知りたがる。また人は，「なぜ若者は暴走を繰り返すのか？」というように，そのような行動パターンが人々の間に起こる理由を理解しようとする。

「説明する」とは，「なぜ？」に答える 1 つの方法である。では，ある行動の「なぜ？」に答えるとはどういうことなのだろうか。どうすれば人々の「なぜ？」という問いを満足させることができるのだろうか。

ある犯罪行為の「なぜ？」は，その犯罪者の生育環境，性格，病歴，これまでどんな経験をしたかの履歴，直前の出来事，本人の将来に対して持っていた見方，現場の状況，そして犯罪への直接的な動機などで語られる。ときには，その犯罪者が暮らしていた社会の特性，たとえば社会的な伝統や風習，現在の社会状況，当時の人々が感じていた将来像などによっても説明される。

たとえば 2008 年 6 月に東京・秋葉原で起きた無差別の殺傷事件の容疑者について，事件のあった翌日，新聞は **CASE ①**のようにその人物像を伝えていた（「『おとなしくて無口』加藤容疑者を知る人々 秋葉原事件」朝日新聞デジタル，2008 年 6 月 9 日付より[2]）。ここでの文脈と関係ない部分は省略した。[ ] は筆者による補足）。

CASE ① 3日前から早退・休み

容疑者は人材派遣会社に登録し，静岡県にある工場で派遣スタッフとして働いていた。時給は約 1300 円。住居は［会社が］借り上げたワンルームマンションだった。

［会社によると］容疑者は昨年 11 月，募集広告を見て応募してきた。その前は別の派遣会社に登録し，同じように工場で「派遣」として働いていたという。今回の仕事は塗装工程の担当だった。

勤務ぶりはまじめだったが，事件 3 日前の 5 日に早退し，前々日の 6 日

8　第 1 章　心とは何か

金曜日も欠勤していたという。［会社の］広報担当者は「おとなしくて無口で，変わった様子もなかった。驚いている」と話した。

　出身地の容疑者の両親宅近くに住む50代女性は「まじめできちんとあいさつもする，やさしい子だった」とショックを隠せない様子。金融機関に勤める父親と母親，弟の4人家族で，中学時代はテニス部に所属，大会で表彰されるほどだった。成績もよく，志望がかなって，県内有数の進学校に合格した時は，親も本人も喜んでいたという。

　98年4月に入学後，2年から理系を選択した。所属していたソフトテニス部関係者は，容疑者の性格を「殻に閉じこもっている雰囲気。3年の夏に家出したことがある。練習時に気が短い一面もあったが，当たり散らすわけではなく，事件を起こすとは想像もできなかった」と話す。大学進学の気持ちは薄く，卒業後は県外の自動車関係の専門学校に進み，自動車関係の会社に就職したと聞いていたという。

　高校1年の時に同じクラスだった男性会社員（25）は「自動車のF1レースにはまっていた。レースの次の日，うれしそうに話していたのを覚えている」と話した。

　逮捕された容疑者が，「人を殺すため秋葉原に来た。世の中が嫌になった。生活に疲れてやった。誰でもよかった」と述べている記事もある（「携帯サイトで犯行予告　秋葉原無差別殺傷7人死亡」朝日新聞デジタル，2008年6月9日付より[3]）。これらの記事から，人々がどんな出来事に関心を持つかを知ることができる。同時に，容疑者の行動と結びつくような，「いかにも犯罪者らしい」出来事がこの時点では，周りの人々の口に上ってきていないことにも気がつく。

　これまでに述べた点を整理すると，私たちは **POINT ①** に示す3つの出来事に着目すれば，人の行動の「なぜ？」の大部分を説明できることがわかる。

　しかし，私たちは，これら**生得的，履歴的，現前的**出来事によってその人の「心」の何かが変化し，それが「動機」を形成して，行動の起こった場面での何かをきっかけに，最終的に目に見える行動

4　心はどのように行動を説明するか　　9

> **POINT ①　行動を説明する 3 つの出来事**
>
> ⑴ **生得的出来事**：生得的なもの（例：よく "切れる" 性格であった）
> ⑵ **履歴的出来事**：これまでの経験や行動の履歴（成績が良くなかった，仕事をよく変えていた，借金を負っていた，上司と喧嘩した，交番の位置を確認していた）
> ⑶ **現前的出来事**：直前の状況（殴りかかられた）やその場にあった状況（周りに人の気配がなかった）

として出現すると理解しているように見える。

　ところが，上で述べた生得的，履歴的，現前的出来事の 3 つは，「内側にあって行動を統御するもの」という，接近することができない「心」とは異なり，いずれも人の外側にあって私たちが接近することができる出来事である。たしかにそれぞれの出来事のすべてを知ることは決して容易ではないが，今後の科学技術の発展を考えると，必ずしも克服できない難題というわけでもない。それにもかかわらず，どうして私たちは，わざわざ行動の「なぜ？」を，「心」という接近不可能な内側にあるものへと引き渡してしまうのだろうか。

5　なぜ「心」による行動の説明が好まれるのか

　私たちは，「心」を用いた行動の説明を頻繁に行っているが，それにはどんな事情があるのだろうか。ここでは「心」が，⑴日常の言語生活に組み込まれており，納得感や他者との共通理解や共感をもたらすことに役立っていること，⑵行動の因果関係の複雑で

10　第 1 章　心とは何か

時間のかかる解明を避けることができる節約的ツールとなること，(3) 行動に先行する原因を特定できない場合の空白を埋めるものとなること，の３つに注目する。そしてとくに(3)の理由に対して反論を試みることで，「心」による説明がもたらす問題点を浮き彫りにしてみたい。

第1の理由：納得感や
共感を得るための「心」

まず，日常生活，とくに日常の言語表現のなかに，「心」を行動の原因とするかのような，さまざまな説明が埋め込まれてしまっていることに注意しよう。私たちの日常生活の会話だけでなく，私たちが何気なく触れている言語文化にその多くの例を見出すことができる。

CASE ②　心をめぐる言語活動による説明の例

- 「心」「気」を含む用語による説明：**親切心**がないから高齢者に席を譲らない，**心**のこもった料理で**気持ち**が温かくなる，**心がけ**次第で立派になれる，相手にそういわれるとそんな**気がしてくる**，合格の知らせに**天にも昇る気持ち**であった。
- 心的用語による説明：**根性**がないから成績が上がらない，勝とうとする**意欲**があれば必ず勝つことができる，はじめて異性への**欲望**に目覚めた。
- 心的概念による説明：**知能**が高いので有名大学に行けた，社交的な**性格**が多くの友情を育てた。

これら **CASE ②**の例を注意深く見ると，心に関わる用語や概念には，行動の名詞的な言い換えや，よく似た行動をとらせたり生み出したりする状況を比喩として用いることが多い[4]。報われない行動を持続して行っていることは根性や頑張りや信念（あるいは逆に惰性や頑固）として表現され，強い喜びは舞い上がったり，天に昇ったり，足が地についていなかったりする。こうして私たちは，生

活に根ざした言語の運用に基づいてこれらの説明を使うことで，心を行動の原因として立てるのである。しかし，それだけではなぜ「心」による説明を人々が利用するのか，はっきりしない。

　犯罪行為や行動パターンについての「なぜ？」はたしかに因果関係における原因を求めるものではある。しかしこの「なぜ？」が発せられたのは，理解不能な犯罪，人々の迷惑を顧みない無軌道な行動，こうしたある意味，常識では考えられない出来事を，他者と共有できる形で「**納得**」し「**共感**」することで受け止めたかったのではあるまいか。つまり，真の因果関係の理解が求められているのではなく，コミュニケーションの深化や自分自身の不安の解消が当座の目的のように見える。

　このような背景を持った「なぜ？」が投げかけられている場面では（そして現実にそのような場面が多いと思われる），何度も繰り返しなされてきた「心」による説明に勝るものを見出すことは難しい。日常言語に根づいている「心」をめぐる言語活動は，他者とのコミュニケーションを円滑にし，同じ状況下での共通の発話を生み出しやすく，それに基づく互いの共感を打ち立てやすいのである。

第2の理由：やっかいな説明を省くための「心」

「心」による説明を好む第2の理由は，行動の原因を節約的に説明するためである。前節で述べたように，生得的，履歴的，現前的な出来事は，そのすべてを挙げることがとても難しい。調べること自体に多くの労力を費やすだけでなく，調べれば調べるほど可能性が増えすぎてしまい，行動の原因を明らかにすることが，いよいよ困難となってしまう。正確な行動の原因を推定するには，どのような要因が，行動にどのような効果を持つのかという知識が積み重ねられる必要があるが，さまざまな可能性を検討することは短い時間では無理である。そのために，人々はある種，万能で節約的な

12　第1章　心とは何か

「心」による説明を受け入れているように見える。

そのうえ，行動に関連があると思われる要因は，普通，その行動がまず出現してから探されるので，その行動を説明しやすい要因だけに目がいってしまい，いろいろな要因の可能性を考えるというスタンスがとりにくい。さらに，想定された要因と行動との間にあったものが，**相関関係**なのか**因果関係**なのかを明らかにすること自体が，数回だけの観察（たとえばよく似た事件を集めるなど）からは多くの場合，不可能であることもある。

STEP UP! ① 相関関係と因果関係

観察だけでは，ある原因のもとでは結果としてのある行動が起こり，別の原因では起こらないといった，原因と結果の関係を系統立てて試すことができない。このことを理解するために1つの例を挙げてみよう。

> ある人が胃潰瘍になったとする。そして胃潰瘍になる前に，その人は脱毛症になっていたとしよう。この人のように，脱毛症から胃潰瘍というような連関が起きるケースが多くの人で観察されるならば，脱毛症は胃潰瘍の原因であると主張できるのだろうか。

多くの読者は，そんな因果関係はないというだろう。そしてむしろ，その背後に複雑で急激な社会的・環境的な変化要因，たとえば人間関係の悪化や，急な職場環境の変化，仕事量の増加などが，脱毛症と胃潰瘍の2つを生み出した真の原因だと指摘するかもしれない。しかし，そうした指摘は私たちの持っている別の種類の知識が教えてくれたものである。

事象A（脱毛症）と事象B（胃潰瘍）との連関は，相関 [correlation] と呼ばれている。A—B間に観察される相関関係があるからといって，本文で見たように，この間に必ずしも因果関係を想定する

ことはできない。ある場合には，事象C（人間関係の悪化）が事象
AとBのそれぞれと因果関係があり，そのためにA−B間に相関関
係が観察されることがあるからである。人間関係の悪化は早い時点
で脱毛症を引き起こし，少し遅れて胃潰瘍を生じさせるのである。

　上の例のように事象間にあるのが相関関係であると見抜きやすい
場合はよいが，そうでない場合には，事象間に誤って因果関係を想
定してしまうことがある。この誤りを根本的に解決するためには，
実験，すなわち原因の系統的な操作による結果の観察が必要である。
もしも事象Aを変化させても（脱毛症の程度が異なる何人もの人を
集めたり，問題となっている人の睡眠時間を変えたりする），事象B
（胃潰瘍の人の割合や問題となっている人の胃潰瘍の程度）が変容し
ないならば，そこに因果関係を持ってくることはできない。因果関
係を調べる実験の方法については次章以降で解説しよう。

　さらにやっかいなのが，「行動の真の原因は，いつのどの要因で
あるのか」を簡単には定められないことである。ある建物が倒壊し
たという事故の例を考えてみよう。この事故の直前に起こった積載
量をオーバーしたトラックによる壁面への衝突，数週間前に起こっ
た地震による基底部のひび割れ，建築時のコンクリートの粘度の低
さのうち，いったいどれがその原因なのかを問うのはとても難しい。

第3の理由：直前の
原因としての「心」

近代科学の勃興以来，私たちは上で述べた
因果関係を，直前に存在する直接的な働き
をなす要因から説明することが多くなっ
た[5]。このような思潮のなかで，私たちは行動の原因を，その直前
にある何かにいっそう頼りがちになっている。どのようなものがそ
の「何か」になるのだろうか。

　今日では，行動には必ず**直前の原因**があるというのが，ごく当た
り前の見方となっている。たとえば**反応**［response］という言葉は，
「何か」についての反応であり，反応に先立つ「何か」があること

14　第1章　心とは何か

が言葉のうえで前提となっている。この「何か」は，心理学では**刺激**［stimulus］と呼ばれ，刺激―反応という対の概念ができあがった。こうした見方では，行動にはそれに先立つ，直前の特定環境の変化，すなわち刺激が必ずあるということになる。しかし，もしもそうした直前の刺激が見出されない場合はどうなるのだろう。この場合こそ，「心」による説明が積極的に使われる場面なのである。

　もしも直前の刺激が見出せない場合に，その刺激の代わりを果たすのが「心」である，というわけである。たとえば怒りや悲しみといった感情は，攻撃的な振る舞いや泣くという反応とともに経験されるので，私たちはときに感情を行動の原因とする。また筋道を立てて，あれこれ考えたり推敲したりした後，私たちはスピーチをしたり，文章を書いたりするので，思考や判断をそうした複雑な行動の原因とする。泣くという反応が出現したとき，それに先立つ直前の環境要因（たとえば刻まれたタマネギ）がすぐに見出だせない場合，「心」はこうした行動の原因を説明するのにとても便利なのである。

　以上3つの理由を挙げてみたが，このような理由のリストはもっと長くなるかもしれない。しかし，理由をさらに付け加えるのはここまでにして，以下では，第3の理由である直前の原因として空白を埋める「心」についてもっと深く検討してみよう。なぜなら，最初の2つの理由はいずれも私たちの「心」による説明を支えている文化的で社会的なものと関わっているが，この最後の理由は，私たちの考え方そのものへの「論理的」要請と結びついているように思われるからである。

いつも反応に先立つ刺激があるのだろうか

今日では私たちは，反応の直前にはその反応を引き起こす刺激があると考えるのが一般的であると述べた。ここで2つの疑問が起こる。

5　なぜ「心」による行動の説明が好まれるのか　　15

その1つ目は次のような疑問である。まずその反応をちょうど引き起こすような刺激は，本当にあるのだろうか。私たちは，絵を描いたり，字を書いたりする。真っ白な画用紙に赤いクレヨンを使って線を引くとき，この線を引くという反応をちょうど引き起こすような，反応に先立つ刺激はあるのだろうか。私たちは，人と会話をしたり，1人で歌ったりする。「昨日，近くのラーメン屋に行ったんだ」という言葉を使った反応を引き起こすような刺激はあるのだろうか。生まれてまもなくの赤ちゃんは声を出したり，這ったり，見つめたりするが，そのすべての反応に先立つ何らかの刺激を見つけることができるのだろうか。こう考えると1つひとつの反応に，それに対応した刺激を考えなくてはならないし，そうした刺激が見つからなければ，それに対応できる何か，たとえば「心」が用いられることになる。しかし，もともとこうした1対1対応を考える羽目になったのは，反応が先行する刺激によって引き起こされているという見方に立ったからにほかならない。

> どんな反応も刺激によって引き起こされているのだろうか

　そこで第2の疑問はこうである。そもそも，どんな反応も刺激によって引き起こされているのだろうか。たとえば，タマネギを刻むと私たちはどんなに我慢しても涙が出るし，熱いものに触わることですぐに手を引っ込めたり，眩しい光に対して目を瞑ったりというように，たしかに先立つ直前刺激を持つ反応がある一方で，声を出す，動く，見る，書くなどの反応には，先立つ刺激を見つけるのが難しい。難しいというのは先立つ刺激があると頭から信じこんでしまっているからで，実はそうした刺激がなくても，反応は起きているのだという，新しい見方をした研究者たちがいた。彼らは，私たちを含む生き物，とくに動物は，動くこと，行動することが特徴なのだと考える。そして先に見た例のよう

16　第1章　心とは何か

に，直前の原因である刺激（刻んだタマネギ，熱いもの，眩しい光）が行動を支配する場合のほかに，そうした先行する直前の環境変化がない，いわば「まず行動ありき」というような自発される行動が，刺激とは**独立**して存在する場合を考えるのである。

「行動の原因が直前に見当たらない」と，これまで説明に使っていた刺激—反応の対応を利用することができなくなる。「眩しい光」によって，「目を瞑る」という行動は出現した。では，私たちの字を書く行動はどうして出現するのだろう。それに答える方法の1つは，刺激を身体の外部に探す代わりに身体の内部に持ってくることで，行動の新しい直前の原因を作り出すことである。第3の理由として挙げた「心」による説明は，その意味で内部化された刺激による説明といえる。

これに対して，まず自発された行動が存在し，それが起こった後の環境変化，つまり（先行するのではなく）後続する刺激によって，その後の行動が変容していく過程を考える。そうすることで字を書くような複雑な行動の成立を描き出すというのが，もう1つの方法である。この後者の方法を選んだのが，本書で学んでいく「行動分析学」なのである。

「心」による説明の落とし穴

行動の原因を「心」に求めやすい私たちの行動傾向，そしてそれらを支える環境（社会や文化的状況）は，さまざまな社会的課題に対する対応のあり方にも強く影響を与えている。私たちの文化のなかのこの行動傾向が，社会的問題の本質に対する分析を曇らせ，解決方法を誤ったり，遅らせてしまったりしたという事実は歴史上に容易に見出すことができる。物資や技術が乏しく，勝てる見通しのない戦争において，「精神力」というものに勝敗の原因を求め，それを高めることに邁進し，現実的な対応を先送りにしていった結

果，より悲惨な結果がもたらされた例も少なくない。しかしこのような「歴史の教訓」も，歴史的解釈においては当時の社会情勢の問題として分析されがちである。実は私たちが持ってしまっている，行動の原因を「心」に求めやすい，という行動傾向が背後に存在していたという見方は，一般にはなされてはいない。

　一方，これまで述べてきた「心」を行動の原因とみなしやすいというパターンを，「心」以外の「原因」（私たちの外側にある生得的，履歴的，現前的出来事）についても見出すことができる。たとえば，「ひきこもりは当事者の親の育て方に『原因』がある」，といった表現を考えてみよう。この表現はもちろん科学的とはいえないし，適切ではない。この表現は，解決しがたい問題（ひきこもり）の原因について，手に入れやすく観察しやすい事象（親の育て方）をついあてはめがちであるという例である。

　行動の原因を「心」に求めやすい私たちの行動傾向，そしてそれらを支える状況は，わかりやすく，節約的で，納得のいく「理由」を導き出し，共感によって社会的な一体感を作り上げる。これはある意味でのメリットでもあるが，デメリットももたらしうる。私たちは，こうした身近でわかりやすいものだけに原因を求めてしまう誘惑からなかなか逃れることができないことを，知っておくべきである。

6　「心」による説明は行動を変容することができるか

　これまで，なぜ「心」がある行動を説明するのに用いられるのかを考えてきた。そして「心」が行動の本当の原因ではなくても，人々がそれを説明に使いたがる理由を考えてきた。しかし，同じ

「なぜ？」が発せられる場合でも，次のようなケースでは事情がが
らりと変わってしまう。「なぜこのイヌは家人に吠えかかるのだろ
う？」「なぜこの子は言葉を発することができないのだろう？」「な
ぜ人々は温暖化を食い止める行動をしないのだろう？」などである。
第4節のはじめに挙げた2つの「なぜ？」——「なぜ犯人は白昼多
くの人の目の前で，見ず知らずの通行人を次々に刺していったの
か？」「なぜ若者は暴走を繰り返すのか？」——と異なり，ここで
の「なぜ？」は，納得し共感することだけを求めて発せられたもの
ではない。イヌの吠える行動をどうにかしたい，子どもに言葉を話
させたい，温暖化を食い止める行動に人々の関心を向けさせたい，
そのためにはどうしたらよいのか，その手掛かりを得るために「な
ぜ？」を発したようにみえる。このような背景を持つ「なぜ？」に
対して，「心」による説明は私たちに利益をもたらすことができる
のだろうか。

　わが国の霊長類の心理学研究のパイオニアの1人で筆者（坂上）
の先輩である浅野俊夫は，その訳書『オペラント心理学入門』のあ
とがきのなかで，1970年代に京都大学の霊長類研究所へ赴任した
ての頃の経験を **CASE ③** のように書いている。

CASE ③　サルたちの行動変容

「（前略）突然，京大霊長類研究所への赴任が決まり，サルと格闘する破目
になった。はじめは，サルにレバーを押させることさえできず，それまで
身についていた，CS-US 的発想（筆者注：条件刺激 CS と無条件刺激 US
の組み合わせによって新しい条件反応を生み出すパブロフの古典的条件づ
けからの発想を指す。第4章参照）や，Hull-Spence 流の理論（筆者注：
上の発想をさらに精緻化した学習理論を指している。新行動主義と呼ばれ
る学派であるハルやその弟子のスペンスの理論は，スキナーの行動分析学
の普及以前，欧米や我が国の動物を中心とした学習過程の研究の中心的役割

を果たしていた）は一気に吹き飛んでしまった。今から考えれば，嘘みたいな話だが，どうすれば確実にレバー押し行動を形成できるかという問題を解決するのに，1年近くもかかってしまった。さまざまの手を使ってみたが，すべて，サルたちの行動によって簡単に却下された。その時点で，初めて，オペラント条件づけ（筆者注：自発された反応を，その後の刺激が変容する条件づけをいう。第5章参照）を本気で導入する気になった。まさに，藁をも摑む気持ちであった。Ferster と Skinner の大著 *Schedules of Reinforcement*（筆者注：表記の2名の行動分析学者によって書かれたオペラント条件づけの基本的研究書）を読み，できるだけ忠実にサルに応用してみた。レバー押しの形成は，体重統制と実験箱への馴化操作および，逐次接近法の採用（筆者注：3つともレバー押し行動の形成する際の基本的手続き。最後の逐次接近法は，レバー押し行動に結びつくようなさまざまな行動を，はじめは似ていない行動からだんだんとよく似た行動へと徐々に形成していく方法で，その形成の際，行動した直後に餌を与えるというオペラント条件づけを用いる。第5章参照）により，いとも簡単に達成することが出来た。このときサルたちが示したダイナミックな行動変容は小生にとって大きな衝撃であり，以降，オペラント条件づけを研究するという小生の行動は，人から強化されることは少ないにもかかわらず，サルたちによって強化され続けている」（浅野，1978，p. 148）

　この **CASE** ③では言語教示の通じないサルに，特定の行動をさせようとする浅野の苦闘が描かれている。行動の原因を理解しないままなされたさまざまな手立ては，サルたちの行動によって「却下」され続けた。最終的にその苦闘は，行動分析学の提供する行動変容の手続きによって，ついには解消する。

　また筆者（井上）は，自閉症スペクトラムのある子どもの臨床で**CASE** ④のような体験をした。

CASE ④　自閉症スペクトラムのある子どもの行動変容

　自閉症の診断を持つ A 君は，自分の頭を拳で強く打つという自傷行動を

20　　第1章　心とは何か

主訴に母親とともに心理相談に来談した。A君は知的な障害を併せ持っており，話し言葉を持たず理解も困難であった。来談したとき，A君の側頭部にはまっ黒な痣ができ自傷行動の激しさを示していた。筆者（井上）の相談センターに来談する前に通っていた別のクリニックでは，A君の自傷に対して，「心理的なストレスが原因」と指摘され，母親は「彼が自傷をするたびに抱きしめてあげるように」とアドバイスされていた。母親は彼が自傷をするたび，懸命に抱きしめることを実行したが，自傷はますますひどくなるばかりであった。母親は周囲からも責められ，「自分の愛情が足りないのではないか？」と苦悶し，子どもの将来を悲観して心中まで考えたという。

　伝統的な心理療法においては，ある不適応行動に対して，その背景にある「心理的ストレス」や「心理的葛藤」が原因であると仮定し，その解消をセラピーの中核におく。しかしながら，このような「心」による説明では，行動の説明はできても，「抱きしめる」という対応が効果的であるという治療の根拠に対しての科学的な説明にはなりえない。

　これに対して行動分析学では，まずその問題行動が生じるきっかけとなる事象（出来事）と，その行動の後の結果事象，つまり行動の結果として何がもたらされたかという点に注目する。そしてこの2つの事象から，その行動の機能を推定するアセスメントとアプローチである**機能分析**［functional analysis］を行う。**CASE** ④のA君のその後を例に，機能分析の詳細をみてみよう。

CASE ④　（つづき）

　筆者（井上）は，A君がどのような状況で自傷をしているのか，母親に詳しくインタビューを行った。その結果，彼には余暇スキルが乏しく，手持ちぶさたにしているときに自傷が多く見られ，その頭を叩く大きな音に気づいて母親が近寄って抱きしめる，ということであった。機能分析の結

6　「心」による説明は行動を変容することができるか　21

果，話し言葉を持たないA君にとって自傷は「暇なときにかまってくれる母を呼ぶためのコミュニケーションの手段」となっている可能性が考えられた。もしそうであれば，先に通っていたクリニックが推奨していた「自傷の後に抱きしめる」という対応は，機能分析による仮説からは逆に問題行動を強めてしまうことになる。私は，A君が暇を持て余すことを減らすために積極的な余暇活動の提供と，余暇を広げるための余暇スキルの指導を行った。さらに，自傷に代わるコミュニケーションの方法を獲得させるために，いくつかのキイを押すことで音声が出る「コミュニケーションボード」の指導を行った。数カ月後，A君の自傷はほとんど消失し，母子に笑顔がもどった。

　このA君の例からもわかるように，対象の行動を変容させることができる方法（A君の場合は抱きしめるのではなく，余暇スキルの指導）を与える理論や説明が，行動の「なぜ？」と深く関わっているのである。

　行動を変容させる要因と方法を与えることによって，行動を予測したり制御したりすることをめざし，それをもって「なぜ？」に答えようとするのが行動分析学である。もっと簡単にいえば行動を「どうしたら変容できるか」に答えることが，行動の「なぜ？」に答えることだと考えているのが行動分析学である。これに対して先ほど挙げた**CASE②**のような「心」を使った3つの説明のタイプ，つまり「心」「気」を含む用語による説明，**心的用語**による説明，**心的概念**による説明は，行動を「どうしたら」変容させることができるかについては答えてくれないのである。

　このように考えると，逆に「どうしたら変容できるのか」と問うていくことで，「心」に原因を求める見方を超えて，視点を広げることができるかもしれない。先ほど述べたように行動の理由を求めていくことは，（「いつ」の「どの」要因が本当の原因なのかを見出すうえで）いくつもの困難にぶつかる。そして，それらを「心」の説明

22　第1章　心とは何か

がうまく回避してくれ，ここまで続いてきた文化に埋め込まれた言葉を使って私たちに納得をもたらしているのである。多くの人々はその説明で満足していくかもしれないが，行動を予測したり制御したりすることを必要とするような前述の **CASE ③**や **CASE ④**では，行動の原因を科学的に証明するための枠組みが必要となる。

7 行動分析学における行動の原因

履歴的，現前的出来事に注目する

　行動分析学と他の心理学のアプローチは，生得的，履歴的，現前的出来事を行動の原因として探し求めるという点では，実はほとんど変わりがない。他のアプローチもこれらの出来事が「心」を変化させる要因であることは認めているが，行動の原因が「心」にあると考えている点で，「心」を行動の原因としない行動分析学とは大きく立場が分かれてしまう。行動分析学が「心」を行動の原因としない理由は，環境を実際に操作して，そのもとで変容した行動を観察することから得られる，言い換えれば実験を通じて得られる，環境と行動との関係についての知識を，基本的な出発点としているからである。

　したがって，行動分析学では，「心」の代わりに，行動を予測したり制御したりすることができる**環境要因**を，行動の原因と考えている。これらについての知識は行動の因果関係を与えてくれるものであると同時に，「どのように」行動を変容するかに応えてくれる知識でもあり，さらには行動変容を必要とする人の「なぜ？」にも答えてくれる知識でもあると考えている。

　さらに詳しくいうと，行動分析学は，実際に行動の変容を試みよ

7　行動分析学における行動の原因　23

うとする人々の操作の対象となり，かつその環境要因は変化させられることが重要であるという点から，生得的，履歴的，現前的出来事という3つの出来事（おそらく，どれもが行動の原因となりうるものであって，どれか1つということはほとんどないのであるが）のうち，特に履歴的，現前的出来事に注目を向けてきた。どのような行動と環境との歴史があったのか，そして現在どのような環境にさらされているのか，この2つを知り，さらに行動と環境との新しい歴史を作り出していくこと，行動分析学のいわば学問的「任務」と呼べるものがここに集約されている。

　行動分析学は行動についての学問であるから，自らの学問を営む行動についても当然その対象と考えているし，またその学問的行動を現実の場面や研究室での場面に適用した際に起こるさまざまな実践的行動についても，深い関心を持っている。学問的行動も実践的行動も社会という環境のなかで起こる行動であるから，その履歴的，現前的出来事の分析に基づいて，これらの行動の変容が図られることになる。そうした学問的行動をも制御や予測の対象とするという意味で，行動分析学は，自身の学問に対して，根源的，徹底的な立場に立っているといえる。

> 現実的な解決（行動変容）に注目する

よく問われる質問に，「行動分析学は遺伝子や脳に関心がないのか？」というものがある。遺伝子は，生物の系統発生的履歴を通じて（言い換えれば進化の歴史を通じて），その個体の身体的構造と機能の発現の情報を担う重要な対象である。もう一方の脳は，生物の個体発生的履歴を通じて（言い換えれば発達過程を通して），環境と行動を結びつけている重要な器官である。これらが行動の原因の一部を構成していないということは，ほとんどありえない。しかし，行動分析学がこれらを研究の対象としていないのは，それらが生物

学や医学の対象であるからというよりも，上で述べた，人々による現実的な解決を与えることができる科学としてのあり方に強く影響を受けているからであると思われる。サルにある行動を教えること，自閉症児が社会的行動をするようになること，これらの目的に現在のところ遺伝子や脳の研究は遠いところにある。それらは，言い換えれば「どのように」行動を変容するかには答えることができない地点に位置することが，行動分析学徒の多くが，対象としてそれを選ばない理由のように思える。

「心とは何か」は，心理学にとどまらず人類の大きなテーマである。本章ではこの疑問について，行動分析学という学問を通して分析を試みた。まず心とは，行動の原因となると考えられた身体の内側にある何かに，そう名づけたものであると考える。そう名づける行動は，社会的，文化的に支えられているが，ことに言語コミュニケーションを通して，行動の因果関係を簡潔で素早く説明することができることで，維持されてきた。しかし行動分析学は，そうした心を行動の原因とは考えない。その代わりにヒトを含む動物個体の行動は，生得的，履歴的，現前的な出来事によって理解されるものと考えている。それでは具体的にはどうやって行動を理解するのか。それが次章以降のテーマとなる。

●注

1）　大学生に 60 種類の動物の知能を 100 点尺度で評定させた中島（1992）の研究がある。

2）　http://www.asahi.com/special2/080609/TKY200806090081.html（2016 年 9 月 6 日アクセス）

3）　http://www.asahi.com/special2/080609/TKY200806080127.html（2016 年 9 月 6 日アクセス）

4) 心に関わる用語や概念には，魂，精神，心，意識，欲望，感情，記憶，思考などの伝統的に「心」やその働きを表すのに用いられてきた心的用語と，近代以降，主に理論的もしくは合理的な要請から作り上げられた内発的動機づけ，結晶性知能，習慣強度などの心理学的構成概念＝心的概念とを区別することができる。

5) アリストテレスはこうした要因を動力因と呼んだ。これに形相因，目的因，質料因の3つをあわせて因果関係を論じた彼の説は**アリストテレスの4原因説**として知られており，その考え方は，現代においても**ティンバーゲンの4つの説明**に引き継がれている。また近代科学は4原因のうち，動力因と質料因に因果関係の焦点を当ててきたと考えることができるという見方もできる（Rachlin, 1992）。しかし科学的アプローチのなかから他の2つの原因がすべて消え去ったわけではない。経済学や生態学では，効用や生存の最適化を考えることが多いが，このときには，目的的な要因に注意を向けている。

演習問題

1-1 [Basic] ロボットには「心」はあるのだろうか。あるとしたら，どのような理由からそういえるのか，考えなさい。

1-2 [Basic] 共感はどのようなときに生まれやすいのだろうか。例を挙げて説明しなさい。

1-3 [Search] デカルト以外の哲学者は，心をどのように考えたのだろうか。アリストテレス，ロック，カントの3人について実際に調べなさい。

1-4 [Search] **CASE**①のような，行動を理解することが難しい最近の事例を挙げ，人々がどのようにそれを説明しようとするか調べなさい。

1-5 [Advanced] 心による行動の説明の代わりに，最近ではよく脳によって行動の説明がなされるようになってきた。なぜそのようになってきたと考えるか，述べなさい。

第**2**章 観察法と実験法

●行動を科学するために

Introduction

　なぜその人はそのように行動するのか，前章で私たちは「心」に
その原因を求める傾向にあることを述べてきた。行動分析学では，
考えることや感じることも行動として捉え，観察対象としてきた。
しかし観察するという行為だけでは，行動の「なぜ」を解き明かし，
それを証明することは困難である。本章では環境を操作し，それが
どのように行動に影響するかを科学的に観察する方法を紹介する。
行動とは何かを考えることは，生物とは何か，環境とは何かを考え
ることにもつながり，それは機能という視点から行動を分析するこ
とへと発展していく。

1 行動をどのように定義するか

行動とは何か

　行動とは何だろうか。前章では，「行動」
という用語を定義しないで議論をしてきた。
実は「行動」という用語を定義するのは，そう簡単ではない。また，
「行動」のようなきわめて一般性の高い用語は，人々の間でとくに
明確な定義をしなくても，ある程度了解が可能なので，それもこの

27

用語を定義することを難しくしている。次の例を見てみよう。

「行動とは個体がなしている（doing）こと，――あるいはより正確には，なしていると他の個体によって観察されたこと，である」（Skinner, 1938, p. 6）[1]

「個体が，環境の中で生存し続けながらそれと関わり為しているすべての営みを行動という」（佐藤，1977，［定義1］）

「まず，生物界における個体の存在に注目する。個体は様々の身体装置（wetware）で構成されているが，常に一つの統合体であると考え，この個体と環境との間に生じる相互作用すなわちダイナミクスを＜行動＞と名付ける。したがって，行動とは個体が個体（an organism）として環境と接触している状態といえよう」（浅野，1978）

「個体の行動とは，個体と（その個体が置かれている）環境との間でなされる相互作用の部分をいう。それは，個体のある部分の，空間的に検出可能な時間軸上の変位によって特徴づけられ，環境の少なくとも1つの側面における測定可能な変化を帰結するものである」（Johnston & Pennypacker, 1993）

たとえばクーパーは，ここで挙げた最後の定義を，最も包括的で明瞭な定義としている（Cooper et al., 2007）。しかしここで注目したいのは，行動はそれ自体が持つ特性や状態によって定義されていないことである。行動の定義が難しい理由の1つは，行動が「個体」や「環境」といった他の概念との**関係性**のなかでしか定義できない性質を持った用語であるからである。行動の定義に行きつく前に，

28　第2章　観察法と実験法

ここではまず「個体」という概念から考えてみることにする。

| 個体とは何か |

ここで「**生物個体** [organism]」と呼んでいるものは，伝統的に心理学では**生体，生活体，有機体**と訳されてきたものである。これらの用語を使わず，あえて「個体」と翻訳した理由は，心理学が集団や群ではなく個体というレベルで生物の振る舞いを見ている学問であり，行動分析学もまたそうした個体レベルでの行動を対象としていることによる。おそらく上述した佐藤や浅野の行動の定義でも，そのような意味で個体という用語を使用したと考えられる。スキナー（B. F. Skinner, 1904-1990）の叙述（たとえば *About behaviorism*）のなかでも organism という意味で「個体 [individual]」がよく使用されている。

個体について，『大辞林』（三省堂）には，以下のような記述が見られる。

①〔哲〕それ自身の性質や規定をもって，他とは区別される単一固有の独自の存在。普遍（類や種）と対立する。個物。個人。

②〔生物〕一つの独立した生物体。通常，細分することのできない一つの体をもち，生殖・運動などの生命現象を営むことのできる構造と機能をもつ。

この定義と同様に，行動分析学の研究対象である個体も，生物体であり，生命現象を営む不可分な体を持っている。しかし生物である個体を他から区別するための特徴が，もし「行動（や運動）を有しているか否か」であるならば，そもそも生物個体であることの特徴の1つが，ここで定義をしたい行動と密接に関連しているということになる。つまり，行動そのものが生物個体を定義する際の特徴

1　行動をどのように定義するか　　29

の 1 つとなっているということである。そして事実，私たちは生物個体を，行動を有したものとして取り扱っている。

ある研究者は行動を「死人ではできないこと」と考え，死人ができないこととできることに区別することによって，「行動」とそれ以外の個体の変容とを区別する「死人テスト［dead-man test］」という方法を提案している (Malott, 2008)。たとえば，高いところから落下することは，死人でもできることから，落下は行動とはいえない。また，身体が腐敗するという現象も行動ではない。こうした定義のしかたは，もし死人か否かを区別するのに，たとえば生理学的ないしは生化学的方法を用いることができるならば，行動を識別するよいテストとなる。しかし，死人か否かの区別に行動の有無を用いるならば，これまで述べてきた定義と同様に，何らかの循環に陥ってしまうであろう。けれども，死人テストが循環論であるかどうかということよりも重要なのは，私たちがここでも，死人の特性として，行動しないことを暗黙のうちに採用しているという点である[2]。

このような考察から，行動を科学的に研究するうえで，その対象として生物個体を選択し，次に，対象とされた生物そのものを他の環境から区別しているであろう，「個体」のある特定の変容に注目し，それを「行動」と名づけているという研究者としての私たちの姿が浮かび上がってくる。

そこで暫定的には，行動と個体に関する概念的定義を以下のように述べておこう。

　「行動分析学でいう行動とは，観察対象となっている生物個体（通常はヒトを含む動物）の変容である。同時に行動は，その主体が生命のある個体であるという特徴をも担っている。一方，

30　　第 2 章　観察法と実験法

個体は、それを取り巻く環境から、行動と呼ばれる、個体の全体的もしくは部分的な変容によって区別されている」

環境とは何か

前項までに、行動の定義を難しくしている点として、行動が「個体」や「環境」といった他の概念との関係性のなかでしか定義できない性質を持った用語であることを指摘し、まず、行動を「個体」に関係づけて定義した。本項では「環境」について考える。

環境は、アメリカ心理学会による心理学事典（*APA Dictionary of Psychology*）では次のように定義されている。

「物理的、生物的、社会的、文化的な複数の外的作用因子（agents）もしくは状態の集成をいい、生物個体（an organism）の複数の機能に影響を与える。物理的な環境は、温度、気圧、音、振動、大気、栄養源によって測定されると同様に、値の変化範囲（たとえば温度スケール）によっても特定される」（VandenBos, 2007）

この定義が典型的な例だが、「環境」という概念も、対象自体が持っている性質に基づいた定義を用いないで定義しようとすると、研究者が行っている「研究という行動」との関係によって、環境を定義することになる。つまり、環境とは、研究者の操作という行動の対象ということになる。一方、観察という行動の対象は、個体、もしくは個体の有する行動である。操作対象となった環境（やその一部）は**独立変数**［independent variable］と呼ばれ、観察対象となった個体の変容は**従属変数**［dependent variable］と呼ばれる。

言い換えると、五感を通じて知ることができる「皮膚の外側」の

1　行動をどのように定義するか　　31

世界のうち，もっぱら操作という行動を通して変化させる対象が「環境」なのである。個体や個体の行動は，「皮膚の外側」にありながら，操作の対象とはならず，観察のみの対象となっている点に気をつけるべきである[3]。

こうして，前項で書いた行動と個体についての暫定的な定義は次のように修正されるかもしれない。

> 「行動分析学において，研究者の観察行動のもっぱらな対象（従属変数）となっている生物個体（通常はヒトを含む動物）が示す変容は，行動と呼ばれる。一方個体は，それを取り巻く環境から，行動と呼ばれる，個体の全体的もしくは部分的な変容によって区別されている。これに対して，研究者の操作行動の対象（独立変数）は環境と呼ばれる」

さらにここで注意したいのは，実験場面で研究者が観察対象とする個体の行動は，翻っていうと，研究者の観察行動を介して，（実験装置を組み立てたり，データを分析したりする）研究者自身の研究行動に影響を与える「環境」となっている点である。つまり，今度はそれらが研究者の行動に効果を与える環境（の一部）になっており，独立変数が個体の行動，従属変数が研究者の行動というように入れ替わっているのである。たとえば動物の行動実験においては，観察対象となった「行動」は，適切な方法や装置を使って観察されなければならないが，もしもそれらが適切でなければ，その方法や装置を研究者は積極的に修正しなければならないだろう。この例では観察対象が，研究者の「**観察**する」という行動を変容している[4]。

臨床場面においても同様のことがいえる。知的障害のある自閉症の子どもに対して，ことばの訓練をするという場合，セラピストは

32　第2章　観察法と実験法

訓練環境を整え，発達のアセスメントを行い，訓練プログラムを作成し，行動の記録をとる。子どもに思うような変容が生じなければ，セラピストのそれらの行動は修正されなければならない。子どもの反応を上手に引き出せる経験を積んだセラピストの臨床行動は，クライアントの行動という環境によって変容された結果なのである。

その一方で，対象となる個体の側からみると，私たちの行動はその個体の観察対象であり操作対象としての環境である。そしてその個体の行動の一部は，実験者やセラピストの行動を変容させ，**操作**するのである。このような個体の行動と私たちの行動との相互の関係もまた，行動分析学の枠組みのなかで捉えていく重要なテーマの1つとなっている。

2 個別の行動はどのように対象化されるか

反応型と機能による行動の定義

さて，行動そのものは個体の変容であり，個体はある意味で常に変容し続けている（そうすることで生命活動を行っている）ので，具体的な科学的分析を進めるためには，これらの連続的変容を何らかの方法で個別の行動に切り分け，対象化する必要がある。現在のところ，そうした対象化の方法は2つある。

1つは，その**反応型**［topography］（トポグラフィ，行動型ともいう）に注目する方法である。たとえば，空間のある地点から別の地点への「水平の移動」を表す行動には，歩く，走る，飛ぶ，這う，など数多くあるが，これらの行動は，身体のどの部分がどの程度，移動が行われる水平面と接触するかに注目して形態的な区別を行っている。こうした反応型によって行動を対象化することを**反応型による**

2 個別の行動はどのように対象化されるか　33

行動の定義と呼んでいる。

　もう1つの方法は，行動による環境への働きかけの結果に注目する方法である。先ほどの例でいえば，移動に関する反応型はどのようなものであっても，移動行動によって危険から回避できるという結果がもたらされるのか，目当ての物を手に入れるという結果がもたらされるのか，というように行動の結果の違いに基づいて行動を定義することである。この方法に従って定義すれば，前者は回避行動，後者は採餌行動となる。このように，環境に対して効果をもたらす行動の働きによって行動を対象化することを，**機能**［function］**による行動の定義**と呼ぶ。

機能による行動の定義
の長所

　行動分析学による行動の取り扱いが，ある種，画期的である点の1つは，行動の対象化の方法をこの反応型による定義から機能による定義へと変えたことにある。厳密にいえば，まったく同じ反応型を示す行動は存在しえないので，反応型による定義は，反応型による分類を厳密にすればするほど，無限に多くの反応型を定義しなくてはならないというジレンマに直面する。

　たとえば動物による行動実験において，ラットがレバーを操作して餌粒（ペレット［pellet］）を得るという場面を考えてみよう[5]。この場合，ラットがレバーを操作する行動としては，厳密には「レバーを前肢で押し下げる」「レバーの上に身体全体で乗りかかる」「レバーに嚙みついて動かす」など，さまざまな反応型がある。しかし，さまざまなレバーの押し方があるだろうが，その個体が何らかの反応型で押した結果として餌粒さえ得られれば，実験者はそれを容易に観察したり記録したりできる。つまり，環境への機能によって行動を定義することで，行動観察や操作を飛躍的に容易で取り扱いやすいものにしたといえる。

34　第2章　観察法と実験法

さらに機能による行動の定義は，臨床場面のアプローチにも大きな効果をもたらしている。たとえば，ある男の子が，母親が幼い妹の世話をしているときに「おもちゃを投げる」「妹にちょっかいを出す」「奇声をあげる」などの行動を起こしている事例を取り上げてみよう。この事例では母親はその都度，兄を注意していたが，兄の行動はいっこうに減ることはなく，むしろエスカレートしていった。これら複数の反応型からなる兄の行動は，機能による定義からいうと，それらの行動の直後に生じる「母親からの注目」によって生じている同一の行動なのである。つまりこれらの行動は，機能による定義からは同じ「注目要求行動」として定義される。その後，叱責というかたちで注目を与えることをやめ，兄に妹の世話を手伝う行動を促し，その行動に対して多くの注目を与えるよう母親にアドバイスした。すると兄の複数の問題行動はまったく出現しなくなったのである。

　機能による行動の定義がもたらす影響は，こうした実用的な側面にとどまらない。反応型からいうと区別がつかない2つの行動が，まったく異なる機能を持っていることがあり，そのために行動を変容させる方法がまったく異なってしまうことがある。たとえば「泣く」という行動を取り上げてみよう。タマネギの調理中の「泣く」という行動は，先行する刺激であるタマネギを取り除けば，その行動はなくなる。しかし，進級のために単位が必要な学生が先生の前で「泣く」行動は，どんなに泣かれても先生たちが単位を出さないことによって，次第に減少していくであろう。「泣く」という，反応型は同一である2つの行動も，その機能は大きく異なるのである。このように機能によって行動を見ることで，その後の行動変容の方法はまったく変わってしまう[6]。

　現在では，今から50年前には考えられなかった測定装置やデー

タ処理技術の革新があり，とくに実験室のなかでの行動やそれに関わる変化の計測や分析は飛躍的な進歩を遂げている。そのもとで，過去には不可能と思われていた反応型の機械的な定義が可能となり，かつ当時では想像もしなかった反応型，たとえば高速に動く眼球運動や脳の特定部位の活動量などが測定される一方で，反応や刺激間を分析する，たとえば時系列分析などが容易にできるようになった。

こうした眼球運動や脳のある部位の活動量が行動であるのかどうか，あるいは，少なくとも行動分析学の対象とする行動であるかどうかについては，まだいくつか考えておかなくてはならない問題が残っている。しかし，こうした類の行動を観察できるようになったこと自体は，今後また行動分析学における新しい研究領域を提供するであろう。

すると，残る本当に重要な問題は，こうした行動も含めた，測定される行動と狭義の環境（つまり操作行動の対象）との関係，すなわち行動は環境をどのように変化させ，逆に環境は行動をどのように変容させ，さらにこのような相互関係の変化の過程はどのようになっているか，ということになる。このような行動と環境の相互関係，とくに時間的確率的な相互関係と，その分析の枠組みを，行動分析学では**随伴性**［contingency］と呼んでいる。この行動と環境間の随伴性とその変化過程を研究の対象とすることが，行動分析学の特徴ともいえるが，この随伴性という概念について学ぶ前に，もう少し関連する専門用語について見ておく必要がある。

> 運動，活動，行為，そして刺激と反応

行動は，しばしば**運動**［movement］，**活動**［activity, action］，あるいは**行為**［act］などと呼ばれる場合がある。先に述べたように，これらを反応型によって厳密に区別することは難しいだけでなく，おそらくあまり意味がない。行動分析学では，一般には，反応

36　第2章　観察法と実験法

型に注目したうえで、「運動」とは行動を構成しているより小さい行動を、逆に「活動」や「行為」とは、複数の行動によって構成される一連の行動のまとまりを意味することが多い。

　前節で環境と行動は互いに深く関連した存在であると述べた。前章でも述べたように、心理学では、その1世紀以上にわたる歴史のなかで、この関係を表現する概念として**刺激**［stimulus］（以降、本書では記号Sで表すことがある）と**反応**［response］（同じく記号Rで表すことがある）という用語を用い、これらについて、いくつもの厳密な定義や分類を試みてきた。一方、行動分析学では一般に、観察や操作の対象となる、ある特定の狭義の環境を刺激、ある特定の行動を反応と呼んでいる。また、多くの行動分析学の教科書では、必要がない限り、刺激と環境、反応と行動とを、ほとんど同じ意味のものとして扱っている。本書もここではそれに倣うことにする。

| 所産は行動とどのように異なるのか |

　親は、学校での成績を良くするために、子どもを塾に行かせたり、家庭教師をつけたりする。上司は、部下の営業成績を上げるために、営業成績を貼り出したり、ボーナスをつけたりする。学校での成績や営業成績は、行動や反応そのものではない。正確にいえば、成績［performance］（しばしば遂行と訳されることもある）とは、行動や反応の**所産**［product］である。行動とそれによってもたらされる所産とは異なるのだが、よくこの2つは混同される。学校の成績を上げるには、子どもの有効な勉学行動を増加させることが重要である。「有効な」とつけたのは、机に向かっている行動は勉学行動の1つかもしれないが、そこで勉強以外の活動に従事しているのならば、有効とはいえないからである。有効な勉学行動は、最終的にはその所産としての成績の向上につながると考えられるが、成績は勉学行動だけで決まるわけではない。出された問題の難易度、出

2　個別の行動はどのように対象化されるか　　37

題範囲，他の生徒の成績など，さまざまな要素にも影響を受ける。

　もう1つ例を出そう。肥満を改善するために減量する場合を考える。「減量する」と書いたが，減量するというのは行動ではない。実際になされる行動はウォーキングやジョギング，きめられた食事をとったり食物をよく噛むことだったり，エスカレーターやエレベーターを利用しないで階段を上ることなどさまざまな行動がなされる。こうした個別の行動はカロリーの消費を助けたり，暴飲暴食を阻止したりすることで，所産としての体重減少を生み出す。体重の減少は行動の自発後，かなりの時間経過を要するため，それらの行動は維持されないことも多い。また他の要因が影響しやすく，体重減少も行動の直接的な所産とは言いがたい。大切なのは体重の減少に結びつくようなさまざまな行動をどのように形成し，維持するかという点にある（藤巻・坂上，2017）。

　行動と所産とはこのように異なるものであり，行動分析学での行動変容は行動を対象にしているのであって，その所産ではないことに気をつける必要がある。しかし，実際には行動の観察には限界もあり，利用できる測定対象が所産しかない場合も多い。この際はいうまでもなく，行動の測定とほとんど一致するような所産の測定が望ましい（たとえば喫煙行動と，灰皿に残った吸殻の数や長さ）。これに対して行動と一致しにくい所産（たとえば成績など）は，行動との因果関係が証明されない限りは，あくまで参考値として位置づけ，モニターするにとどめておくのがよい。

38　　第2章　観察法と実験法

3 行動を科学的に観察する

精度の高い行動観察のために

行動は「観察対象となっている個体の変容」である。では，行動を観察するとはどういうことなのだろうか。そこでまず観察という行動について考えてみよう。科学的行動としての観察行動は，それが系統立って行われることが大切である。科学的な観察行動はその対象である個体の変容を捉えるために，ある一定の期間や時間を必要とする。一般に観察期間は，数日から数年の範囲のどこかに収まる。さらにこの期間中のすべての時間で観察行動をすることが実際にはできないことが多いので，そのなかで決められた長さの観察時間を設けることになる。観察時間については，次項で詳しく述べる。

行動を科学的に観察し測定していくためには，できるだけ，(1)自動的に，(2)機器によって，(3)観察時間全体にわたって，(4)連続的に，測定することが望ましい。行動分析学は，実験科学的方法論に基づいた，行動と環境間の随伴性とその変化過程を研究するのであるから，この(1)から(4)までの要請は，いわば当然のものといえる。問題は，これらの要請を満たすことができない場面で，できるだけ信頼性と妥当性を落とさない測定を行うことができるかということになる。

行動分析学以外の心理学では一般に心的概念を取り扱うこともあって，研究で得られたデータについての信頼性と妥当性がよく論議されている。本書では，**信頼性**を「実験・実践場面での現象の再現性の相関［intra-correlation］の程度を表すもの」（つまりもう一度実験

3　行動を科学的に観察する　　39

したら同じ結果が現れるかということ），**妥当性**を「研究対象として取り上げられた現象と実験・実践場面で確認された現象との相関 [inter-correlation] の程度を表すもの」（つまり測りたい対象が測れているかということ）と捉える。

実験室の外では，(1)「自動的に」と，(2)「機械によって」の 2 つの条件を満たすことが最も難しい。複雑な行動の測定には，どうしてもヒトの目を使った観察が必要となるが，観察時間の最初から終わりまで，その精度を一定に保つことはほとんど不可能といえる。

こうしたヒトの目を使った観察の「精度」を表すものとして，以下の式で示される複数の観察者間の一致率などの，一致係数が用いられる。一致率は，後に述べる準連続記録法のように，ある単位時間で区分された時間間隔内で一定の基準に従って行動の生起を 2 人の観察者が記録し，2 人が一致した生起個数を，観察された時間全体での生起個数で除すことによって求められる[7]。

$$観察者間一致率(\%) = \frac{一致数}{観察総数(= 一致数 + 不一致数)} \times 100$$

こうした一致係数を上げるための手段の 1 つとして，観察者訓練がよく用いられる（富安，1974）。一致係数の低さは，あるいは両観察者の記録行動の基準となる「行動の定義」がより複雑で曖昧であることが要因となっている可能性もある。この場合は行動の定義をより具体化したり，単純化したりする修正が必要である。

STEP UP! ② 行動観察と録音・録画

実験室以外の行動観察では，録音・録画が用いられることがある。これらを利用した測定は，見落としなどの観察ミスをなくしたり，

信頼性を測定したりする際に有用であるが，その一方で注意すべき点も存在する。たとえば，測定対象（とくに動く対象）を撮影したり録音したりした場合，後でデータを起こそうとするとわかるのだが，行動の定義に必要な他の状況（何を手がかりに子どもが反応したのかなど）が映っていなかったり，録音されていなかったり，記録されている範囲が狭かったりしているために，実際の場面で得ることができた情報がほとんど含まれていないこともある。録音・録画を利用して観察データを得ようとする際には，録音・録画者においては，録音・録画行動に対して「範囲」「アングル」などについて十分なトレーニングを行っておく必要がある。また基本的には，できるだけその場での正確な記録を心がけるべきである。

　機器による自動的な測定ができる，ごく単純な実験室場面を除き，多くの現実的な場面では，ヒトの目という観測装置を使っての，手動による測定が行われることになる。すでに述べてきたように，測定も当然，研究者の行動の1つであるから，この行動の精度をできうる限り下げないことに，当面，力を注ぐことにする。それには，精度を下げる環境上の要因を減らすしかない。つまり，観察時間を短縮し，測定そのものにかかる時間を短くし，測定対象とする行動の定義を具体的でわかりやすいものとして，単純に数え上げられるものを探すことである。そして，それらから最終的に信頼性と妥当性の2つが満たされる方法を選ぶのである。

測定単位時間とセッション時間の設定

　　　　　　　　　　　行動を測定する際の精度は，行動の変容過程を捉えられないほど「粗い」精度であってはならないし，莫大なコストがかかるほどの「精密な」精度であっても効率的ではない。

　たとえば，ある成人の喫煙行動を観察するのに，1ミリ秒単位で吸っているかいないかを見ることの意味はほとんどない。しかし，1年単位で吸った本数（所産である）を記録するのでは，行動の測定

3　行動を科学的に観察する　41

としては粗すぎるだろう。この場合は1日のうち「いつ」「何本」吸ったかがわかるような記録が得られることが必要である。さらに後に述べるように、その直前と直後の行動の記録、たとえば「会議出席後の○○時○○分に」（直前）、2本吸い（行動）、他のスモーカーの同僚と会話した（直後）などの記録もあるとより理想的である。

次に動物の行動の研究例を考えてみよう。ハトに実験箱の特定の場所をつつかせる行動を形成するため、その場所への接近行動や首を前に突き出す行動を記録するには、1分以上の単位での記録では、ほとんど意味がない。そうした行動は1秒間に何回か出現することもあるために、ミリ秒単位での記録が必要となるだろう。一方、同じハトで、「餌が自由に得られる場所での摂食行動」を見る場合であれば、このような1秒未満の精度は必要がない。摂食行動の開始と終了は、1秒程度の精度で測定すれば十分といえる。

このように、行動測定の時間的精度は、標的となっている行動が何であるか、その行動のどのような性質（頻度、持続時間など）に注目するかによって変わってくる。つまり、時間的精度を決める、測定時の単位となる時間（単位時間）の設定は、単位時間のなかに、対象とする行動の複数の生起が記録されてはならない。つまり、行動と行動との時間間隔よりも短い時間が単位として選ばれなければならない。言い方を変えれば、標的とした行動が個々に分離されるような単位時間を選ぶことになる。

対象に向けて観察や操作が行われる時間は、**セッション時間**と呼ばれ、1回のセッション時間は観察の単位としての**セッション**［session］となる。セッション時間はいつ、どのくらいの長さに設定したらよいのだろうか。セッションの開始時間と長さは、一般的には観察・操作行動そのものと、対象とする行動の性質の2つに主に依存する。

表 2 - 1　さまざまな対象行動とセッション時間

	個体	反応	実験や観察の場所	観察対象となる行動や所産	開始時刻	1セッションの時間
例1	ハト	キイつつき反応	実験箱	反応出現時刻と強化子提示時刻	午前10時	数10分から数時間
例2	ラット	レバー押し反応	実験箱	反応出現時刻と強化子提示時刻	午後6時	数10分から数時間
例3	ヒト（大人）	喫煙行動	すべての場所	タバコの本数	起床時刻	1日
例4	ヒト（子ども）	クラスメイトへの他傷行動	学校	有無もしくは回数	授業中と休み時間	数時間程度
例5	ヒト（子ども）	夜尿症	寝床	有無もしくは回数と尿が出た時間，場合によっては1回当たりの量，排尿時に起床したか否かなど	就寝時から起床まで	—

　対象行動の時間当たりの生起頻度がとても低ければ，意味のあるデータを得るためにはセッション時間を長くする必要があるし，特定の期間にしか対象行動が現れないのならば，その期間にセッションの開始を設定する必要があろう。また動物の反応頻度がとても高い場合には，短いセッション時間でも，検討可能な充分なデータを得ることができるだろう。太陽に影響されてその生活を営んでいる多くの生物は，24時間（1日）を単位としてその行動を繰り返していると考えられるので，この24時間（1日）のなかに1つないしは複数のセッションを組むことが一般的である。表2-1には，さまざまな対象行動とセッション時間の例が示されている。

　ラットのような夜行性のげっ歯類の動物を用いた場合，飼育ケー

3　行動を科学的に観察する　　43

ジが置かれた飼育部屋の昼夜を逆転させたうえで，夜にあたる期間の適切な時刻にセッションを開始し，多くは決められた回数の餌を消費したところで，セッションを終える。この場合は，セッション時間はラットの行動に依存することになる。また生物個体のさまざまな24時間でのリズムを考慮して，セッションの開始は毎日ほぼ同一の時刻にすることが，安定したデータを得るためには必要である。

　ヒトの場合も1日を単位とすることが理想だが，特定の環境を除いて日常場面では1日のすべての時間を観察に充てることは困難なため，通常はインタビューなどで得たエピソードから想定して，その行動が起こりやすい時間帯を決定する。たとえば，授業時間中の逸脱行動であれば授業中，きょうだい同士の遊び場面でのトラブルであれば帰宅後から夕食までの時間，園児のコミュニケーション行動であれば朝の自由保育時間など，個々の状況にあわせて設定する。

　セッション時間は固定されていることが望ましいが，実際の日常生活ではセッション時間を常に正確に一定にすることが難しいこともある。この場合のセッションごとの行動の比較は，1セッション当たりの生起頻度ではなく1セッションの単位時間当たり（たとえば1分当たり）の出現率を用いる。1つのセッション時間における行動の生起頻度として定められた基準はないが，最低でも何回か標的行動が生起するのに十分なセッション時間を確保する必要がある。

　いずれにせよ，セッションの構成にあたっては，それぞれのセッションでの環境が行動に与える効果が一定で，なおかつ，できるだけその効果がセッション内で均一であることが望ましい。前者の条件からは，セッション間でのセッション開始時間やセッション時間が一定であること，光や音，関係者の出入りなどによってセッション間で特徴的な変化がないこと，などが要請され，後者の条件から

44　第2章　観察法と実験法

POINT ② 行動観察法の分類

(1) 連続記録法	頻度記録法	セッション内の標的行動の生起頻度を記録
	実時間記録法	標的行動の開始と終了時刻を記録
(2) 準連続記録法	部分インターバル記録法	当該区間内に標的行動が生起したかどうかを記録
	総インターバル記録法	当該区間中に標的行動が持続した場合に記録
(3) 離散記録法	アドリブ記録法	本観察に入る前の非系統的な記録
	瞬間記録法	セッション内のあらかじめ設定した複数個の区切り時点で記録

は，セッション内での特定の環境の変化を避けることが要請される。とくに日常場面の測定では，測定場面や人の違い，遊具の有無や変更などに注意し，できるだけ一定の条件で測定する必要がある。

　　　　　　　　　　　　　　1つのセッション内でどのように行動を測
行動観察法の分類　　　定するかは，これまで**行動観察法**として議
論されてきた。その観察法を以下に簡単にまとめる（Suen & Ary, 1989，および坂上，1991 を参考にした）。セッション内で行われる行動記録法（セッション内行動記録法 [intrasession observation]）には，セッション内での記録の方法の違いから，(1)連続記録法，(2)準連続記録法，(3)離散記録法の3種類がある（**POINT ②**参照）。繰り返しになるが，できうる限りセッションすべてを連続的に記録する，「連続記録法」が望ましい。その他の方法は，基本的には行動の出現数を過大評価したり過小評価したりしてしまうことになる。

(1)　**連続記録法**

連続記録法 [continuous intrasession observation] はセッション内を

3　行動を科学的に観察する　　45

連続して観察記録する方法で，以下の2つに区別できる。

頻度記録法 [frequency recording]：セッション内に標的行動が何回起こったかを記録する。event recording, frequency tally, trial scoring などとも呼ばれている。たとえば1セッション内で左右それぞれの選択肢に何回反応し，何回の餌を得たかや，1セッション内で生起した標的行動の回数（1日の喫煙回数，授業1コマで席を離れた回数など）を記録する。

実時間記録法 [real-time recording]：何時何分何秒に標的行動が開始され終了したかを記録する。実験的研究の基礎データとして最も多用される。動物実験では一般的に，反応生起あるいは刺激提示の開始時点がミリ秒単位で記録される。

(2) 準連続記録法

準連続記録法 [semicontinuous sampling] は，セッション内を区分して観察記録するが，区分された区間を完全に連続して観察しなくともよい。動物の行動研究ではほとんど使用されていないが，応用場面では頻用されている。

部分インターバル記録法 [partial-interval sampling]：当該区間（インターバル）に標的行動が一度でも生起すれば記録する。したがって記録後は新しいインターバルに移るまで観察しなくともよい。one-zero sampling, one-zero recording, interval sampling, interval recording, Hansen frequencies, modified frequency, time sampling などとも呼ばれている。たとえば子どもの発する奇声を記録する場合，1分のインターバルを設定し，そのインターバル内で奇声を上げたならばチェックを入れる。

総インターバル記録法 [whole-interval sampling]：当該区間に標的行

動が持続していた場合にのみ記録する。したがって，その区間内で一度でも行動がとぎれたら，新しい区間に移るまで観察する必要はない。たとえば子どもの着席行動を記録する場合，5分のインターバルのすべての時間中に着席していたならばチェックを入れるが，一度でも席から離れたならばチェックを入れない。

(3) 離散記録法

最後に挙げる**離散記録法**［discrete sampling］では，セッション時間のすべてを連続して観察記録するのではなく，ある一部分を観察すればよい。動物の行動研究ではほとんど使用されないが，下で説明する瞬間記録法については，観察記録間の時間間隔がきわめて短い場合，連続記録法とほとんど同じと考えることができるので，コンピュータを用いた記録では基本的に瞬間記録法をとっているといってよい。

アドリブ記録法［ad libitum sampling］：本観察に入る前に予備的に用いられることが多い非系統的な記録法であり，フィールドノートでの記録がその典型である。

瞬間記録法［momentary sampling］：セッション時間を等間隔な複数区間に区切り，各区切りの時点でのみ観察記録を行う。instantaneous time sampling, scan sampling, discontinuous probe time sampling, point sampling, time sampling などとも呼ばれている。応用行動分析学では time sampling という言葉が一般的である。たとえばレコーダーに 10 秒おきに 1 から始まる数値が読み上げられているものが記録されているとしよう。レコーダーの読み上げに従って，おもちゃで遊んでいる行動の観察を行い，もしもその読み上げた瞬間に子ど

もが遊んでいたら，チェックを入れるという方法がこれに当たる。なお，工夫すれば1人の対象者の複数の異なる行動や，複数の対象者の特定の行動を時分割して記録することも可能である。

行動の観察による推論の限界と随伴性

ここまで述べてきた行動の科学的な観察法は，行動分析学のなかでも最も大切な科学的行動の1つといえる。なぜなら，この観察をすることによって，とくに環境の組織的な制御が難しい場面でも，一定の限界のもとで，科学的に意味のある推論をその結果から引き出すことができるからである。

それでは，観察（測定）結果から科学的に意味のある推論を形成するためには，どのようなことに注意を払っていくことが必要なのだろうか。ここでは，前節で触れた随伴性の話に戻ることで，行動と環境の関係を別の角度から整理しなおしてみよう。

2つの事象AとBが，時間的に継続して起きたり（継起），ともに起きたり（共起）したときの関係には，**CASE ⑤**のようなものが考えられる（前章の**STEP UP! ①**で述べた因果関係と相関関係も参照のこと）。

CASE ⑤　因果，相関，独立

⑴ どちらかが原因でどちらかが結果となる因果関係　A→B，または，
　 B→A
　 たとえば，タマネギ（A：環境）が涙腺を刺激して涙を流すこと（B：行動）を引き起こす場合，スイッチを押すこと（B：行動）で部屋の明かりがつくこと（A：環境）を生み出す場合。

⑵ 隠れた真の共通原因が2つの結果を生み出すことで作られる相関関係
　 （C→A，かつ，C→Bによる）A—B
　 たとえば，鰻の蒲焼の焼ける匂い（C：環境）でお腹がグーとなること

48　第2章　観察法と実験法

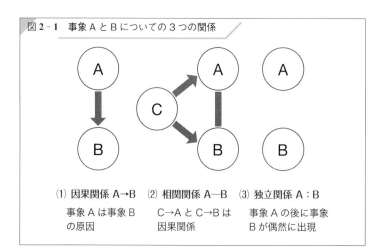

図2－1　事象AとBについての3つの関係

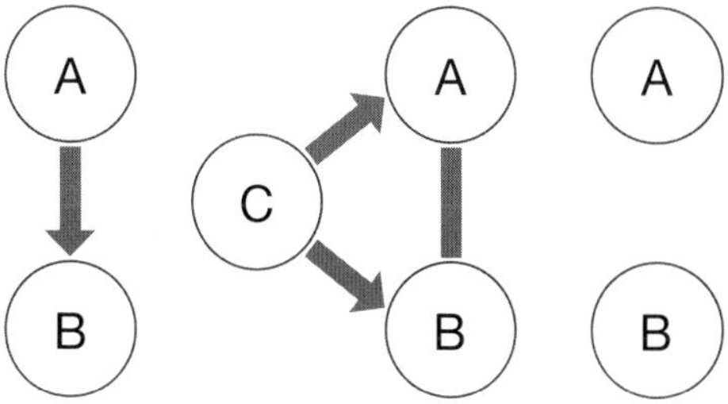

⑴ **因果関係 A→B**
事象Aは事象Bの原因

⑵ **相関関係 A—B**
C→AとC→Bは因果関係

⑶ **独立関係 A：B**
事象Aの後に事象Bが偶然に出現

（A；行動）と鰻屋の看板を探すこと（B；行動）とが，ほぼ共起している場合。

⑶ 各事象が独立に起き，それが単に継起的（あるいは共起的）に観察されている独立関係　A：B

たとえば高座の噺家が話している（A；環境）その最中に，聞き手が仕事の疲れから噺家の話の内容とは関係なく欠伸をすること（B；行動）が継起的（あるいは共起的）に観察される場合。

行動と環境の各事象の組合せからなる2事象間の関係は，この3つのいずれの関係にも当てはまる可能性があるが，環境や行動を観察しているだけでは，どれがそれに当たるのかを見極めることはできない。観察によって測定できるのは，事象間の単なる時間的継起・共起関係でしかないからである。

ここで改めて随伴性を定義すると，「複数事象間の時間的確率的な継起・共起関係」ということになる。科学的行動の1つとしての行動の観察は，たしかにこの随伴性を手掛かりにしながら，複数事

象間の因果，相関，独立の各関係を見出そうとしているのであるが，実際には **CASE ⑤**の (2) で述べたような，たとえば真の原因は蒲焼が焼ける匂いなのに，お腹が鳴ったことを原因，鰻屋の看板を探すのを結果，としてしまうように，行動観察だけでは科学的根拠のない解釈や推論に頼らざるをえないという限界にぶつかってしまうのである。

4 行動実験法

●随伴性と環境の操作

反転法とは

観察から見出しにくい因果関係を発見するための最も強力な方法の１つが，組織的に環境操作と介助観察を組み合わせた実験的方法の導入である。たとえば前節の「高座の噺家が話している（環境）その最中に，聞き手が欠伸をすること（行動）が継起的に観察される」という場合，噺家や演題の変更という環境操作を導入すれば，欠伸をするという行動がその環境とどのような関係にあるか推論することが可能となる。このように行動分析学における実験法（実験デザイン）の意義は，随伴性，すなわち複数事象の時間的・確率的関係を系統的に操作することで，因果，相関，独立の各関係を見出したうえで，行動を予測・制御することができるようになることにある。

行動分析学で用いられる，最も単純で有用な実験法は，**反転法** [reversal design]（逆転法，ABA デザイン，除去 [withdrawal] デザインとも呼ばれることがある）である。この方法では，原因になると考えられる環境的要因を導入したり導入しなかったりするという操作を組織的・計画的に行い，そのもとでの行動の変容を測定する。まず，行動に効果を持つと考えられる環境要因を導入しない（もしくは環

50　第２章　観察法と実験法

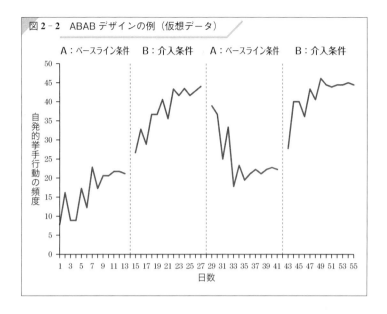

図 2-2 ABAB デザインの例（仮想データ）

境要因と行動との組合せ方〔随伴性〕を完全にランダムにする）条件で，行動の観察を行う。これを**ベースライン** [baseline] **条件**と呼び，この条件に個体がさらされる期間をベースライン期という。ベースライン期で，複数セッションの間，行動観察を行い，行動が安定する[8]のを確認した後，効果を持つと考えられる環境要因を 1 つだけ導入する。この条件と期間を，**介入** [intervention] **条件**，介入期という。そしてこの条件のもとで，行動が変容し，その変容が安定するのを確認してから，再びベースライン期に戻して，行動がもとのレベルに戻って安定するかを調べる。反転法や ABA デザインという名前がついているのは，ベースライン条件に戻すこのような手続きをとっているためである。

たとえば上の図 2-2 は，反転法の最後のベースライン条件の後にさらに続けて介入条件を加えたもので，**ABAB デザイン**と呼ばれて

いる。

　反転法は，実に単純な方法ではあるものの，因果関係を確認するうえでの重要な要請をすべて満たしている。2度にわたる条件の変化による検証と，各条件の期間の長さを行動生起が安定したことをもって決定するために，条件の変化をあらかじめ個体が（しばしば実験者も）予想できないことから，想定された因果関係以外，とくに，環境変化と行動変容が偶然に結びついてしまう可能性を少なくすることができる。その結果，条件の変化に対応して行動変容が観察されれば，そのときに操作された環境要因を，対象とする行動の原因であると推論できるようになる。

　この反転法は，行動分析学における実験的・実践的な環境の操作の最も基本的な方法である。後続の章では，さまざまな具体的な実験例・実践例を紹介するが，その際には，この方法とその変法がそこで基本的に使われていると考えてよい。行動と環境との関係は，随伴性のなかで，互いに影響を常に与え合いながら展開していくという性質を帯びている。このことから，その因果関係を明らかにするためには，このような単純で確実な方法のもとで，1つずつその環境的要因を明らかにしていくという科学的な方法論をとる必要があるのである。

STEP UP！③　反転法を用いた場合の留意点

　反転法は随伴性の操作を系統的に行う確実な実験法であるが，次の場合に注意が必要である。

(1) 随伴性にさらされてから行動が変容するまでに時間がかかる場合

(2) ベースライン期や介入期で行動が安定しない場合
(3) 介入期で行動は変容するが，ベースライン条件に戻してももと
  の行動のレベルに戻らない場合

　(1)や(2)のケースは，導入した環境条件のパラメータ（刺激の強度・特性や手続きの方法など）を変化させてみたり，行動の観察次元を工夫したりすることなどによって改善が見られることがある。問題は，(3)のケースである。その要因は，少なくとも，介入を取り去ったときに行動がもとのレベルに戻らないことから，以下のような要因が考えられる。

(A) 成熟のような不可逆的な要因の存在：　最初に補助輪のない自転車で自転車のトレーニングを行い，次に補助輪つきでトレーニングを導入し走行行動が安定した後，再び補助輪なしの自転車に戻すと，一度学習された走行行動は維持されてしまう。

(B) 別の環境事象を変化させたために，間接的にそれが行動に影響を与えている可能性や，（たまたま介入条件と相関してしまっている）行動変容をもたらした「本当の」要因の混入の可能性：　今まで通っていた通路と異なる通路を矢印で指し示すという介入条件を導入した結果，生徒はその矢印に従って新しい通路を通るようになったとしよう。ところがたまたま矢印で示した通路自体が，目的の場所への移動にとっての近道であるような場合には，矢印を取り除いたベースライン条件に戻しても生徒たちはそのまま介入条件と同じ通路を使い，もとには戻らない。

(C) 介入条件により一度できあがった行動が，ベースライン条件に戻したときに変容される機会（後に述べる消去の機会など）を受けなかったり，以前のベースライン時の行動を支えていた環境が介入条件で変化して前と違った随伴性になったりするために維持されてしまう可能性：　たとえば引っ込み思案傾向のある生徒のクラスメイトとのコミュニケーション行動が，クラス内行事での役割取得という介入条件によって集団内で相互強化され，行事終了後にもクラスメイトからの働きかけが維持される。

4　行動実験法　53

通常の心理学実験では，(3)のようなケースが観察されても，操作対象の変数と行動との関係に因果関係を認める場合があるが，行動分析学では，このような結果だけでは因果関係を認めない。(3)のケースにおいては後に述べる多層ベースライン・デザインなど他の実験法を採用したり，関与する変数を統制した方法を用いたりすることで検証することになる。

反転法の問題点 　一方，反転法の大きな問題として，(1)実験効率の問題，(2)倫理的問題，の2つがある。実験効率の問題とは，この方法が一時に1つずつしか要因を調べることができないこと，安定基準を満足するまで何セッションも実験を続けなくてはならないこと，ABAの3つの段階を行うことで，はじめて要因の効果を確認できること，などの制約から長期間の実験を余儀なくさせられるという問題である。調査対象，標的行動，訓練課題によって期間は異なるが，少なくとも1条件の効果を調べるのに15セッションから30セッションの期間を要する場合もある。

これに対して倫理的問題のほうは深刻である。臨床などの応用分野からの批判は，反転法におけるベースライン期から介入期への移行ではなく，介入期からもとのベースライン期へと戻すことに向けられている。なぜ介入の効果が確認されたにもかかわらず，それを効果がなくなるベースライン期に戻すのかというのがその理由である。行動の原因となっている環境要因の確定には，反転法での第2回目のベースライン期への移行が欠かせないが，それによって問題行動が再出現したり，個体の健康が大きく損なわれたりすることも避けなくてはならない。したがって前掲図2-2のABABデザインのように，2度目のベースライン期の後に，再び介入条件に戻すことが求められる。

54　第2章　観察法と実験法

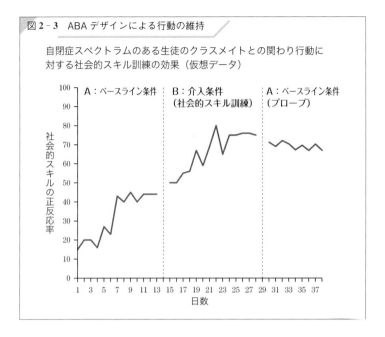

図 2-3 ABA デザインによる行動の維持

自閉症スペクトラムのある生徒のクラスメイトとの関わり行動に対する社会的スキル訓練の効果（仮想データ）

　また，教育場面では，2 度目のベースライン期に戻すことで，介入期の変化が真に介入に起因しているかを調べるといった，本来の反転法の目的である，因果関係の確認という使われ方とは異なる利用のされ方をする場合もある。たとえば図 2-3 は自閉症スペクトラム障害のある生徒のクラスメイトとの関わり行動に対する社会的スキル訓練の効果を示している。縦軸はセッション内の全関わり行動中の適切な関わり行動の生起率，横軸は日数を表している。ベースライン条件（A 条件）から，社会的スキルトレーニングによる介入条件（B 条件）を経て適切な関わり行動の生起率は向上し，社会的スキルトレーニングが終了したプローブ条件（A 条件）でも正反応率が維持していることを示している。この場合，因果関係の科学的証明はともかく，行動がもとに戻らないことが「教育的には肯定的

な結果」とされる。

> **多層ベースライン法とは**

しかし，再度のベースライン期に行動の生起頻度や正反応率の低下が示されなければ，反転法における介入条件の挿入・除去による効果の証明が困難になる。そこで応用行動分析学でよく用いられているのが，**多層ベースライン**［multiple baseline］**法**である。この方法は3種類に区別され，それぞれ被験者間，標的行動間，場面間多層ベースライン法と呼ばれている。たとえば被験者間多層ベースライン法では，標的行動や場面を固定し，被験者ごとに異なる期間のベースライン期において行動が安定した後，介入期に移行し，その後ベースライン期に戻さない。被験者ごとに長さの異なるベースライン期が得られるので，少なくとも介入条件のなかに偶然に混同要因が含まれてしまうケースを最小限に抑えることができる。しかしながら，導入した介入条件が不可逆的なものであったりするような場合は，反転法のようにベースライン期に戻さないので，この方法では検出することはできない。ほかにも，どのタイミングで介入期に移したらよいのか，被験者間多層ベースライン法では介入期移行まで待たされる人が出てくる，などの問題があるものの，再びベースライン期に戻すことへの批判をかわすことができるために，多くの臨床的応用的な行動分析学の研究室でこの方法は採用されている。

> **単一事例法と群間比較法**

ここまでに紹介した2つの行動実験法は，**単一事例法**［single-case design］（単一事例実験デザイン）と呼ばれているものである（単一被験体法［single subject design］，被検体〔個体〕内反復実験デザイン［intra-subject replication design］，被検体〔個体〕内実験デザイン［within-subject design］などとも呼ばれる）[9]。この方法は，心理学の他

56　第2章　観察法と実験法

図2-4 被験者間多層ベースラインの例

3名の被験者の1日の歩数に応じて一定の決められたポイントを与えるトークン強化を行った結果を示している（仮想データ）

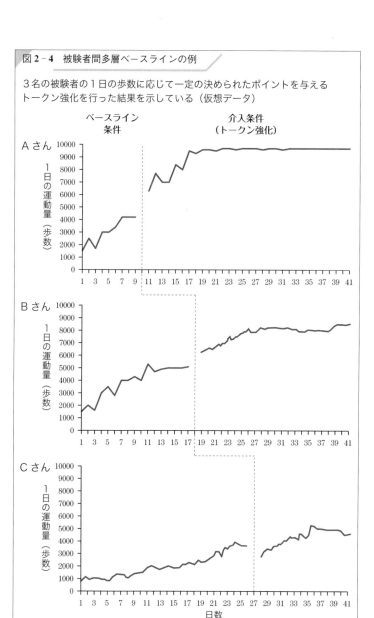

4　行動実験法　57

の分野で採用される実験群と統制群との群間での統計的な検定結果に基づいて研究を進めていく，**群間比較法**［between-group design］（群間比較実験デザイン）といくつかの点で大きく異なっている。

　第1には，行動の基本的な単位を，前者では個別の個体とし，後者では個体が集まった集団としている点である。したがって前者は逸話的につづられた事例史［case history］を，科学的な方法論に置き換えたものといえる。第2に，前者では行動を制御するための環境操作の精緻化によってデータの値の変動性を抑えることが強調されるのに対し，後者では個体数を十分に確保することによってデータの値を安定させることが強調される。第3に，前者では環境の操作と行動の変容の対応づけとその再現性がもっぱら強調される一方，後者では想定された母集団分布と，そこから得られる標本分布との関係を結びつける統計的推論に重点が置かれる。

　この違いは，行動分析学が持つ強い思想性や哲学的主張によるところが大きい。行動分析学は心理学を個体の行動の科学であると規定し，個体の行動を決定しているのは，(1)遺伝的資質，(2)個体の行動履歴，(3)現在の環境要因，の3つであると考える（この3つは**POINT** ①で挙げた3つの出来事とも対応している）。したがってそこには，いわゆる集団での傾向性やその傾向性を表す統計的数値（たとえば平均値）からの誤差という考え方が入る余地はなく，現在の行動を変容させるために，適切な環境要因を操作することで，どのようにこれらの決定要因を見出していくかという点のみに強い関心があるといえる。別の言葉でいえば，集団に対して，平均的な（すなわち誤差もある）効果を持つ独立変数に関心があるのではなく，個別の個体の行動を確実に変容させる独立変数を探し求めることが，行動分析学の使命と考えている。

　それに対して，一般化が求められる科学の要件を満たさないので

POINT ③　実験デザインの特徴

	単一事例法	群間比較法
個体数	少ない	多い
期　間	比較的長い	比較的短い
条件統制	ベースラインの安定	数を増やすことで等質性確保
一般化	異なる個体や種を対象に実験的な再現性を重視	無作為化や繰り返し実験などに基づいた統計的推論を重視
有効な変数の探索	反応に合わせて変数を挿入	最初から変数は固定

はないかという批判がなされる場合があるが，それは当たらない。その代わりに行動分析学は，異なる個体のデータを，あるいは異なる動物種のデータを積み重ねる帰納的な方法によって，個体や種を超えた一般化が成し遂げられると考えている（逆に集団の傾向性に注目している心理学は，社会学や他の社会科学のめざす社会集団の特性研究との違いを，明確にしていく必要があるだろう）。

　単一事例法と群間比較法は**POINT**③のように異なった特徴がある。科学的なエビデンス（証拠）においては，それぞれの実験法の特徴を理解し，何を明らかにしたいかを明確にすることによって，実験法を選択していくことが必要となる[10]。

　本章では，研究者の操作行動や観察行動から，個体，行動，環境を定義づけることから出発し，個別の行動の対象化の方法として，行動の機能による定義を紹介した。そして，行動の科学的な観察法と，行動の実験法，すなわち随伴性と環境の操作としての単一事例法を説明した。次章からはこれに基づいた行動と学習の研究によって明らかにされたさまざまな知見を述べていきたい。

●注

1) スキナーのこの行動の定義は，定義全体のごく一部である。たとえばすぐ後では，「行動は外的世界に働きかけたり，そこから始められたりすることに従事している個体の機能性（functioning）の一部であるということは，もっと適切である」「私は行動（という言葉）で，個体自体によって，またはさまざまな外的対象や力の場によって提供されたある関係枠における，その個体もしくはその個体の部分の運動を単に意味している」などの記述がある。

2) マロットは次のように死人テストを定義している。「もしも死人がそれをすることができるならば，それはおそらく行動ではない」（Malott, 2008, p. 5）。これについての疑義は Critchfield（2016）参照。

3) 行動分析学の研究者の研究活動から見ると，自分の「皮膚の外側」にある広い意味での「環境」には，従属変数である観察対象としての個体（とその行動）と，独立変数である操作対象となっている狭い意味での「環境」の 2 つがあることになる。

4) スキナーのエッセーである『科学的方法における一事例史（A case history of scientific method）』（Skinner, 1956）には，研究者たる自分の行動が，いかに環境によって変容されてきたのかが生き生きと描かれている。

5) インターネットを使って YouTube などの動画サイトで"operant"，"rat"などのキーワードを入れると，ここで例として挙げた実験場面を直接見ることができる。後で出てくるハトの実験場面では"rat"の代わりに"pigeon"を入れてみよう。

6) しかし，研究者の観察行動に基づいた機能によって定義された行動とは，結局のところ，反応型によって定義された行動リストに基づいて，研究者が何らかの環境の変化を行うという観点から考えると，2 者を区別する意味はほとんどないのかもしれない。もしも画像解析の進展によって，反応型によって定義された複数の行動が自動的に検出されるのであれば，そしてそれに基づいて何らかの随伴性が操作されるのであれば，そこでなされた行動の特定化は，ほとんど機能によって定義された行動と同義であろう。

60　第 2 章　観察法と実験法

7) 一致率は，観察によって数え上げられた行動生起数の観察総数に占める割合や，行動非生起数の観察総数に占める割合が大きくなると値が大きくなってしまう。したがって，こうした単純な一致率に代わるものとして，コーエンのカッパ係数（ κ ）などが使用されることが増えてきた。

8) 行動が安定したかどうかを判断する基準を安定基準［criterion of stability］という。安定基準は，観察法によるセッションや観察時間の期間と長さと同様に，対象となる標的行動や行動指標がいかなるものかによって選ばれる。したがって研究者は，過去の知見を総括したうえで，試行錯誤を繰り返し，適切な基準を見つける必要がある。

9) 本章で紹介した以外の単一事例法については Barlow and Hersen (1984) などを参照のこと。彼らによれば反転法と除去デザインとは厳密には異なる。なお「単一事例」という名称から，1つの事例にのみ適用される実験法（実験デザイン）と誤解されがちであるが，個体ごとの制御を検証する実験法の意味があり，実際には複数個体での結果が発表されている。こうした誤解をさけるには「個別事例法」と呼びかえたり，「被検体（個体）内反復実験デザイン」という用語を用いる方がよいかもしれない。

10) 2013 年 7 月 26 日の日本行動分析学会創立 30 周年記念シンポジウムとして，「開かれた行動分析学に向けて――シングルケースデザインをめぐって（オーガナイザー，井垣竹晴）」が行われた。シンポジストの 1 人である石井拓は「シングルケースデザインの概要」のなかで，「シングルケースデザインは個体の行動に焦点を当てた，科学的で，しかも柔軟な実験デザインであり，内的妥当性への脅威もよく統制できる実験法ではあるが，エビデンスを「つかう」立場から見ると外的妥当性に弱点がある」と指摘し，「今後は（群間比較法に代表される）ランダム化比較試験との使い分けを進めるか，あるいは反復研究をまとめるための環境整備を進める必要がある」と指摘した。なお石井（2015）も参照。

演習問題

2-1[Basic] 行動の所産の例を挙げなさい。その例は行動とどのように異なるのかを述べなさい。

2-2[Basic] テキストで掲げた例以外の相関関係の例を挙げ，その真の因果関係にはどのようなものが考えられるかを述べなさい。

2-3[Search] 単一事例法には，ほかにどのような実験法があるかを調べ，具体例とともに示しなさい。

2-4[Search] 独立変数と従属変数以外に**仲介変数**と呼ばれる変数がある。新行動主義者であるトールマンやハルの場合，仲介変数の役割を重視したといわれているが，その理由と，どのような仲介変数を考えたかを調べなさい。

2-5[Advanced] 実験場面や臨床場面における倫理的問題にはどのようなものがあるか述べなさい。

第**3**章　生得性行動

●経験によらない個体の行動とは

Introduction

　本章では誕生後の経験によらない，生まれたときから個体が有している と考えられる生得的な行動について述べる。どういった行動 が生得的であるかを述べる前に，行動をどのように分類するか，そ のような分類にどのような意味があるのかについて考えてみる。ま た，こうした行動の分類に対応して，刺激の分類についても考えて みる。

1　行動の分類

学習性と生得性

　行動の分析を進めていくために，まず行動 を大きく2つに分類する。その1つは，**学 習性行動**［learned behavior］である。この行動は，**条件づけ**［conditioning］という手続きを経験することで新たに生成される行動であ る。条件づけとは，言い換えれば，個体を特定の随伴性にさらす操 作である。条件づけ後には，これまでは制御を受けていなかったよ うな刺激に制御されるようになったり，個体の行動レパートリーに なかった新しい**反応型**［topography］（**トポグラフィ**）の行動が生成さ

63

れたり，すでにあった行動が変わったり，その頻度が増減したりする。これらをまとめて，**行動の変容**［modification of behavior］と呼ぶことにしよう。

もう1つが，**生得性行動**［innate behavior］である。この行動は，その個体が遺伝的な資質に基づいて，誕生とともにあらかじめ持っていた行動である。生得性行動には，成長や成熟といった個体の発達とともに出現する行動も含めることにする。学習性行動が，条件づけのようなどちらかといえばはっきりとした履歴を持っているのに対し，そうした履歴が明確でない行動は，本書ではまず生得性行動として取り扱うことにする。

現代の行動研究者たちは，100% 学習性の行動も，100% 生得性の行動も，おそらく現実的には存在していないと考えている。たとえば生得性行動の基盤を遺伝子に結びつけ，学習性行動を条件づけ（や環境との相互作用）に結びつけるのは，あくまで研究を進めるための暫定的な約束にすぎない。どんな生物個体の行動も，遺伝的なメカニズムに依存していると同時に，環境との相互作用の履歴にも依存しているのである。

淘汰性と誘発性

学習性行動や生得性行動を考えるにあたって，2つの基準からこれらの行動をさらに分類してみることにする。その1つは，その行動が，後続する環境変化によって変容されるか否かである。変容される場合には，その行動を**淘汰性行動**［selected behavior］と呼ぶことにする。この淘汰性行動は，その後続事象によって将来の生起確率が増加したり，減少したりして制御される。淘汰性行動の代表としては，第5章で学ぶオペラントがある。

もう1つの基準は，行動の出現が，行動に先行する環境変化に基づくか否かである。基づく場合には先行する環境変化が行動を**誘発**

［elicit］し，その出現を制御するので，**誘発性行動**［elicited behavior］と呼ぶ。たとえば条件づけの経験を持たずに，ある先行刺激によって直接に引き起こされた反応は，誘発性の生得性行動で，本章で後述する反射（無条件レスポンデント）がその代表である。一方，誘発性行動ではない行動については，行動を誘発する先行環境を見つけることができないので，その行動は「**自発**［emit］**される**」といわれる。

条件づけという特定の随伴性の経験によって，形成されたかどうかで学習性と生得性を分けたように，淘汰性と誘発性の2つの基準は，先行環境と後続環境の変化がどのように行動に効果をもたらすかについての，随伴性から見た基準である。したがって，ある行動がこれらの分類基準に従ってどのように分類されるかは，実際に環境を変化させることで調べることができる。

また，学習性と生得性の分類で見たように，淘汰性と非淘汰性，誘発性と非誘発性（自発性）も，それぞれ100％その性質を持っている行動は，おそらく存在しないと考えられている。たとえば，一般には反射の1つである食物による唾液分泌は，上述したように食物の提示によって誘発される誘発性行動と考えられるが，自分で唾液を出すこともできるという非誘発性の側面もある。

従来の学習理論の考え方では，淘汰性と非誘発性（自発性），非淘汰性と誘発性という結びつきが，いわば自明のものとして考えられてきた（前者はオペラント，後者はレスポンデントとして取り扱われてきた）。しかし，そうした結びつきは，上のような考え方に立てば，絶対的なものとはいえないことになる。

本書では，学習性－生得性，淘汰性－非淘汰性，誘発性－非誘発性といった分類基準のどれが強調されているのかに注目して，行動の分類を行っていこうと考える。こうすることで，これまであまり

1　行動の分類　65

注目されることがなかった，生後すぐに特定の誘発刺激なしに出現する，生得性の非誘発性行動（詳しくは後述するが，原始自発反応と呼ぶ）や，同一の刺激がある行動を直接引き起こしたり，行動の手掛かりとなったり，行動を淘汰したりする，刺激の多重機能性の問題を取り扱っていきたい。

なぜ行動を分類するのか

それでは，なぜこのように行動を分類することから始めるのだろうか。行動分析学の研究者は，個体を取り巻く**環境の制御**を通じて，**行動の変容**を実現することに関心を持っており，行動の変容を実現するためにはこのような分類が重要だからである。生得性行動は環境変化だけを使って誕生後に変容させることは困難である一方で，異なる条件づけのタイプによって作り出された学習性行動はそれぞれのタイプに合った手続きを施せば変容させることができる。行動分析学でとくに学習性行動が重視される理由は，その行動が，条件づけを通して生成，変化，維持，消失がなされるためである。つまり，個体を取り巻く環境の制御を通じて，行動の変容を実現することができるからである。

2 刺激の分類

前節では行動を学習性－生得性，淘汰性－非淘汰性，誘発性－非誘発性という基準に従って分類した。行動に影響を及ぼす環境の変化，すなわち刺激についても，分類された行動に対応して，区分することができる。

行動に生得性と学習性があるように，刺激についても誕生後の経験によらないで行動に効果を持つ生得性の刺激（たとえば，大きな音

66　第3章　生得性行動

や強い光）と，経験を通じて行動に効果を持つようになる学習性の刺激（たとえば，チャイムの音や信号機の色）がある。前者の生得性の刺激は，おそらく進化の過程を経て，生物学的に個体にとって重要な役割を持つようになった刺激と考えられる[1]。

　行動の分類と対応させると，こうした生物学的に重要な生得性刺激（仮に S^B としておく。第4章に詳述）には，少なくとも**淘汰機能**あるいは**誘発機能**という2つの機能のどちらか，もしくはその両方があり，淘汰機能を持つ S^B は行動に後続することでその行動を変容させる一方，誘発機能を持つ S^B は行動に先行してその行動を直接引き起こすことができる。たとえば食物や水は，この両方の機能を有した代表的な生得性刺激といえる。

　学習性の刺激は，たしかに生得的には上述した機能を持っていないが，後の章（第4, 5章）で述べるように，S^B によって随伴されることで淘汰機能や誘発機能を持つようになる。こうした学習性の刺激は，新しい機能を有するようになるまで，伝統的な学習研究において**中性刺激**［neutral stimulus］と呼ばれてきた（これも仮に S^N としておく）。

　S^N も S^B も，刺激として他の環境内の事象から区別できるという特徴を備えている。このような特徴は，ある反応の出現機会を合図したり，別の S^N や S^B を指示したりする機能を，新しい経験のなかで獲得することにつながる。この機能は，特定の反応の出現を予告したり，他の刺激や反応との関係のなかで新たな機能を獲得したりするという，より複雑で高次な学習を可能にする。こうした信号や指示の機能は，**弁別機能**として後に詳しく述べられる（第5, 7章）。

2　刺激の分類　67

3 生得性行動

生得性行動の種類

本章1節で述べた誘発性行動は，先行環境を必ず伴うので，非誘発性行動と区別がつけやすいことから，これまで多くの行動研究が誘発性行動に焦点を当ててきた（第1章で，行動の因果関係を考える際に，多くの人が直前の出来事に注目してきたことを思い出してほしい）。したがって，生得性行動についても，誘発性，非誘発性の2つのタイプの行動を区別して考えてみる。すると誘発性行動には，**POINT④** にまとめたように，反射，向性，走性，動性，固定的活動パターン，生得的反応連鎖といったさまざまな行動が一般に取り上げられていることがわかる (Mazur, 2006)。いわゆる**本能的行動** [instinct behavior] として例に挙げられている，摂食，飲水，防御，攻撃，性行動は，先行する刺激の出現によって誘発されるので誘発性行動と考えられる。一方，非誘発性行動として，本書では原始自発反応と呼ぶ行動を取り上げる。たとえば探索，移動，発声などの行動はこのタイプの反応と考えられる[2]。

誘発性行動：反射

最もよく知られた生得性行動が，光刺激による瞳孔反射，膝への軽い叩き刺激による膝蓋腱反射，目に対する空気の吹きつけによる瞬目反射，乳児の掌への刺激に対するバビンスキー反射など，特定の刺激による身体の一部分の定型的な運動を指す**反射** [reflex] である。生得性であることを明示するために，とくに「無条件 [unconditioned]」という言葉をつけて，より正確には**無条件反射**と呼ばれる。第4章で述べるように，学習という文脈のなかでは，**無条件レスポンデント** [uncondi-

68　第3章　生得性行動

POINT ④　生得性行動の種類

誘発性行動 （先行する刺激によって誘発される）	反射（無条件レスポンデント） 向性・走性・動性 固定的活動パターン・生得的反応連鎖
非誘発性行動 （先行する刺激に依存せず自発される）	原始自発反応（探索・移動・発声など）

tioned respondent]，もしくは**無条件反応**［unconditioned response］とも呼ばれる。先行刺激によって直接，誘発される反応の典型がこの無条件反射である。これに対し反射に先行する特定の刺激は，**無条件レスポンデント刺激**（あるいは単に**無条件刺激**［unconditioned stimulus］）と呼ばれる。

　反射は，脳の中枢を経由しない，刺激－感覚器官－求心性神経－脊髄－遠心性神経－運動器官－反応の回路からなる，単純で「受動的な」仕組みからできあがっている。このような考え方は，「ある刺激とそれが引き起こす反応との間には一対一の対応関係」があるとみなす，**刺激－反応（S-R）理論**と呼ばれる考え方の中核をなしてきた。

　この反射とその仕組みを，複雑な行動を理解するための基本モデルとして，その発見の当初から，さまざまな科学が利用してきた。それ以降，脊髄から，小脳，大脳へと神経系の理解が進むことで，脊髄の部分は脳全体へと拡張され，「より複雑で」かつ「能動的な」仕組みが提案されるようにはなってきたが，刺激から反応に至る流れに大きな修正が加えられてきたわけではないように見える。この点からいえば，反射とその仕組みを基礎とした考え方は，現在でも

3　生得性行動　69

広く利用されているといえる[3]。

> 誘発性行動：向性，走性，動性

個体の一部の変容であった反射と異なり，個体全体での運動や姿勢が刺激によって誘発される行動が，ここで述べる向性，走性，動性である。

向性 [tropism] は，たとえば花が太陽に向けてその花の方向を回すように，特定刺激に向かったり離れたりする，動植物両方で観察される**定位** [orientation] であって，次に述べる走性のように刺激に向かったり離れたりするような移動を伴わない。しかし，向性の下位分類として走性と動性を位置づける場合もある（Mazur, 2006）。

走性 [taxis] は，ミドリムシ属 [euglena, *Euglena*] が光を当てられるとその光源に向かって移動するように，特定の刺激への反応として，運動性の個体が示す積極的で直接的な運動をいう。運動の方向性は特定の刺激から離れるものも，向かうものもある。どのような刺激に対してどのような反応を示すかはさまざまであり，光源，重力，環境内の化学物質などが刺激となる。

動性 [kinesis] は個体全体での運動の方向性がランダムであるものをいう。ある特定の刺激に向かって生物個体を移動させるのではなく，ある刺激の強度に応じて特定の行動が出現したり，停止したりする。ワラジムシ [liceworm, *Porcellio Scaber*] は，乾燥したところではランダムに活発な動きをし，湿ったところでは，その動きはゆっくりとなる。この結果，いつも湿った場所に滞在することを可能にしている。

> 誘発性行動：固定的活動パターンと生得的反応連鎖

これから述べる2つの行動はいずれも複数の行動が継時的に連なって起こる誘発性行動である。

固定的活動パターン [fixed action pattern]

70　第3章　生得性行動

とは，ある動物が示す一連の系列的な行動のうちで，(1) 生得的で，(2) 種に固有な，(3) 各行動の系列的なつながりが，その行動の出現している環境に関係なく，いつも決まった順で起こる行動をいう。

たとえば，トゲウオ科の魚 [stickleback, *Gasterosteidae*] のオスは繁殖期に他のオスがなわばりを侵すと，相手に突進してオスの侵入を阻止しようとするが，この行動はオスの婚姻色である赤い色が鍵刺激 (**STEP UP!** ④参照) となっており，本物のトゲウオとはだいぶ異なる腹だけを赤くした模型に対しても激しい闘争行動を示す。この闘争行動は，刺激 (S) に対して誘発され，いったん開始されると，刺激への接近 (R) → 接触 (R) → 接近 (R) → 接触 (R) など複雑な闘争行動の連鎖が生じ，これは刺激が近くに存在しなくなるまで続く。

STEP UP! ④ 固定的活動パターンと行動生物学

固定的活動パターンを解発 [release]（触発ともいう）すると考えられる自然界に存在する刺激を，解発子 [releaser] と呼ぶ（解発刺激，触発子とも呼ばれる）。この解発子を構成している刺激特性のうちの一部，もしくは刺激特性のある組合せだけが，固定的活動パターンを解発していると考えられており，そうした刺激を鍵刺激 [key stimulus] といっている。そして鍵刺激だけで構成された，現実には存在していない人工的な刺激を超常 [supernormal] 刺激（あるいは超正常刺激）といい，しばしばこの超常刺激によって，より強い固定的な活動パターンが生み出されることが知られている（たとえば本文中のトゲウオに対する模型）。

また，固定した順で行動連鎖が起こるために，その場に関連した刺激がない場合でも，あたかもその刺激があるかのように行動する真空行動 [vacuum behavior] が観察される。たとえば抱卵中のハイイロガン [greylag goose, *Anser anser*] に見られる巣外の卵の引き戻

し行動は,超常刺激である巨大な斑点のある卵に対して強く現れることが知られているだけでなく,卵が途中で取り除かれてしまっても,あたかも卵があるかのような真空行動が続くことで有名である。

初期の**行動生物学** [ethology](動物行動学ともいう)は,こうした行動上の興味深い特性ゆえに,固定的活動パターンに強い関心を持った。ローレンツ(K. Z. Lorenz, 1903-1989),フォン・フリッシュ(K. von Frisch, 1886-1982),ティンバーゲン(N. Tinbergen, 1907-1988)は,ノーベル生理学・医学賞を受賞した代表的な行動生物学者である。この学問の知見は,その後,社会生物学 [social biology]および行動生態学 [behavioral ecology]へと引き継がれており,行動分析学にも大きな影響を与えている。

一方,**生得的反応連鎖** [reaction chains]における各反応(R)の連鎖の開始は,適切な外部刺激(S)に依存しており,この点において固定的活動パターンとは異なる。メイザーはそうしたものの1つとして,ヤドカリの新しい貝殻の探索と選択行動を挙げている(Mazur, 2006)。それによれば,ヤドカリ上科 [Hermit crab, *Paguroidea*]に属する甲殻類は貝殻がない(S)場合,まず移動反応(R)を行い,貝殻を発見する(S)と,それに接近し(R),貝殻に届いた(S)段階で,貝殻の表面を探索し(R),それが充分であれば(S),開口部を探し(R),開口部が見つかる(S)と,それを探索したりごみを取り除いたりし(R),内部サイズ(S)が充分であれば,貝殻を回して右側を上にし(R),上を向く(S)と,貝殻に入る(R)という,一連の行動を行うという(Reese, 1963)。

STEP UP!⑤ ブライテンベルクの車

マックス・プランク研究所の所員であったブライテンベルク(V.

> **図 3-1 ブライテンベルクの車**

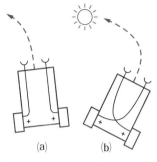

(出所) Braitenberg (1984), p.8 をもとに作成。

von Braitenberg, 1926-2011) はその著書 *Vehicles: Experiments in Synthetic Psychology* (1984年) で興味ある思考実験を行っている。彼は脳の機能を考えるために、きわめて単純な行為を行う「車 [vehicle]」を考えた。その先頭部には光を受けるセンサーが据えられ、その後部にはそのセンサーが送り出す光の強さに従って回転する速さが大きくなる車輪が取り付けられている。彼の最も単純な車はセンサー1個、車輪1個でできているが、図3-1には次の段階の、センサー2個、車輪2個からできあがっている3種類の車のうちの2種類の車が描かれている。車(a)は左のセンサーと左の車輪、右のセンサーと右の車輪が配線されている。一方、車(b)は左右のセンサーと左右の車輪が交差するように配線されている。さて、これらの車にライトを当てるとどうなるだろうか。

車(a)は右センサーに強い光を受けるので同じ側の車輪が速く回転し、ライトから離れていくだろう。一方、車(b)は左センサーで受けたライトからの強い光は、反対側の右車輪の回転を速くするので、ライトに近づくだろう。もしも車の中身を知らないならば、まるで車(a)はライトを恐れるかのように、車(b)はライトに攻撃を仕掛けるもしくはライトを好んでいるかのように見えるであろう。

インターネット上では、この車のハードウェアやソフトウェアでのシミュレーション実験を見ることができる。そのなかの1つである、

玩具ブロック LEGO を使った実物で車の動きを撮影した動画では，思考実験で想像していた以上に車が複雑な動きをしている。おそらく，現実のライトから発せられる光源は，床や壁，あるいは車の躯体部に対してもさまざまな強さの反射光を生み出しているのであろう。もし，ライトを積んだ2台の車が，相互に影響し合う場面を想像するならば，その微妙な光の変化は，車の「行動」に多大な影響を与えるであろう。こうした単純な場面から，私たちは，複雑な行動が複雑な仕組みによって生み出されているだけでなく，単純な仕組みであっても，複雑な環境のあり方によって生み出されうることを想像することができる。

非誘発性行動：原始自
発反応

動物は特定の刺激が先行しなくとも，探索行動や移動行動を示す。乳児はとくに何も刺激が加えられていないのに仰臥位で手足を動かし続けたり，発声し続けたりすることがある。このように個体がある環境下に置かれたときに明確な先行刺激がなくても，あるいは先行刺激と無関係に（独立して）行動が生じる場合がある。

　繰り返し述べたように，これまで言及されてきた生得性行動の多くが，先行刺激に依存して出現している反応であり，その結果，「すべての反応にはそれに対応する先行刺激がある」「刺激と反応には一対一の対応関係がある」という見方（S-R 理論）を多くの人々が支持するようになったことは想像に難くない。それに対して，先行する刺激を持たない反応は，反応として認識しにくい存在であっただろうし，そうした反応を観察したり測定したりする対象として取り扱うこと自体も，想像に及ばなかったのかもしれない。

　こうした生得性の行動の一部と認められる反応には，いまだ特定の名前が与えられていない。本書ではこれらに，**原始自発反応**[primitive spontaneous reaction] という名称を与えている。この原始自発反応は，先行刺激も後続刺激もない状態で出現し，学習性行動

の「原型」の1つとなっていくと考えられる。

4　生得性行動のもつ学習的側面

●馴化／鋭敏化

馴化と鋭敏化

何度も刺激を提示したり，刺激にさらしたりすることで観察される生得性行動の現象に，**馴化**［habituation］と**鋭敏化**［sensitization］がある。馴化とは，たとえば隣で工事が始まり，最初の頃はその騒音でよくびっくりして身構えていたが，そのうち気にならなくなり，そうした驚愕行動をとらなくなるといった現象である。その逆に，鋭敏化とは，最初は気にならなかった音に対して次第に反応するようになることである。この2つでは，刺激に対する反応の変容過程がちょうど逆になっており，馴化では刺激提示により反応は減少方向に，鋭敏化では反応は増加方向に変化する。まず，馴化について知られている過程を表3-1に挙げる。

　表3-1の①から⑤までは，短期あるいはセッション内での馴化，⑥と⑦は長期もしくはセッション間での馴化と脱馴化について述べたものである。

馴化の現象

馴化の対象となる代表的な反応として，反射（無条件レスポンデント）を考えてみるとよい。たとえば，大きな音による驚愕反射を対象に取り上げてみよう。表3-1の①は，大きな音が繰り返されるにつれて，その驚愕反射の反応量が次第に減弱してくることをいう。②は，しばらく大きな音を出さないでいると驚愕反射の大きさが回復し（**自発的回復**［spontaneous recovery］），出さないでいる時間が長いほど，その回復度が大きくなることをいう。③は，刺激の繰り返しが多い音と少な

4　生得性行動のもつ学習的側面　　75

表 3 - 1	馴化の過程
①	馴化は刺激を繰り返し提示することによって起こり，反応の減少量は馴化の進行により少なくなる
②	刺激提示の中断後，反応は回復し（自発的回復），回復時の反応は中断時間が長いほど大きい
③	馴化は刺激の時間当たりの繰り返し頻度が大きいほど，また弱い刺激ほど進む
④	馴化の効果は反応がゼロあるいは漸近的レベルに達した後にもそれを超えて起こりうる。すなわち過剰学習の効果がある
⑤	ある刺激への反応の馴化は，類似した他の刺激にも現れる（刺激般化）
⑥	馴化 → 自発的回復 → 馴化 → 自発的回復というように繰り返し馴化を行うと馴化は次第に速くなる（馴化の増強）。すなわち前の馴化の期間からの節約がある
⑦	別の（通常強い）刺激の提示は，その馴化された反応を回復させる（脱馴化）

（出所） Thompson & Spencer（1966）をまとめた Thompson（2009）を改変。

い音，刺激の大きさが弱い音と強い音を比較した場合で，繰り返しが多く，刺激が弱いもののほうが驚愕反射の減少の進行が速いことをいう。

　馴化の過程を，反応が観察されなくなった後もさらに続けることを，**過剰学習**［overlearning］させるという。反応が観察されていなくても実は学習が進行しており，この事態を単に過剰学習という場合もある。④は，たとえば大きな音のもとで驚愕反射が観察されなくなった後に，さらに続けて大きな音を出し続けた場合のほうが，そうでない場合に比べて馴化からの自発的回復は遅くなることをいっている。⑤は，馴化に用いた刺激とよく似た刺激に対しても同様の馴化が起こること（**刺激般化**［stimulus generalization］）をいい，大

きな音が突然の救急車のサイレンの音であれば，それへの馴化が進行すると，パトカーのサイレンの音についても馴化が観察される。

　以上は短期的にも生じ，より長期的には以下の現象が生じる。⑥は，大きな音を何度か鳴らすことで馴化を一度経験して驚愕反射が十分に小さくなった後，しばらく大きな音を出さないでいると②の自発的回復が起こるが，その後，同じように大きな音を鳴らしても，初回の馴化時より速やかに驚愕反射が小さくなっていくこと（**馴化の増強**［potentiation］）をいっている。**節約**［saving］とは，この場合，ある値に達するまでの時間が，前の同じ事態での到達時間に比べて短くなっていることを指している[4]。⑦は，⑥と同様に繰り返し大きな音への馴化を行って驚愕反射が減少したところに，別の刺激を提示することで，その反射が復活すること（**脱馴化**［dishabituation］）を指している。

適応と馴化・鋭敏化

　　鋭敏化は，表3-1 を用いて説明した馴化における反応の変容過程を，ちょうど逆にしたものである。たとえば，「①鋭敏化は刺激の繰り返しで起こり，反応の増加量は鋭敏化の進行により少なくなる」というように書き換えられる。日常生活で鋭敏化は，ある刺激に感覚器官が鋭敏になっていく私たちの経験と対応している。肌に触る衣類のちょっとした（たとえば襟のタグなどの）刺激が，最初は気にならなかったのが，何度も着ているうちに気になってしかたがないといったようなケースがこれに当たる。

　こうした経験から，馴化も鋭敏化も，個体の環境へのある種の「適応的」反応であると見ることができる。つまり，大きな音にいつも同じように驚いた結果として，他の行動が中断したり，新しい行動の出現が抑えられたりしていたとすれば，その環境での生活は大変困難なものとなるであろう。また危険な出来事に付随する匂い

や音に対していっそう敏感になることは，その環境で生き抜くうえでの利益に結びつくことになるかもしれない。

しかしこうした考え方には，いくつかの疑問も生じる。たとえばある任意の刺激が，馴化を生み出すのか，それとも鋭敏化を生み出すのかはどのように決まるのかという問題である。それに対する1つの答えとして，馴化や鋭敏化が「個体の次世代への繁殖可能性の大きさ」に対する「適応的」反応として生じるという考え方がある。しかし一方では，たまたまそうした反応の特性を持った個体が，淘汰された結果残っただけで，実際には馴化や鋭敏化は「適応」には関わっていないという反論も成り立つであろう[5]。

このように，「適応」という問題は別として，神経細胞の1つの特性として馴化と鋭敏化を考え，この2つの過程がそれぞれの刺激に応じて別々に起こるのではなく，どんな刺激についても，鋭敏化から馴化に至る過程を経験するという主張をしているのが，トンプソンとスペンサーの**二重過程**［dual-process］**理論**（Thompson & Spencer, 1966）と呼ばれる考え方である。この理論は現在でも馴化を考えるうえでの1つの出発点となっている。

STEP UP! ⑥　馴化と選好注視法

馴化についての興味深い現象の1つに，乳幼児の認知発達的研究で用いられる，視覚における馴化に関連した技法がある。ファンツ（Fantz, 1961）は，乳児の眼の前のパネルに2枚の刺激図形を並べて提示し，乳児がどちらの図形を長く注視するかを実験者がパネルののぞき穴から観察し記録するという手続き（選好注視［preferential looking］法）を開発した。しかしながら，この方法では，選好に差がわずかしかない刺激間では注視時間の差が測定困難となる。そこ

で乳児に対し特定の視覚刺激（馴化刺激）を繰り返し提示し，乳児が刺激に馴化し注視反応が見られなくなった後に，新奇刺激と馴化刺激を乳児に提示する方法が開発された。これは，乳児はより新奇な刺激を馴化刺激よりも長く注視する（新奇選好）ことを利用し，その注視時間の偏りによって刺激弁別を測定しようとするものである。こうした方法は，一般的に馴化 — 脱馴化［habituation-dishabituation］法と呼ばれている。しかし，こうした新奇選好のほかに，身近な刺激（すなわちある意味で馴化した刺激）をより選好するという親近選好もある。特定の刺激に対する注視反応については，「好み」という説明概念を安易に用いるのではなく，その機能，つまりどのような提示条件や履歴のもとで生じたかについて，個別に「分析」していく必要がある。

馴化・鋭敏化は学習か 　本章のはじめに生得性行動とは，条件づけによって生成される学習性行動と区別して，明示的な条件づけから生成されていない行動であると述べた。では，生得性行動の学習的側面ともいえる「馴化や鋭敏化」と「条件づけで観察される学習」とはどこが異なるのであろうか。まず，「学習」の定義から改めて考えてみよう。

　本書での立場は，「学習」という用語は「条件づけ」と関係づけて定義しているが，心理学という広い学問分野全体では，もう少し異なる定義が一般になされている（表3-2）。

　総じて学習の定義が，「経験を通じた比較的永続的な行動の変容を可能にする操作・過程・事態」を指すとするならば，また，いわゆる長期的な時間を必要とする発達や成熟や，短期的な時間で発現する身体の活性化や疲労などの決まった方向性しか持たない変容をその定義から除いているならば，ここで述べた馴化や鋭敏化は，こうした学習の定義にふさわしいものであるかもしれない。

　しかし，馴化や鋭敏化が，条件づけ操作によって生成される学習

4　生得性行動のもつ学習的側面　　79

表 3-2　さまざまな「学習」の定義例

「学習」の定義	出　所
個体発生過程において，経験により比較的永続的な行動変化がもたらされること，およびそれをもたらす操作，そしてその過程。「経験により」とするのはむしろ遺伝の制約を受ける成熟と区別するためであり，「比較的永続的な」とするのは一時的な疲労や酔い，動機づけによる変容（たとえば，満腹と空腹）と区別するためである。動物の適応行動は，系統発生の過程において種（あるいは系統）レベルで選択された生得的行動と，個体発生の過程において個体レベルで習得される獲得的行動に分類できるが，学習は後者をもたらすものである。ヒトにおいて典型的にみられるように，高等とよばれる動物種ほど，適応行動全体に占める獲得的行動の割合が高くなる。この結果，動物は生後の環境変化に対しても行動の修正が可能となり，より適応的になる。	山田恒夫（1999）「学習」中島義明ほか編『心理学辞典』有斐閣。
（前略）一定場所でのある経験が，その後同一または類似の場面でのその個体の行動もしくは行動の可能性に変容をもたらすことといえる。ただし，生得的に生ずる反応傾向，成熟，疲労や動機づけなどによる一時的な状態による行動の変容は含めない。もちろん，これは「一般的な」定義であって，視点や学説を異にするさまざまの立場から，特殊ないくつもの定義が可能である。たとえば行動的連合説では，学習を刺激と反応との新しい結合，または反応に対する随伴事象による反応の強化とみなし，認知説では認知構造の変化または場の再体制化とみなす。さらに生理学的な視点に立つものは，神経系内の生理学的変化としてとらえようとしている。これらの諸定義の妥当性は，それぞれが準拠している学説そのものの価値によって決定される。	能見義博（1981）「学習」梅澤八三ほか監修『心理学事典（新版）』平凡社[6]。

と大きく異なっている点は，これら馴化や鋭敏化としての行動変容が，「特定の単一刺激の繰り返しのもとでの反応の減少と増加」にすぎないという点にある。

一方，レスポンデント条件づけとオペラント条件づけの2つの条件づけによって生成される学習性行動の行動変容では，「その随伴性の操作を通じて，単なる反応の頻度の増減だけでなく，これまでの刺激や反応が新しい機能を獲得したり機能が変化したりすること」が観察される。

本書では，こうした理由から馴化と鋭敏化を学習性行動の1つとして取り上げない代わりに，これらを生得性行動の持つ学習的側面の1つ（もしくは，学習の原初的な形態）と考えている。

●注

1) たとえば，ある行動分析学者は，このような生物学的に重要な事象として餌の提示を挙げ，これを「系統発生的に重要な事象」[phylogenetically important event；PIE] と呼んでいる（Baum, 2012）。

2) 生得性行動を淘汰性の基準から見るとどうなるだろうか。実はこれまで，行動を淘汰性であるかの問いから分類するのは，もっぱら学習性の行動についてであって，生得性行動は後続する環境によって変容するものではないと考えられてきた。したがって，典型的な淘汰性行動であるオペラント行動は，これまで学習性行動に分類されてきた。しかし，淘汰性であるか否かは，学習性であるか否かとは異なる次元での問いであって，生得性行動のなかにも淘汰性行動を認めてもかまわないはずである。本書では従来の考え方に従ってオペラント行動を淘汰性の学習性行動として取り扱うが，本章で言及する原始自発反応の1つに，淘汰性の生得性行動の一部が含まれると考えている。

3) たとえば行動主義 [behaviorism]（スキナーの徹底的行動主義と区別するためにとくに古典的 [classical] 行動主義と呼ぶ）の中心人物であったワトソン（J. B. Watson, 1878-1958）は，いち早くパブロフの条件反射の考え方を取り入れ，刺激－反応という一対一対応に基づく行動のモデルを考えていた（佐藤, 1976）。またこの古典的行動主義の流れを基本的に引き継いだ2人の新行動主義者 [neobe-

haviorism］のハル（C. L. Hull, 1884-1952）やトールマン（E. C. Tolman, 1886-1959）は，いずれもこうした極端な一対一対応から，より自由な組合せが可能な，刺激－有機体－反応［S-O-R］（O；organism）を基本的な行動のモデルとしたが，前者は仮説演繹体系に基づく連合論を，後者は有機体の目的に対する能動性を重視する認知論をそれぞれ強調した。

4） 節約はヒトでの古典的学習実験でよく用いられた指標である。**対連合学習**［paired-associated learning］と呼ばれる，この学習で使われるカードの表と裏には，別々に無意味綴りの単語が書かれており（たとえば「るせ」と「ほみ」というように），この単語対を学習することを求められる。実験参加者ははじめのうちはカードの表の単語を見て裏の単語を言うことがまったくできないが，何度か繰り返すことで次第に学習していく。たとえば10問を1シリーズとした課題を完全に正答できるようになるまでに，第1回目の挑戦では20シリーズかかったとすると，おそらく第2回目の挑戦では15シリーズに減るであろう。このとき5シリーズの節約が起こったと考える。

5） 行動生物学者であるティンバーゲンは，生物学的研究の中心的課題として4つの問いを考えた。まず第1の問いの群は**至近要因**に関わる問いであり，メカニズム（原因）と**個体発生**（発達）よりなる。第2の問いの群は**究極要因**に関わる問いで，適応（機能）と**系統発生**よりなる。たとえば生物のある特定器官（や特定行動）を理解するのに，その器官のメカニズムから，あるいはその器官の個体発生での生成過程から，あるいはその器官の果たす機能から，あるいはその器官の系統発生での成立過程から，理解するということで各問いに対応する。至近要因は遺伝学的，生理学的，神経学的，社会的要因を取り扱うことになり，究極要因は進化的要因を取り扱うことになる（Tinbergen, 1963）。こうした複数の観点から原因を取り扱う考え方は，**アリストテレスの4原因説**（第1章章末注5参照）に始まるもので，生物の行動を考えるうえで重要な見方を提供している。

6） その後の新版（2013）では，"学習の定義はさまざまであるが，最も広くとらえると経験による行動の永続的可塑性である。したがって，特定の経験に依存しない単なる成熟による行動変化は，学習

に含まれない”と定義しなおされた。

演習問題

3-1[Basic]　鋭敏化の具体例を挙げ，表 3-1 に挙げられた自発的回復や刺激般化などの諸現象に対応する現象を，その例を使って説明しなさい。

3-2[Basic]　学習性行動と生得性行動を見分けるにはどのようにしたらよいだろうか。

3-3[Search]　「ブライテンベルクの車」は，行動研究にどのようなことを示唆しているのだろうか。実際にどのような振る舞いを観察できるかを調べ，述べなさい。

3-4[Search]　インターネットを用いて固定的活動パターンなどの生得性行動の動画を探し出し，どのようなものであるかを確認しなさい。

3-5[Advance]　ヒトにおける固定的活動パターンについて述べなさい。

| 第4章 | レスポンデント |

●環境の機能を変える方法を知る

Introduction

　前章では，進化の歴史を通じて獲得された生得性行動について述べた。あらゆる行動は，ある意味では進化の歴史を通じて獲得されてきたといえるが，誕生後の，環境と個体との履歴のなかで獲得された学習性の行動は，環境への柔軟な対応を個々に可能にするので，よりいっそう重要である。本章では，条件づけと呼ばれる随伴性の操作によって獲得された学習性行動のうち，刺激に刺激が随伴する操作を中核としたレスポンデント条件づけと，それに関わる行動であるレスポンデントに焦点を当てる。レスポンデント条件づけは，刺激の持っている性質が随伴性を通じて変わり，そのもとで新しい反応が引き起こされることに特徴がある。パブロフが行った条件反射の研究は，その先駆けであった。

1 条件づけと随伴性操作

　学習性行動を生成する条件づけ手続きでは，基本的には環境や行動についての実験的操作を行う。行動分析学では，これらの操作を**随伴性**［contingency］**の操作**と呼んでいる。第2章では，随伴性を「複数事象間の時間的確率的な継起・共起関係」と定義していた。

そこでは因果関係，相関関係，独立関係といった，もっぱら観察行動の立場から，随伴性という考え方を導入していたことを思い出してほしい。

　ここでいう随伴性操作は，単に刺激や反応に新しい機能を与える「条件づけ」という手続きを指すだけではない。この随伴性操作は，行動の原因となりうる環境内の要素（独立変数）を見つけ出す（同定する）ためにも用いられているのである。随伴性操作を方法の中心に据えるこの学問体系が，なぜ**行動分析**［behavior analysis］と呼ばれるのかも，こうした随伴性操作の位置づけから明らかである。随伴性操作を用いた環境内の行動制御要因の探求，すなわち，「環境の操作による行動変容を通じて行動の原因を明らかにすること」が，この学問の基本的な方法論なのである。したがって何らかの行動を取り上げて，その行動の原因を実験的に明らかにしないまま，単に想定された（特に心的な）概念を使って，人々が何となく納得した気になる説明を与えるような，いわゆる「行動的な分析」［behavioral analysis］ではないのである。

　随伴性操作の種類は A に B が随伴することを「A：B」と表記して**POINT ⑤**のように整理できる。本章で述べるレスポンデント条件づけと，その結果作り出された学習性行動である条件レスポンデントは，①の**刺激：刺激（S：S）随伴性**と深く関連している。②の**反応：刺激（R：S）随伴性**についてはオペラント条件づけ（第5章），③の**刺激：反応：刺激（S：R：S）随伴性**については弁別オペラント条件づけ（第5, 7章），④の**反応：反応（R：R）随伴性**は反応遮断化理論（第8章）で詳説される。

POINT ⑤　随伴性操作の種類

① **刺激：刺激（S：S）随伴性**　ある刺激 A に別の刺激 B を随伴させる操作（レスポンデント随伴性とも呼ばれる）。この随伴性が手続きの中核となっているものが、新たな先行刺激がかつて観察されなかった新しい反応を誘発するようになるという**レスポンデント条件づけ**である（本章）。なお「：」（コロン）は、「：」の前に来る先行する事象に「：」の後に来る後続する事象が「随伴する」ことを意味している。

② **反応：刺激（R：S）随伴性**　ある反応に刺激を随伴させる操作（オペラント随伴性もしくは強化随伴性とも呼ばれる）。この随伴性が手続きの中核となっているものが、反応の時間当たりの頻度がそれより前に比べて増加したり減少したり、あるいは以前に観察されなかった新しい反応型が現れるという**オペラント条件づけ**である（第 5 章）。

③ **刺激：反応：刺激（S：R：S）随伴性**　ある先行刺激のもとで出現する反応に特定の後続刺激（強化子もしくは弱化子となる刺激）を随伴させる操作（3 項〔強化〕随伴性とも呼ばれる）。この随伴性が手続きの中核となっているものが、もともとは反応自発のための機会となっていなかった先行刺激が、そうした機能を持つ弁別刺激になるという**弁別オペラント条件づけ**である（第 5, 7 章）。

④ **反応：反応（R：R）随伴性**　ある先行反応に別の後続反応を随伴させる操作。2 つを随伴させる条件によっては、先行反応と後続反応の頻度や量が変容することがある。R：R 随伴性は②の R：S 随伴性に対応させて語られることがある（第 8 章）。

2　レスポンデント条件づけ

　レスポンデント条件づけ［respondent conditioning］（あるいは、**古典的**［classical］**条件づけ**, **パブロフ型**［Pavlovian］**条件づけ**と呼ばれる）は、ロシアの生理学者パブロフ（I. P. Pavlov, 1849-1936）によって 20 世紀初頭に発見され、**条件反射**［conditioned reflex］の名とともに

その後の行動研究に大きな影響を与えた。「レスポンデント」という用語はスキナーによって作られた専門用語で、「環境に応答させられた［responded］行動」を意味しており、特定刺激によって誘発される行動のことをいう。

> 無条件レスポンデント刺激と無条件レスポンデント

レスポンデント条件づけと呼ばれる条件づけを検討する前に、生得性行動としてのレスポンデントと学習性行動としてのレスポンデントを区別するため、ここでは無条件レスポンデントと条件レスポンデントという用語を用いる。まず最初に、無条件レスポンデント刺激と無条件レスポンデント（無条件反応〔反射〕ともいう。一般に「無条件」［unconditioned］という用語は生得性を表し、後に述べる「条件」［conditioned］という用語は学習性を表す）について定義しておく。そのためにまず、次のようなイヌでの実験を考えてみよう。

この実験では、ある刺激の提示、非提示のもとでの個体の反応が観察される。

はじめに無条件レスポンデントを引き起こすと考えられる**生物学的に**［biologically］**重要な刺激**（たとえば餌）S^B を提示せず、そのもとで何の反応も出現しないことをまず確認する。続いて刺激 S^B を提示し、その直後に反応 R が出現するかを観察する。その後、刺激 S^B の非提示で、ただちに反応 R が消失するかを見る。

このような実験操作の結果、たとえば餌が提示されたときのみ唾液分泌反応が観察されたならば、その刺激 S^B（餌）を**無条件レスポンデント刺激**（本書では「S^U」と表現。一般には**無条件刺激**といわれ「US」と略される）、その反応（唾液分泌）を**無条件レスポンデント**（本書では「R^U」と表現。一般には**無条件反応**といわれ「UR」と略される）と呼ぶ。このように刺激提示が必ず反応を生み出す場合に、先行す

88　第4章　レスポンデント

る無条件レスポンデント刺激（S^U）は後続する無条件レスポンデント（R^U）を**誘発する**［elicit］という。ただし，この場合の無条件レスポンデントは，条件づけの経験なく生起するので学習性行動ではなく，前章で述べた，生得性行動の1つである（無条件）反射である。

　同様に後に述べる中性刺激の定義も，ある刺激Sの提示が反応Rを誘発しないことをもって行うことができる。

　なお，無条件レスポンデントにも，生得性行動における馴化（第3章参照）の過程が起こることをここで思い起こしてほしい。無条件レスポンデント刺激を何度も続けて提示すれば，次第に無条件レスポンデントは小さくなる。また刺激間の提示時間間隔がきわめて短ければ，無条件レスポンデントが出現しない不応期も存在する。

条件レスポンデント刺激と条件レスポンデント：レスポンデント条件づけの随伴性

無条件レスポンデント刺激と無条件レスポンデントの定義が終わったので，次にレスポンデント条件づけの随伴性を見てみよう。ここでは第2章で述べた反転法を用いている。

　第1期のベースライン条件で提示される刺激は**中性刺激**（［neutral stimulus］，本書では「S^N」と表現。一般には「NS」と略される。）と呼ばれる刺激で，レスポンデント条件づけ以前の，その刺激の単独提示では，後に述べる条件レスポンデントをあらかじめ生み出さない刺激であることが確認されているとする[1]。

　第2期の介入条件では，実験的操作として中性刺激（S^N）と無条件レスポンデント刺激（S^U）との**継時的提示**（すなわちS：S随伴性の操作）が繰り返しなされる（このような継時的提示は**追提示**，もしくは**対提示**と呼ばれることもある。実際の手続きについては図4-1参照）。その結果，中性刺激（S^N）の提示のもとで「無条件レスポンデント

2　レスポンデント条件づけ　　89

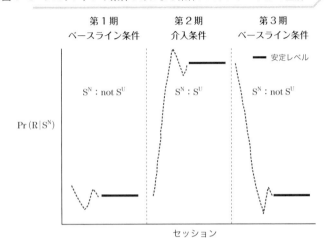

図4-1 レスポンデント条件づけによる条件レスポンデントR^Cの生成

S^Nは中性刺激，S^Uは無条件レスポンデント刺激を表す。第2期の$S^N:S^U$はS^N提示に引き続いてS^Uが提示される随伴性操作を，第1期と第3期の$S^N:$ not S^Uは，S^N提示後にS^Uが提示されない随伴性操作を表し，縦軸のPr$(R|S^N)$は，S^N提示中に誘発された反応Rの出現確率（割合）を表す。

(R^U）とよく似た」反応の出現確率が増加したとする。

そして最後の第3期に再びベースライン条件に戻すと，最初は介入条件で見られた反応が再び見られるが，S^Nのみの提示を繰り返していくと，反応は次第に減少し，最終的には観察されなくなることが確認される。

たとえばS^Nを「メトロノーム音」，S^Uを「餌」，R^Uを「唾液分泌」とした具体例で考えてみるとわかりやすいだろう。最初（第1期）は中性刺激であったメトロノーム音は，介入条件の第2期において，メトロノーム音（S^N）と餌（S^U）の継時的提示（追提示）を繰り返すことで，メトロノーム音が提示されると次第にR^Uとよく似

た唾液分泌反応（後でいう R^C に対応）が出現するようになる。そして，ベースライン条件の第3期に再び，メトロノーム音のみの提示に戻したとき，最初は餌が提示されなくともメトロノーム音によって唾液分泌反応が誘発されているが，メトロノーム音の単独提示を続けていくと次第に唾液分泌反応は減っていくというわけである[2]。

この3期にわたる各条件でなされた操作と観察された現象に基づいて，その操作・過程・事態を指すものとして，レスポンデント条件づけという用語を用いる。図4-1は上で述べた一連のレスポンデント条件づけの操作を反転法のグラフに対応させて表現したものである。

たとえば操作という側面を強調した用法で，関連する専門用語を定義すると，介入条件での中性刺激 S^N と無条件レスポンデント刺激 S^U との継時的提示（$S^N : S^U$）という「レスポンデント条件づけ」によって，この中性刺激 S^N は，「**条件レスポンデント刺激**（本書では「S^C」と表現。一般には**条件刺激**といわれ「CS」と略される）という新しい機能を持った刺激に変わった」といい，その刺激のもとで現れた反応を**条件レスポンデント**（本書では「R^C」と表現。一般には**条件反応**といわれ「CR」と略される）と呼んでいる。この観察された関係は「S^C が R^C を誘発する」といわれる。また過程や事態という側面からは，経験による刺激の新しい機能の獲得（第2期）と消失（第3期）という点で，このレスポンデント条件づけによる学習の成立を見ていることになる。

レスポンデント消去

レスポンデント条件づけにおいては，R^C の誘発を維持しているのは，いうまでもなく（S^N から機能的変化を遂げた）S^C と S^U の継時的提示である。この継時的提示は**レスポンデント強化**［reinforcement］と呼ばれることもある。また第3期ベースライン条件に戻した直後には誘発されてい

2 レスポンデント条件づけ　91

た反応 R^C も，S^C のみの単独提示の繰り返しによって反応が減少していく。このことをレスポンデント強化に対応させて，**レスポンデント消去**［extinction］と呼ぶこともある。

ランダム統制手続き

しかし，ここで確認すべき大きな問題がある。それはレスポンデント条件づけの成立は，本当に介入条件としての S^C と S^U の継時的提示（随伴性）の結果なのか，という点である（表 4-1 参照）。なぜならば，図 4-1 で示したベースライン条件は S^C（あるいは S^N）単独提示のみでの R^C の有無の検証であり，これだけでは条件づけの成立が，S^U の存在によるのか，S^C に S^U を随伴させたことによるのかが証明できないからである。S^C と S^U の随伴性が成立の条件であることを示すためには，ベースライン条件において介入条件と同じ量の S^U が，必ずしも S^C に随伴しない形でランダムに提示される必要がある。この手続きは**ランダム統制**［truly random control］**手続き**と呼ばれ，第 4 節の「随伴性空間と随伴性の知覚」でもう一度取り上げる。実験の結果としては，第 1 期，第 3 期にランダム統制手続きを使っても，S^N は S^C の機能を持たず，第 2 期で随伴性が整えられることで，はじめて S^N は S^C となって R^C を誘発する。

レスポンデント条件づけで観察される現象

レスポンデント条件づけで形成された**条件レスポンデント**（R^C）には，前章で述べた馴化や鋭敏化で観察された現象と共通の現象がある。

　レスポンデント消去された条件レスポンデントが，第 3 期の後に少し間隔を空けてから（たとえば 1 日後），再度，条件刺激（S^C）だけを提示するという「レスポンデント消去の手続き」にさらされると，その強度は弱いものの再び一時的に出現する。馴化でのそれと同様，この現象を**自発的回復**［spontaneous recovery］といっている。

92　第 4 章　レスポンデント

表 4-1　反転法を用いたレスポンデント条件づけ（図 4-1）の各期の要素

	第 1 期 第 3 期	第 2 期
S^C の提示	○	○
S^U の提示	×	○
$S^C : S^U$ 随伴性	×	○

単に S^U があったために R^C が生まれたのか，$S^C : S^U$ の随伴性があったために R^C が生まれたのかが区別できない。そこで第 1, 3 期に S^C, S^U の 2 つを提示し，両者を完全に独立に提示するような条件でも R^C が生まれないかを見る。

一方，一度消去された条件レスポンデントをその後の消去手続き中に，無関係な新奇刺激（たとえば条件づけ時に用いられなかった光や音など）を S^C の直前に提示することで，条件レスポンデント（R^C）が一時的に復活することを**脱制止**［disinhibition］という。

また，用いられた S^C とよく似た刺激に条件レスポンデントが誘発させられることは，**レスポンデント般化**［generalization］と呼ばれる。これに対して，随伴性の有無により刺激の弁別を形成することも可能である。たとえば 2 種類の周波数の音を用い，高い周波数の音 T_1 には S^U を随伴させ，低い周波数の音 T_2 には S^U を随伴させないと，T_1 だけが R^C を誘発するようになる。これを**レスポンデント弁別**［discrimination］と呼んでいる（図 4-2）。

さらに，たとえば高音 T_1 のみのときには S^U を随伴させ，照明光 L と音 T_1 の複合刺激のときには S^U を随伴させないようにして，上のような弁別を完成させたとしよう。その後新たに，たとえば低音 T_2 に S^U を随伴させるときに，L を T_2 と同時に提示すると，条件づけの進行が遅くなったり（このような方法を**遅滞法**［retardation test］という），テスト時での T_2 に L を付加することで R^C 誘発の程

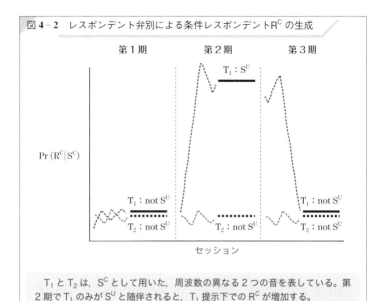

図 4-2 レスポンデント弁別による条件レスポンデントR^Cの生成

T_1とT_2は、S^Cとして用いた、周波数の異なる2つの音を表している。第2期でT_1のみがS^Uと随伴されると、T_1提示下でのR^Cが増加する。

度が低くなったりする(このような方法を**加算法**[summation test]という)。この現象は**条件制止**[conditioned inhibition]と呼ばれ、この場合のLは**条件制止子**[conditioned inhibitor]と呼ばれる(図4-3)。上のような条件制止の現象は、条件レスポンデント刺激が条件レスポンデントの出現を抑制する機能を持つ場合もあることを示している。

このような刺激による弁別や般化については第7章でも述べる。

図4-2と図4-3ではレスポンデントのさまざまな条件づけの現象を、個体内での変化としてグラフ上に表している。しかし、実際のレスポンデント条件づけの研究では、よく複数の個体によって構成される2つの群、統制群と実験群を設け、両者を比較するという形で環境の操作の効果が検討されることが多い。こうした群間比較法

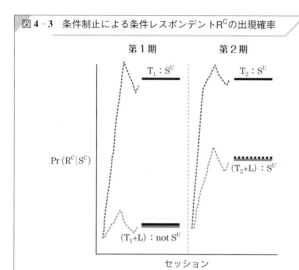

図 4-3 条件制止による条件レスポンデント R^C の出現確率

第1期で高音 T_1 と照明光 L との複合刺激に S^U を随伴させない（(T_1+L)：not S^U）と，第2期に新たな S^C である低音 T_2 に照明光 L を複合させてその条件づけを行う（(T_2+L)：S^U）と，R^C の量がより減少したり，条件づけの過程がより遅滞したりする。

と，これまで述べてきた反転法に代表される単一事例法との研究法の違いについては，すでに第2章で述べている。

レスポンデント条件づけの意味

(1) 刺激の新しい機能

反射などの生得性行動がレスポンデント条件づけによって学習性行動となる一番の特徴は，中性刺激（S^N）と無条件レスポンデント刺激（S^U）との継時的な提示（$S^N：S^U$）によって，中性刺激が，条件レスポンデント（R^C）を生み出す機能を有する条件レスポンデント刺激（S^C）へと，刺激の「機能」を変化させることにある。これは，刺激の機能が変化するという点で，行動研究にとっては非常に重要な事実である。

レスポンデント条件づけでごく一般的に取り扱われる S^N は，個体にとって多くの場合，光，音，匂いを生み出す化学物質などの，物理的化学的実体であることは確かである。しかし条件づけを通して，実体そのものの物理的化学的特性は変化しないものの，その刺激と個体との機能的関係が変わるということが重要なのである。

これを別の言い方で表現すれば，環境そのものの性質は変わらないが，環境との接触の歴史を通じて個体の「何か」が変容し，そのことで環境と個体との関係が別のものへと変わっていくのである。もしも中性刺激として任意の刺激を用いることが可能であり，そのもとで任意の無条件刺激との組合せが可能であるのならば，生得的にはもともと備わっていない多様な環境が生み出す刺激－反応間の関係を，刺激－刺激（S：S）随伴性に関わる学習（レスポンデント条件づけ）を通じて得ることができるということを意味する。

⑵　継時的提示

繰り返しになるが，このような刺激の新しい機能は，介入条件での S^N（介入後は S^C として機能する）と S^U 間の S：S 随伴性によって作り出されたものである。その時間的な関係については，図 4-4 に示されるようないくつかの手続きによって実現される。多くの研究結果から，一般的には，**短い延滞**［delayed］**条件づけ**と呼ばれる手続きが最も確実に条件レスポンデントを生み出すことが示されてきた。すなわち，S^C と S^U との提示には，ある程度の時間間隔が必要であると同時に，あまりに長い時間間隔がおかれると，条件づけの効果が現れないということを意味している。また，たとえ両者の時間間隔が近接していても S^U：S^C というように提示順を逆にすると一般に R^C は生まれないということもわかった。この手続きを**逆行**［backward］**条件づけ**と呼ぶ。この手続きは，提示される刺激の回数

96　第 4 章　レスポンデント

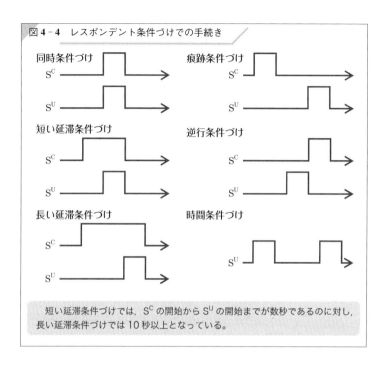

図4-4 レスポンデント条件づけでの手続き

短い延滞条件づけでは，S^C の開始から S^U の開始までが数秒であるのに対し，長い延滞条件づけでは 10 秒以上となっている。

は等しく，順序のみが延滞条件づけ（このように逆行条件づけと比較される場合は**順行**［forward］**条件づけ**ともいわれる）と異なるので，レスポンデント条件づけの成立を確かめる際の統制条件として，ランダム統制手続きが見出されるまで用いられてきた。

3 レスポンデント条件づけの具体的な実験例

基本的なレスポンデント条件づけ

唾液分泌を R^U としたもののほかに，最もよく利用されるレスポンデント条件づけの1つに，**瞬目**［eyeblink］**反射**が挙げられる。

この反射は、目に向かって空気を吹きつけること（S^U）で瞼が閉じるという反応（R^U）が誘発されることを利用するもので、ヒトでもヒト以外の動物でも実験が容易である点が特徴である（Lavond & Steinmetz, 2003）。この瞬目反射などの研究を中心に、一般に S^U が強いほど S^C 提示時の R^C の量は大きく、R^C 出現までに要する時間（**潜時**［latency］）は短くなることが示されてきた。

過去の例を見ると、弱い電撃［electrical shock］を S^U とし、R^U に、そうした電撃が直接引き起こす筋肉の反射や行動の抑制を含む**驚愕反射**［sturtle reflex］を見た研究も多い（他のレスポンデント条件づけの実験例は本章4節も参照）。ただし、最近では動物福祉や研究倫理から、嫌悪刺激を用いない研究法にシフトしつつある。

また性や犯罪に関わる単語はしばしば「タブー語」と呼ばれ、ヒトに動揺をもたらすことが知られているが、その動揺を検出するのに、これまでよく、皮膚の電気抵抗値の一時的減少が用いられてきた。これを**皮膚電気反射（反応）**［galvanic skin reflex（response）；GSR］と呼んでいる（**皮膚コンダクタンス反応**というときもある）。タブー語自体は社会生活のなかで学習された S^C と考えられるため、GSR はこの S^C が生み出す R^C の１つであるといえる。GSR の存在については一般に広く知られている反面、その機序については不明な点が多く、かつ制御変数や実験的検証もまだはっきり得られていないというのが現状である。同様にこれまで GSR が「嘘を発見する」のに使われているという俗説があるが、そうした科学的証拠もない[3]。

条件情動反応と不安・恐怖

条件情動反応［conditioned emotional response；CER］あるいは**条件抑制**［conditioned suppression］と呼ばれる現象は、安定して出現しているある反応に対して、同時に条件レスポンデント刺激を付加することで、その反応がどのように抑制されるかを見るという、

いわば間接的に，条件づけの効果を調べることで得られる。

　まず，次章で取り上げる動物のオペラントを，たとえばラットが実験箱内のレバーを押し下げる反応に餌粒（ペレット）を随伴させることで形成する。ラットが安定してレバー押し反応をするようになったら，ブザー音（S^N）をたとえば 15 秒間鳴らし，鳴り終わると同時に S^U（たとえば電気ショック）を提示する。この S^U はレバー押し反応を抑制する（拮抗する）無条件の情動反応 R^U を誘発する。最初のうちは S^N 提示中であってもレバー押し反応は減少しないであろうが，S^N : S^U の随伴操作を続けるにしたがって，このレバー押し反応は S^N の開始とともに停止するようになるだろう（つまりここで S^N が S^C となる）。もしも 15 秒間の S^C 提示中と，それ以外の何も提示されていない（not S^C に相当）15 秒間とで，レバー押し反応の時間当たりの出現頻度を比較し，その抑制の度合いを求めたとすれば，その量（**抑制比率**「suppression ratio」）は S^C が誘発した R^C としての条件情動反応の強度を表すことになる。

　条件情動反応は，オペラントへのレスポンデントの効果を見るという意味で興味深いが，さらにこの反応が，その名称が示すように，私たちの日常感じる「不安」とよく似ていることに研究者たちは気がついていた（Estes & Skinner, 1941）。人間の「不安」は，その成立要因と過程の複雑さにおいても，その治療の難しさにおいても，多くの研究者を悩ませてきた心理的現象である。また，不安は最もポピュラーな臨床的トピックでもある。しかしながら，行動分析学における，先のラットの実験で観察された，電気ショックの到来を予告するブザー音によるレバー押し行動の抑制は，嫌悪的な事態の到来を知らせるさまざまな予兆，たとえば叱責ばかりする会いたくない上司の靴音（S^C）によってもたらされる「掻き乱された私たちの心の状態」（S^C による CER）を，科学的に取り扱える単純な形とし

3　レスポンデント条件づけの具体的な実験例　　99

て，とてもうまく表現してはいないだろうか。

恐怖反応の条件づけ　いわゆる恐怖という情動が，条件づけに基づいて学習されるものであることを示したワトソンとレイナー（Watson & Rayner, 1920）の実験では，生後約11カ月の幼児に対して，白いラットをはじめウサギや毛皮のコート，お面などいくつかの刺激を提示し，情動反応が生じないことを確認した後，白いラット（S^N）に随伴して背後で金属の棒を叩いて大きな音（S^U）を立て，幼児に恐怖反応（R^U）を引き起こさせた。実験後，幼児は白いラット（S^C）だけではなく，S^Cによく似た刺激，ウサギや毛皮のコートなどにも恐怖反応（R^C）を示すようになった（レスポンデント般化）。ワトソンはこの結果から，大人の不安や恐怖もこれに類似した幼年期の経験に由来していると主張した。この研究は，もちろん現代においては倫理的に問題があるものであるが，恐怖といった情動反応も条件づけられるということを示した点で，重要な意義を持つ。

恐怖症の治療　恐怖という情動反応が条件づけ可能であれば，その逆である消去も可能である。今日の恐怖症の治療には，恐怖をもたらす刺激（S^C）に患者をさらすことで治療する**エクスポージャー**［exposure］（**暴露法**ともいう）が適用され効果を上げている。一般的なエクスポージャーは，最初は患者にとって比較的弱い恐怖反応を引き起こす刺激を用い，それに繰り返しさらすことで馴化を生じさせ，その後，徐々に強い刺激にさらしていくことで治療を進めていく。

　たとえば雷恐怖症（astraphobia）は，雷に対して過度の不安を抱く特定の恐怖症である。患者は実際の雷に対して不安反応を起こすだけでなく，たとえば，雷に対する予期不安のために外出が困難となり，日常生活が阻害される。宮野ほか（2000）は雷恐怖症の成人

100　第4章　レスポンデント

図4-5 ヘッドマウント・ディスプレイ

(出所) AH86/PIXTA[ピクスタ]

女性に対して、バーチャル・リアリティーを使用したエクスポージャーにより治療を行った。雷のような自然現象の刺激は、弱い刺激から強い刺激までを系統的に作成し提示することが困難であり、通常はイメージによるエクスポージャーを用いるが、宮野ほか(2000)はヘッドマウント・ディスプレイ（図4-5参照）に映像を提示し、ボディソニックによって雷鳴を再現する装置を使用することで恐怖をもたらす刺激の強度を制御し、系統的に刺激強度を高めてゆくことによって治療に成功している。

条件情動反応の実験手続きは、動物実験を使って、不安を抑制する薬物の開発場面でもよく使われている。抗不安薬の候補となる薬物は、実験前に動物に投与され、何の効果ももたらさないはずの生理食塩水が投与された場合とで抑制比率が比較される。不安をめぐる動物とヒトとの違いについての議論はあるものの、現代社会になくてはならない薬物の発見にとって、この現象の理解が役に立っていることは事実である。それと同時に私たちは、条件づけについての理解が不安以外の情動についての理解とも深く関連している可能

性についても，考えてみるべきであろう（第9章参照）。

STEP UP！⑦　嫌悪刺激が学習に及ぼす影響

　嫌悪性の刺激をS^Uとしたレスポンデント条件づけで，それが随伴されるるS^Cと随伴されないS^Cの両者の区別が大変困難な弁別訓練（たとえば純音刺激の周波数が近似している2つの刺激の場合）を行うと，個体がそれまで可能であった弁別も崩れて異常な行動をしてしまう現象は，実験神経症［experimental neurosis］としてパブロフによって報告された。これは神経症の古典的な行動モデルの1つである。

　実験神経症の形成の研究は，神経症の消去について行動療法にも多くの知見を提供した。たとえばジョーンズ（Jones, 1924）は，ワトソンらによる恐怖反応の条件づけとよく似た例で，ウサギを恐れていた子どもに対して，恐怖R^Cを引き起こす刺激となっていたウサギS^Cを，楽しい食事S^Uの場面で，最初はウサギをかごに入れて部屋のすみのほうへ置き，R^Cの減少に伴って徐々にウサギを近づけていくという系統的な刺激操作によって，R^Cを消去することに成功している。

　嫌悪刺激の利用による問題行動は，次章で学ぶオペラント条件づけでも報告されている。セリグマンとマイヤー（Seligman & Maier 1967）は，犬に対してオペラント条件づけによる電撃回避学習を行った。彼らは，回避が不可能な場面で嫌悪刺激を与え続け，そもそも回避ができる場面との弁別を不可能にすると，後で逃避・回避が可能な場面に遭遇しても，個体は嫌悪刺激を受け続けるだけで，回避反応を停止し逃避・回避学習の成立が困難になることを示した。セリグマンは後に，「何をやっても無駄だ」という認知が学習に基づく無力感を形成するという現象を学習性無力感［learned helplessness］と呼んでいるが，もちろん動物の行動は，そういった言語行動に基づく制御下にはないことに注意を促したい。

4 レスポンデント条件づけの展開

条件補償反応：無条件レスポンデントと条件レスポンデントの類似性と非類似性

パブロフが行った条件反射の実験の最も印象的な事実は，肉粉でしか見せなかった唾液分泌を，メトロノームの音と肉粉とを継時的に提示することで，メトロノームの音のもとでも観察したことである。これは，メトロノームの音が，無条件レスポンデントと「同じ」条件レスポンデントを誘発したということである。しかし，最近の研究は，このような2つのレスポンデント（肉粉によって誘発される唾液分泌 R^U とメトロノーム音によって誘発される唾液分泌 R^C）は形態的に必ずしも一致しないという多くの例を見出している。その最も興味深い現象は，条件補償反応であろう。

シーゲル（Siegel, 1976）は，モルヒネやアンフェタミンのような，強い薬物依存性のある化学物質の繰り返しの摂取によって起こる薬物効果の減少の進行，すなわち**薬物耐性**の発達を，生理学的説明ではなく，レスポンデント条件づけによる学習過程の進行と考え，ラットによる実験で証明を行った。彼はモルヒネを摂取する際に使用した部屋などの環境事象（これを**文脈**［contextual］**刺激**と呼んでいる）に注目し，これが S^C となってモルヒネがもたらす身体反応 R^U に拮抗する，薬物耐性としての R^C を誘発していると考えた。つまり同じ文脈 S^C のもとでモルヒネ S^U の摂取を繰り返すことは，この S^C のもとで，モルヒネがもたらす身体反応 R^U に拮抗する，一見すると行動とは考えにくい，薬物耐性としての R^C を形成していることになる。

このようなレスポンデント条件づけに基づいた耐性の考え方は，それまでときどき観察されてきた，モルヒネ常用者の過剰摂取による急性の薬物中毒の原因を解釈する際に有用である。モルヒネの急性の薬物中毒が生じる場面について調査すると，多くの常用者が普段摂取している環境とは異なる環境で，通常と同量のモルヒネを摂取していたことがわかった（Siegel & Ellsworth, 1986; Siegel, 2001）。つまり，文脈刺激のもとで学習されたモルヒネに対する薬物耐性という条件レスポンデントが，文脈刺激のない環境下では出現せず，次第に増量されていたモルヒネの直接的な薬物効果（並行して R^C が強まるために顕在化していなかった）がそのまま作用して，重篤な症状を発現したと考えられたのである。

　この薬物耐性の例は，無条件レスポンデントに対して条件レスポンデントが，一方は薬物による直接の身体への効果，一方はそれを抑制する反応として互いに拮抗するという極端な例であり，**条件補償**［conditioned compensatory］**反応**と呼ばれている。無条件，条件両レスポンデントが，反応量や反応型などで類似しない例が多数報告されており，現在のところ，条件レスポンデントは，生存にとってより有利な方向で作用するように，無条件レスポンデントに先立ってその反応を形成している（生物学的に有利な反応が，おそらく生得的に R^C として用意されている）と見られている。つまりパブロフの条件反射でのイヌの唾液分泌では，餌の消化にとってより有利な方向で類似した唾液分泌が形成されている一方，モルヒネの直接的な薬物作用に対しては，生物個体は，その直接的な薬物作用を緩和する方向で，拮抗する耐性を形成するように見える。

> 味覚嫌悪学習：条件づけの任意性・一回性・長い遅延

ある食べ物を食べた後，不快な気分になるとその食べ物を 2 度と食べない，それどころかかなり時間が経ってもその食べ物を見るだけで気分が悪くなるというという体験を持っている人は少なくないはずである。ガルシアら（Garcia & Koelling, 1966）によってなされた**味覚嫌悪**［taste aversion］**学習**は，レスポンデント条件づけの初期の考え方を修正するうえで，もう 1 つの大きな役割を果たしてきたといえる。

彼らの実験によって，レスポンデント条件づけはそれがたった一度の随伴でも生じること，食べてから気分が悪くなるまでの時間がかなり遅延されても条件づけが成立してしまうことが示された。つまりある種の S^C と S^U の組合せでは，通常いわれるような短い延滞条件づけ以外の手続きでもレスポンデント条件づけが可能であることがわかってきた。

さらに重要な点はレスポンデント条件づけの任意性という点が実験的証拠によって論駁されたことである。これまでは，S^C と S^U の組合せはどんなものであれ同じように条件づけ可能と考えられてきたが，彼らの実験では，光や音の複合刺激と電気ショック，味覚刺激と吐き気といった，S^C と S^U 間の特定の強い結びつきを示す組合せの存在が示された。これらの特定の結びつきは，当然，生物個体の生存に関連し，さまざまな種によって異なることも，そしてある場合には個体間でも異なることが予想される。

> 隠蔽・阻止・条件制止

レスポンデント条件づけそのものは，中性刺激（S^N）が無条件レスポンデント刺激（S^U）に随伴されることにより，条件レスポンデント刺激（S^C）として機能するようになるという事態・過程・手続きをいうが，S^C として利用する S^N（今後，表記上の理解しやすさのために中性刺激 S^N も

4　レスポンデント条件づけの展開　　105

S^C と呼ぶことにする）を 2 つ以上にすると，大変複雑な随伴性を構築することができるようになる。

(1) 隠　蔽

たとえば，こんな S：S 随伴性操作を考えてみよう。実験群と統制群の 2 群を用意する。統制群は S_1^C（たとえば高音）単独に S^U（たとえば眼瞼への空気の吹きつけ）を随伴させる操作を行った後，S_1^C のもとでどの程度の条件レスポンデント R^C が起こるかを調べる。実験群は統制群の手続きを 1 つだけ変えて，S_1^C（高音）と S_2^C（たとえば光）の複合刺激（S_1^C, S_2^C）に S^U を随伴する。結果は S_1^C 単独刺激に比べ，2 つの条件刺激 S_1^C と S_2^C の複合刺激を経験した後での S_1^C による条件反応 R^C の誘発量の方が，少なくなる。この現象は，一方の S_2^C が他方の S_1^C の誘発を抑えているので，**隠蔽** [overshadowing] という。

(2) 阻　止

この隠蔽の手続きを少しばかり複雑にしてみよう。ここでの統制群は上で述べた隠蔽の実験群を用いる。この新しい統制群（つまり隠蔽での実験群）に対して，その最初の段階の 1 つ前にもう 1 つの訓練段階（フェーズ）を設け，そこで前もって S_2^C（光）：S^U という随伴性操作をしたものが，ここでの新しい実験群である。つまり S_2^C（光）：S^U という随伴性操作をし，S_1^C（高音）と S_2^C（光）の複合刺激（S_1^C, S_2^C）に S^U を随伴，S_1^C による条件レスポンデント R_1^C を調べるのである。結果はどうなるだろうか。実験群での S_1^C による条件反応 R_1^C は弱いかほとんど観察されなくなる。R_1^C が誘発されることを抑制するというこの現象は，**阻止** [blocking]（**ブロッキング**）と呼ばれている。

⑶ 条 件 制 止

さらにもう１つの現象を見てみよう。実験群と統制群の第１期では $S_1^C : S^U$，実験群の第２期では S_1^C が単独で出た場合には S^U を提示し，S_1^C と S_2^C の複合刺激（S_1^C, S_2^C）が出た場合には S^U を提示しない。一方統制群では，この期には何も施さない。実験群と統制群の第３期は $S_2^C : S^U$ という条件づけを行う。その結果は，実験群での S_2^C の条件づけがきわめて遅れることが観察される（遅滞法, 93 ページ参照）。いうまでもなく，この現象は，すでに本章第２節で述べた条件制止である。

もしもこれと異なるような条件制止の実験をしたいならば，実験群第１期では $S_1^C : S^U$ と $S_2^C :$ not S^U の２つの随伴性操作を，統制群第１期では $S_1^C : S^U$ の随伴性操作のみを与え，両群ともに第２期では，S_3^C（たとえばノイズ）というまったく新しい条件刺激についてレスポンデント条件づけ $S_3^C : S^U$ を行う。そして第３期に複合刺激（S_2^C, S_3^C）の R^C の誘発量を比較する。したがって統制群はこの第３期ではじめて S_2^C に接することになる。すると条件制止が実験群で観察されるはずである。

> **レスポンデント条件づけの現象とその説明**

こうした３つの代表的なレスポンデント条件づけでの現象は，どのように説明されるのだろうか。また，これまでに見てきたレスポンデント条件づけを通しての学習の成立や消去などの行動変容の過程は，どのように統一的に理解できるのだろうか。

S^C と S^U の結びつきを理論的に考えるとき，こうした結びつきを専門用語で**連合** [association] と呼び，その強さを**連合強度** [associative strength] と呼んできた。たとえば阻止においては，S_2^C と S^U が第１期で随伴されたために，強い連合が形成され，第２期で新たに加えられた S_1^C は S^U と連合することができなくなった，あるいは

4 レスポンデント条件づけの展開 107

連合強度が小さいために S^U を予測する程度が小さかったので，第3期では S_1^C が条件レスポンデント R_1^C を誘発しないのだと説明される。

こうした説明に最もよく用いられてきた理論の1つは**レスコーラ・ワーグナー** [Rescorla-Wagner]・**モデル**（**STEP UP!** ⑧を参照）と呼ばれ，行動研究以外の領域でも広く利用されてきた。しかし残念ながら，現在では**潜在制止** [latent inhibition]（しばしば**CS**〔条件刺激〕**先行提示** [preexposure] とも呼ばれる）**効果**をはじめとして，いくつもの手続きでこのモデルでは説明できない現象が報告されている。研究者たちはレスポンデント研究で見出されてきた，**感性予備条件づけ** [sensory preconditioning]，**過剰予期効果** [overexpectaiton]，**2次条件づけ** [secondary conditioning] などのさまざまな現象（これらの現象については**STEP UP!** ⑨に簡単にまとめておいた）を含め，一貫して説明できる新しいモデルを生み出すべく，現在も研究を進めている（今田・中島，2003；Mazur, 2006）。

STEP UP! ⑧　レスコーラ・ワーグナー・モデル

レスコーラ・ワーグナー（RW）・モデルの基本的な考え方を以下に示す（Mazur, 2006）。

(1) 実際に提示された S^U の観測 [observe] された強度 S_o^U と個体によって予期 [expect] された S^U の強度 S_e^U の2つを考える。
(2) S_o^U と S_e^U の差の絶対値が大きいほど条件づけによる効果は大きい。差がなければ条件づけは起こらない。
(3) $S_o^U > S_e^U$ の場合は S^U と対にされたすべての S^C に興奮性条件づけ（112ページ），$S_o^U < S_e^U$ の場合は S^U と対にされたすべての S^C に制止性条件づけ（同ページ）が起こる。

(4) 明瞭な S^C ほど早く条件づけられる。
(5) 2つ以上の S^C が同時提示されると，S_e^U はそれらによる合計の強度と等しくなる。

なぜ阻止では，統制条件に比べて実験条件のほうが，条件づけが弱いのであろうか。RW モデルから考えてみよう。実験条件の第1期では $S_2^C : S^U$ となっているので S_2^C のもとでの条件づけが進行する。第2期では S_1^C が S_2^C に付け加わって複合刺激となるが，第1期で S_2^C が条件づけられてしまったために，S_2^C 提示だけですでに $S^U = S_e^U$ となっており，新しい S_1^C は何ら新しい予期をもたらさず，結局この複合刺激のもとでは新しい条件づけが起こらない。S_2^C 単独で予期される S_e^U は，すでに第1期で条件づけられた結果観察される S_o^U と等しいので，S_2^C とともに提示される S_1^C のもとでは条件づけは新たに起こらない。一方，統制条件では S_1^C と S_2^C は等しく，はじめは S_e^U が 0 で，S_o^U との差分で条件づけが行われ，S_1^C が単独提示される第3期には R^C が生じるのである。本書ではこれ以上の解説は行わないが，RW モデルによって多くの現象が説明されることを確かめてほしい。と同時に，このモデルでうまく説明がつかない現象についても確認してほしい。

STEP UP!⑨ レスポンデント研究における派生的な現象を生み出す手続きの比較

さまざまな派生的な現象を生み出す手続きを比較するために，実験群と統制群を記号で表記してみる。提示方法については，複合あるいは同時提示の場合は $(S_1^C,\ S_2^C)$ のようにカンマ「,」で区切り，継時提示の場合は「：」で表し，複数の提示方法のどちらかを提示する場合は「\」で区切る。「：」以降が何もなければ刺激は随伴されていない。「？」印は R^C の強度や獲得までの時間を測定していることを意味する。また各条件が実施されている段階やフェーズは【　】で囲み，フェーズの番号を添えることにする。そして比較のために，そのフェーズでは何もしないときには【　】内に何も書かな

いことにする。すると，本文で取り上げた手続きは以下のように表現される。実験群と統制群の違い，各手続き間の違いを調べてみよう。

隠蔽
　実験群　【(S_1^C, S_2) : S^U】_1〖? S_1^C〗_2　⇒中程度の R^C
　統制群　【　　 S_1^C : S^U】_1〖? S_1^C〗_2　⇒強い R^C

阻止
　実験群　【S_2 : S^U】_1〖(S_1^C, S_2) : S^U〗_2〖? S_1^C〗_3　⇒R^C ほぼなし
　統制群　【　　　 】_1〖(S_1^C, S_2) : S^U〗_2〖? S_1^C〗_3　⇒中程度の R^C

条件制止
　実験群　【S_1^C : S^U】_1〖(S_1^C : S^U)\(S_1^C, S_2)〗_2〖? (S_2^C : S^U)〗_3
　　⇒R^C の獲得遅い
　統制群　【S_1^C : S^U】_1〖　　　　　　　　　　　　 〗_2〖? (S_2^C : S^U)〗_3
　　⇒R^C の獲得速い
　（なお，以下のようなタイプの調べ方もある）
　実験群　【(S_1^C : S^U) \ S_2^C】_1〖S_3^C : S^U〗_2〖? (S_2^C, S_3^C)〗_3　⇒弱い R^C
　統制群　【(S_1^C : S^U)　　 】_1〖S_3^C : S^U〗_2〖? (S_2^C, S_3^C)〗_3　⇒強い R^C

潜在制止
　実験群　【S_1^C】_1〖S_1^C : S^U〗_2〖? S_1^C〗_3　⇒弱い R^C
　統制群　【　 】_1〖S_1^C : S^U〗_2〖? S_1^C〗_3　⇒強い R^C

過剰予期効果
　実験群　【(S_1^C : S^U)\(S_2^C : S^U)】_1〖(S_1^C, S_2) : S^U〗_2〖? (S_1^C, S_2^C)〗_3
　　⇒中程度の R^C
　統制群　【(S_1^C : S^U)\(S_2^C : S^U)】_1〖　　　　　 〗_2〖? (S_1^C, S_2^C)〗_3
　　⇒強い R^C

感性予備条件づけ
　実験群　【(S_1^C, S_2^C)】_1〖S_1^C : S^U〗_2〖? S_2^C〗_3　⇒R^C
　統制群　【　　　　 】_1〖S_1^C : S^U〗_2〖? S_2^C〗_3　⇒R^C なし

2次条件づけ
　実験群　【S_1^C : S^U】_1〖(S_1^C, S_2^C)〗_2〖? S_2^C〗_3　⇒R^C
　統制群　【　　　 】_1〖(S_1^C, S_2^C)〗_2〖? S_2^C〗_3　⇒R^C なし

随伴性空間と随伴性の知覚

　ここまでのところでレスポンデント条件づけにおける随伴性操作の基本は，S：S随伴性にあり，この随伴性が生得性行動の限界を打ち破る，新しい刺激と反応とを結びつける契機となっている

表4-2　随伴性の知覚

(%)

キノコの色 ＼ 毒のあるなし	毒あり (S^U)	毒なし (not S^U)
赤色 (S^C)	60	20
赤以外の色 (not S^C)	15	5

ことを学んできた。ここでは今までのS：S随伴性を随伴性空間という考えに従ってまとめるとともに，私たちの日常生活での出来事とレスポンデント条件づけによる学習との接点を考えてみることにしよう。

　まず表4-2を見てほしい。この表は100本のキノコに毒があるかないかを調べた結果を示している。赤色のキノコに毒がある場合が，全体の60％を占めており，他の組合せの場合の数を断然引き離している。この結果から，赤いキノコは毒性があると判断してよいだろうか。

　次に図4-6を見てほしい。この図はS^Cが提示されたときに起こるS^U提示の確率を横軸xに，S^Cが提示されないときに起こるS^U提示の確率を縦軸yに（0は確率0％，1は確率100％を表す），それぞれをとった**レスポンデント随伴性空間**［contingency space］である。

　たとえば延滞条件づけ（図4-4参照）では，光刺激（S^C）が提示されたときには餌（S^U）の提示が100％の確率でなされており（$x=1$），光刺激が提示されないとき（not S^C）には餌（S^U）の提示がまったくなされない（$y=0$）ので，（1, 0）で表された点に相当する。これに対してS^Uを一切提示しない「レスポンデント消去の随伴性」はS^C提示の有無にかかわらずS^U提示の確率は0％であるので（0, 0）で表される点に相当する。

4　レスポンデント条件づけの展開　　111

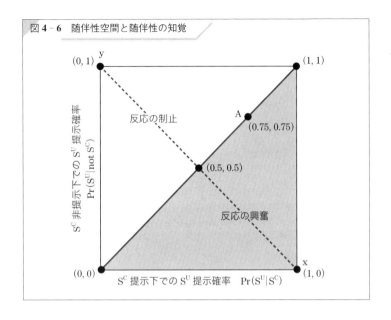

図 4-6 随伴性空間と随伴性の知覚

一方，S^U の消えた後に S^C を提示する「逆行条件づけの随伴性」($S^U : S^C$) では，S^C が提示されたときには S^U 提示は確実になく ($x=0$)，S^C 提示がないとき（つまり S^C 提示の前）には S^U 提示が何％かは起こるので（図4-4参照），y軸上の (0, 1) 近辺の点で表されることになる。

レスコーラ (Rescorla, 1967) は，(0, 0) から (1, 1) に引かれた $y=x$ の直線上に位置づけられる随伴性を「真にランダムな条件」[truly random condition]（本書では「ランダム統制手続き」と呼んでいる。92 ページ参照）と考え，これより右下の領域を**興奮性** [excitatory] **条件づけ**，左上の領域を**制止性** [inhibitatory] **条件づけ**の領域と名づけた。いうまでもなく延滞条件づけ (1, 0) は興奮性，逆行条件づけ (y 軸上) は制止性条件づけということになり，この2つは別のタイプの条件づけであることになる。条件制止が制止性条件づけの1

つであることも，この図から考えることができるだろう。

　ここで表4-2を再び見てもらいたい。毒をS^U，キノコの色（たとえば赤色）をS^Cとすれば，この結果は$Pr(S^U|S^C)=60\div80=0.75$，$Pr(S^U|not\ S^C)=15\div20=0.75$，つまり図4-6の点A$(0.75, 0.75)$で表されることになる。図からわかるように，この点はランダム統制手続きに当たる対角線上にある。

　図4-6で示したレスポンデント随伴性空間に新たに$y=1-x$の破線を付け加えることで，この直線上では，どのようなことが起こっているかを考えてみよう。

　まず前提として横軸x上では右方向の1に近づけば近づくほど，$Pr(S^U|S^C)$の確率が増加し，0に近づけば近づくほどS^C提示中のS^Uが提示されない確率$Pr(not\ S^U|S^C)$が増加する。一方，縦軸y上では上方向の1に近づけば近づくほど，$Pr(S^U|not\ S^C)$が増加し，逆に0に近づけば近づくほどS^Cが提示されず，かつ，S^Uも提示されない確率$Pr(not\ S^U|not\ S^C)$が増加する。

　ランダム統制手続きを表す$y=x$の直線上では，$Pr(S^U|S^C)=Pr(S^U|not\ S^C)$となっている。この$y=x$と$y=1-x$との交点$(0.5, 0.5)$では，$Pr(S^U|S^C)=Pr(S^U|not\ S^C)=Pr(not\ S^U|S^C)=Pr(not\ S^U|not\ S^C)$となっていて，ある刺激事象と随伴する刺激事象が完全に等確率であり，継起する事象はどれもが等しくランダムに起こっている。

　一方，この交点から$y=1-x$の破線に沿って右下に向かっていくに従い，$Pr(S^U|S^C)$と$Pr(not\ S^U|not\ S^C)$は増加する。これはS^Cが存在することはS^Uの存在を，S^Cが存在しないことは同様にS^Uも存在しないことをいっており，S^Cの有無とS^Uの有無が対応していることを意味する。反対に左上に向かっていくことは$Pr(not\ S^U|S^C)$と$Pr(S^U|not\ S^C)$が増加することを意味する。

4　レスポンデント条件づけの展開　　113

これはS^CがあるとS^Uがないことと、S^CがないとS^Uがあることが対応することになる。すなわち、右下と左上では、S^CはS^Uに対してちょうど対称的な予測をしていることになる。いまΔPを以下のように定義したとする。

$$\Delta P = Pr(S^U|S^C) - Pr(S^U|\text{not }S^C)$$

ΔPの値は$y=1-x$の点線上の右下で$\Delta P=1-0=1$、左上で$\Delta P=0-1=-1$となり、中央で$\Delta P=0.5-0.5=0$となる。このことから、ΔPの値はS^CがどれほどS^Uの存在を予測できるかを示す指標となっているといえる。

また、表4-2に戻って、ΔPを計算すれば、ΔPは0となる。つまり、表4-2のような結果からは、赤いキノコに毒があると結論することができないことがわかる。赤いキノコもそれ以外の色のキノコも同じ割合で毒を持っているからである。

こうして、ΔPは赤いキノコが毒であることを教えてくれる程度を表すことになる。重要な点は、単にPr(毒 | 赤いキノコ)の割合が高いだけでなく、Pr(毒 | 赤くないキノコ)の割合をその割合から差し引いている点であり、Pr(毒 | 赤いキノコ)に単純に依拠した判断にブレーキをかけている点である。

随伴性の知覚、あるいは随伴性学習と呼ばれる研究は、これらの条件確率やΔPと実際のヒトの判断とを系統的に調べている（嶋崎, 2009）。いくつかの結果が明らかにするところでは、ヒトによる判断は、残念ながらΔPよりもPr(毒 | 赤いキノコ)の値に影響されてしまうことがわかっている。この事実は私たちの判断が、S：S随伴性のあり方次第で大きく歪められてしまうことを示している。

114　第4章　レスポンデント

● 注

1) ただし，いかなる中性刺激であろうとも，生物個体と何らかの関わりを持つ限り，その提示によって何らかの無条件レスポンデントを引き起こしている可能性をぬぐい去ることはできない。しかしながら暗黙的にはそうした無条件レスポンデントは，馴化の過程を通じて十分に減弱していると仮定されている。

2) 馴化では同じ刺激の繰り返し提示によって反応減弱が見られたが，ここでは，S：S随伴性が取り去られることによって反応減弱が起こっている。

3) 詳しくは，S. O. リリエンフェルド・S. J. リン・J. ラッシオ・B. L. バイアースタイン／八田武志・戸田山和久・唐沢穣監修『本当は間違っている心理学の話──50の俗説の正体を暴く』化学同人，第6章を参照。

演習問題

4-1[Basic] ある特定の食べ物を嫌うような場合，どのような学習がなされ，その条件づけの過程はどのようなものであったかを述べなさい。

4-2[Basic] ランダム統制手続きとはどういう手続きをいうのか。消去をベースライン条件としないで，この手続きを使う理由は何か。

4-3[Basic] 隠蔽，阻止，条件制止について説明しなさい。

4-4[Search] R^U と R^C が大きく異なる例を探しなさい。

4-5[Advance] レスコーラ・ワーグナー（RW）モデルでは，通常の順行条件づけの過程をどのように説明するかを考えなさい。

第5章 オペラント

●行動やその出現機会を作り出す方法を知る

Introduction

　前章に引き続いて，本章でも学習性行動を取り上げるが，ここでの主人公は，反応：刺激（R：S）随伴性をその操作の中核とした「オペラント条件づけ」と，「オペラント」である。オペラント条件づけは，自発された反応に刺激が随伴することで，もともとの反応自発の頻度や強度，反応型が変化することが特徴となっている。空間を移動したり，道具を作り出したり，言葉を使って意思伝達したり，複雑な概念を用いて考えたり，そうした私たちヒトの行動を理解するうえで，オペラント条件づけの基本的な仕組みを学ぶことは大切である。本章では，それに加えて，ある手掛かりに従って反応を自発することを学習させる「弁別オペラント条件づけ」についても学び，そのうえで，随伴性の拡張によって作られた刺激と反応の新しい機能を考える。

1 オペラントとは

　「オペラント」[operant] は，行動分析学が取り扱う最も主要な学習性行動である。オペラントとは「操作する」「作用する」「機能する」「働きかける」[operate] という語からの，スキナーによる造語

117

である。**オペラント**とは，一般に「行動に後続する**環境変化**（刺激の提示・出現もしくは除去・消失）によって，その行動が生じる頻度が変容する行動」として定義され，**オペラント条件づけ**［operant conditioning］とはこのオペラントの学習（の手続き・事態・過程）を指す。このとき，働きかけの対象となった特定の環境は**オペランダム**［operandum，複数形 operanda］と呼ばれ（古典的には「操作体」［manipulandum］とも呼ばれる），行動と環境の接点を構成する。後続する刺激は，そのオペラントへの影響によって**強化子**［reinforcer］や**弱化子**［punisher］と呼ばれる。

　レスポンデントが無条件レスポンデント刺激や条件レスポンデント刺激によって"誘発"された誘発性行動であるのに対して，オペラントは，淘汰性行動である。オペラントにはそれを誘発する特定の先行刺激がないために，しばしば個体が**"自発"する**［emit］**行動**といわれてきた。しかしたとえば，トリがつつき行動をいくら自発しても，それに伴う環境の変化がなく，また変化があってもそれによって行動が変容しなければ，淘汰性行動の基準によってオペラントとは呼ばれない。

　淘汰性行動としてのオペラントを「発見」したのは，スキナーではない。発見者としてふさわしいソーンダイク（Edward L. Thorndike, 1874-1949）は，19世紀も終わりかけた頃に，ネコを用いた学習実験を行った。このときの装置は**問題箱**［puzzle box］と呼ばれ，そこに入れられた被験体は，いくつかの仕掛けを解くことで，外に出て食事を得ることができた。入れられてから脱出するまでの潜時は，経験回数が増えるにつれて短くなっていったが，このような学習をソーンダイクは**試行錯誤**［trial and error］**学習**と呼んだ。そして，その結果を「満足をもたらした反応は，それが繰り返されるとその場面と強く結合して，より起こりやすくなり，不快をもたらした反

118　　第5章　オペラント

応は，逆により起こりにくくなる」という**効果の法則**［low of effect］から説明した。

　その後，問題箱の代わりに，迷路［maze］が用いられるようになり，さらに単純化されて，T型迷路（T字の下部分から被験体を出発させ，餌を左右のどちらかに，そしてその手掛かりを分岐点に置いた迷路）や直線走路［straight alley］（走路の一方から被験体を出発させ，もう一方で食餌や電撃を提示したりしなかったりする）が用いられるようになった。しかしいずれも，実験者が飼育箱から被験体を取り出して装置の出発箱に置き，その箱のドアを開放することで実験を開始し，その後被験体は所定の目標箱で回収されるというものであった。つまり1つひとつの試行が独立しているうえに，その反応の開始と終了に実験者の手が入るという，**離散試行**［discrete trial］**型手続き**の実験であった。この離散試行型でのオペラント条件づけは，当時，反応をその後の環境変化の道具としているという意味で，**道具的**［instrumental］**条件づけ**と呼ばれていたが，現在でも離散試行型の手続きでのオペラント条件づけを，とくにそのように呼ぶことがある。

2 オペラント条件づけ

オペラント条件づけの
基本形式

　オペラント条件づけとは，行動が出現した直後の環境の変化に応じて，つまり**反応：刺激（R：S）随伴性**によってその後の行動の出現頻度が変化する**学習**を指す。たとえば，オペラント条件づけのための実験箱（オペラント実験箱［operant chamber(/box)］図5-1上参照）に食事制限をしたラットを入れ，レバー［lever］を押す（反応

2　オペラント条件づけ　119

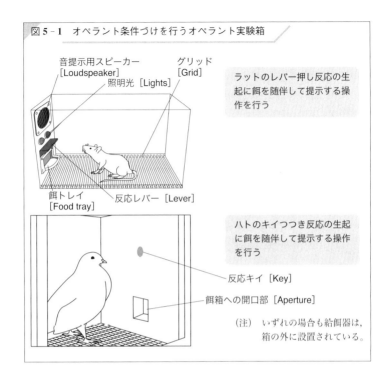

図 5-1 オペラント条件づけを行うオペラント実験箱

R）と給餌器［feeder］から餌（刺激 S）がもらえるようにしておくと，やがてラットのレバーを押す反応の頻度は増加していく。次に，レバーを押しても餌の提示のない，つまり環境変化をもたらさない条件（**消去**という）を設定すると，レバー押し反応の，時間あたりの生起頻度（反応率［response rate］）は徐々に低下する。このように，レバー押し反応（R）は餌の提示（S）という環境変化によってその反応率が変化することになる。したがって，この反応はオペラントと呼ばれる。なお，このときのレバーは，個体の行動と環境とを結びつける接点となっており，これは先に述べたオペランダムである。

一方，ラットと同様に実験に用いられるハトは色覚を有するので，

さまざまな環境の刺激を手掛かりにすることができる。そうした環境を実現するために，図5-1下に示すようなオペラント実験箱の前面パネルに開けられた小さな丸い窓に半透明の板を被せ，後方からさまざまな色光で照明できる反応キイ［key］を設置する。反応キイはハトのつつき反応を検出することができるようになっている。この反応キイは，現在では液晶タッチパッドに変えられて，複雑な図形や写真，動画なども提示できる。ラットと同様に，反応キイへのつつき反応は，給餌器からの餌の提示に結びつくように工夫されている。

　被験体であるラットやハトは実験者によって飼育箱からオペラント実験箱に移された後，箱内で随伴性にさらされ，多くの食餌の提示を経験する。その終了条件は，食餌提示回数であったり，あらかじめ決められた時間であったりするが，そのような1回分の実験経験を**セッション**［session］と呼んでいる。離散試行型手続きと比較して，このような実験セッションでは，被験体は実験者の手を離れた自由なオペラントを自発する機会が得られるので，**自由オペラント**［free operant］**型手続き**と呼ばれる。

　前述の条件づけ実験の例から，オペラント条件づけの基本形式は次のようにまとめられる。

(1) 第1期：ベースライン条件（反応R出現：刺激S非提示）
　　レバー押し反応（R）に対して餌を非提示（not S）にしておくことで，低い反応率で反応が安定している。

(2) 第2期：介入条件（反応R出現：刺激S提示）
　　レバー押し反応（R）に対して餌を提示する（S）ことで，反応率が増加（もしくは減少）することが観察される。

(3) 第3期：再ベースライン条件（反応R出現：刺激S非提示）

2　オペラント条件づけ　　121

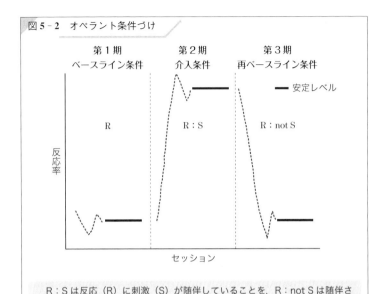

図5-2 オペラント条件づけ

R：Sは反応（R）に刺激（S）が随伴していることを，R：not Sは随伴されないことを示している。

レバー押し反応（R）に対して餌を提示することをやめる（not S）と，やがて反応率が減少し，もとの低いレベルで安定する。

(1)〜(3)を表した図5-2は，グラフの縦軸に単位時間中あたりの反応生起頻度（反応率）を，横軸にセッション数をとっている。これを，実際の条件づけ手続きに促して述べると以下のようになる。

(1) 第1期のベースライン条件では，オペラント条件づけに用いる刺激（S）を提示せずに，反応（R）の出現のままに任せておく。このときの時間当たりの反応出現頻度を**オペラント・レベル** [operant level]，もしくは**ベースライン** [baseline] **反応率**と呼ぶ。ちなみ

に，この出現頻度で用いる時間の単位は，第 2 章の 41 ページや表 2-1（43 ページ）で述べたように，観察している反応に応じて（たとえば動物の実験場面では，1 秒当たり，もしくは 1 分当たり，ヒトを対象にした応用場面では，数分，1 時間，1 日，1 週などを）用いる。

(2)　何セッションかの観察後に，この R の反応率が安定したことが確認されたら，次に R の出現に随伴して S を提示する第 2 期の介入条件に入る。この随伴性操作の結果，反応率がどのように変容するのかを調べる。

(3)　介入条件での何セッション後かに反応率が安定したならば，第 3 期として再びベースライン条件に戻り，R の出現に随伴して S を提示することをやめて，その反応率を観察する。

この反転法による 3 つの条件変化に対して，介入条件でのみ，反応率の変容が観察されたとき，刺激提示が随伴した反応を**オペラント**と呼ぶ（後掲 **STEP UP!** ⑪ で述べる「行動クラス」としてのオペラントである）。

オペラント条件づけでも，レスポンデント条件づけにおけるランダム統制手続きに対応する，反応出現と独立して刺激を提示する手続きを，(1) と (3) のベースライン条件とする場合もある。

強化と弱化

オペラントの特徴の 1 つは，それに随伴された環境の変化によって行動が変容するという点である。さらに反応率の変容の方向性，つまり反応が減ったか増えたかによって，提示された刺激の種類が決定される。もしも反応率が増加すれば，その刺激は**強化子**［reinforcer］（あるいは**強化刺激**［reinforcing stimulus, S^{R+}］）と呼ばれる。一方，反応率が減少すれば，その刺激は**弱化子**［punisher］（あるいは**罰子**，または**罰刺激**［punishing stimulus, S^{R-}］）と呼ばれる。そして，もしも反応率がベースラインと比較して変容しない場合には，その刺激は強化（弱化）子

2　オペラント条件づけ　123

でなかったと考えるか，あるいはその行動がオペラントではなかったと考える。また，反応率の増加と減少の手続き・事態・過程を，それぞれ**強化**［reinforcement］と**弱化**［punishment］という言葉で表す[1]。

　強化（弱化），ならびに強化子（弱化子）という用語は，上の定義で明らかなように，オペラントの出現頻度を変容するか否かが観察されてはじめて使用できる。したがって，厳密にはそのような手続きを経ないで，「ある行動を強化する」「ある行動に強化子を随伴させた」というような表現をするのは，おかしいことになる。しかし，実際には，利用されてきた強化子は，これまでの研究において何度も確認されてその効果が広く認められている刺激であり，そうした強化子を，これもこれまで多くの場面でオペラントであることが確認された行動に対して随伴させているので，研究者たちは，こうした表現を実際にはよく使用する。

　しかし，注意が必要なのは，随伴した結果，行動の生起頻度に増減が見られなかった場合である。その理由の１つとして考えられるのは，このときにはその刺激は強化（弱化）子として働かなかったのであり，「その刺激は強化（弱化）子ではなかった」ということになる。よく「飴（鞭）を与えたのにその行動が増加（減少）しなかった」という表現に出会うことがあるが，無論そのときの飴や鞭は強化子でも弱化子でもなかったという意味である。これを「強化子や弱化子が行動に効果を持たなかった」とするのは誤りである（なお第８章で述べる R：R 随伴性では，同じ後続事象でも先行事象の反応率を増減させたり，あるいは変容させなかったりするケースを取り扱う）。

　同様に，「あるハト（あるヒト）を強化する」という言葉も誤解を招くので使わないほうがよい。強化や弱化の対象は行動であって，個体ではないからである。したがって，「中村さんにビールを与え

124　　第５章　オペラント

て強化した」というのは正しい用法ではない。

行動が変容しないもう1つの可能性は、その行動がオペラントではないケースであるが、これについてはすでにオペラントの定義で述べているので、ここでは詳述しない。

STEP UP!⑩ 刺激の好みを測る：強化子アセスメント

行動療法では「強化子」をどのように選定するかが介入効果に大きく影響する。行動の直後に提示されることで、反応の増加をもたらす強化子は多くの場合、その個体が「好む」刺激となる。刺激の「好み」（選好 [preference]）は個体によって異なるだけでなく、個体の置かれた環境によって変化したり、飽和化したりするため、応用場面においては強化子の有効性を確認するため、適時、強化子アセスメント [reinforcer assessment] が必要になる。ペイスは重度の知的障害のある人について、各刺激を10秒間ずつ対象者の前に提示する試行を10試行ずつ繰り返し、その刺激に対する対象者のアクセス（手を伸ばしたり、身体の一部を接近させたりする）率から好みを測定する体系的な手法を開発し、好みの高い刺激が強化子として機能することを証明した（Pace et al., 1985）。また別の研究（Green et al., 1988）は、この体系的なアセスメントが対象者の好みに対する養育者の意見や行動観察よりも信頼性が高いことを証明した。一方、このような単一提示によるアセスメント方法に対して、複数刺激間での選択による方法の有効性を指摘する研究もある（Piazza et al., 1996）。

とくに好みとなる刺激や活動が乏しく、かつ、好みを自ら言葉で伝えることが困難な、重度の知的障害や自閉症のある子どもに対する教育的・治療的アプローチにおいては、体系的かつ簡便な強化子アセスメント・システムの開発と活用が重要とされている。

> **強化随伴性とオペラントの「母体」**

こうして手続きや操作としてのR：S随伴性によって行動（反応）が変容した場合には，RはオペラントR^O，Sは強化（弱化）子S^Rと新たに定義され，その随伴性$R^O : S^R$を，とくに**強化随伴性**［reinforcement contingency，あるいはcontingency of reinforcement］と呼んでいる。強化随伴性と呼んでいる場合には「オペラント－強化子」という特定のR：S随伴関係が暗黙のうちに想定されており，生物進化の原理としての**生存随伴性**［contingency of survival］や，社会集団や文化の盛衰の原理を考える**文化随伴性**［contingency of culture］などとの類比から，スキナーが強化随伴性を論じた場合には，オペラントの淘汰的な性質が強調されている（Skinner, 1981）。

　強化随伴性において定義されたオペラントは，先行刺激の提示なしに出現する，自発する行動であると第1節で述べたが，それでは先のラットの実験のベースライン条件でのレバー押し反応はなぜ生じているのであろうか。そのラットが過去に実験箱のレバーと類似したレバー状の物に対して，かじったり押したりすることで，ある感覚刺激が得られたり，障害物が取り除かれたりといった環境変化がもたらされた結果，偶然に強化されてきたのかもしれない。このように実際に操作対象となる行動（オペラント）は，過去の学習によってある程度の出現頻度があるので，私たちは介入条件においてその行動にある刺激を随伴させることができ，その結果としてその出現頻度を変容することができるのである。

　しかし，このような過去の学習場面で獲得されたオペラントのさらにもとになっている「かじったり押したりする」行動は，そもそもどのように形成されたのだろうか。このように問うていくと，オペラントのもととなる行動は，最終的には，何らかの生得性行動に行きつくことになる。この生得性の行動は，特定の先行刺激によっ

126　第5章　オペラント

表5-1 提示型および除去型の強化・弱化

	刺激を提示する	刺激を取り去る
反応が増加する	提示型強化	除去型強化
反応が減少する	提示型弱化	除去型弱化

て誘発されていない，非誘発性（自発性）行動であるから，ベースライン条件で自発される行動は，第3章で述べた「原始自発反応」がその母体となっているに違いない。

強化と弱化，提示型（正）と除去型（負）

前述したように，行動分析学では，強化はベースライン条件と比較したときの反応率の増加によって，弱化は反応率の減少によって定義されている。一方，環境に何かを付け加えること（たとえば，餌刺激を提示することなど）による環境の変化を**提示型**（正の［positive］，あるいは操作よりも観察を強調して，出現型），環境から何かを取り去ること（たとえば鳴り続けている大きな雑音を除去することなど）による環境の変化を**除去型**（負の［negative］あるいは，上と同じく，消失型），とそれぞれ呼び，これらを組み合わせることで，次の4つの具体的な操作を組み立てることができる。これらをまとめると表5-1のようになる。

(1) 提示型強化［正の（出現型）強化，positive reinforcement］

提示型強化は，最も一般的な手続きである。動物実験では，ハトのキイつつき反応の生起に餌を随伴して提示する操作，ラットのレバー押し反応への餌粒の提示，ヒトを対象とした場面では，子ども

2 オペラント条件づけ　127

が外から帰ってきて手をきちんと洗ったらおやつを随伴すること，などがその例である。この提示型強化で提示される刺激，餌やおやつを，**提示型強化子**と呼んでいる。

(2) 除去型強化 [負の（消失型）強化，negative reinforcement]

　たとえば，2つの区画が柵で仕切られているラットのシャトル箱 [shuttle box] で，今いる区画では電気ショックがあるが，その柵を越えて隣の区画に移る柵越え行動をすることでその電気ショック (S) を受けなくなるような状況において，この柵越え行動 (R) が増加した場合が，**除去型強化**に当たる。別の例でいうと，宿題をする行動に対してそれをすれば学校で居残りをしなくてすむような状況の導入によって，宿題をする行動が増加するならば，これも除去型強化の例である。除去型強化で除去される刺激，電気ショックや居残りは，**除去型強化子**と呼ばれている。

　逃避 [escape] や**回避** [avoidance] という場面で起こっている行動は，除去型強化として考えることができる。逃避はそこで提示されている刺激（除去型強化子）から逃れることであり，回避はたとえば除去型強化子の出現を予告する刺激（むずかりはじめた子どもなど）のもとでの反応を出現させて，除去型強化子の出現を妨げたり，延期したりすることをいう。シャトル箱でのラットの例は，典型的な逃避場面である。また，「明日から宿題をやってこない人には，居残りをしてもらいます」という教師の予告刺激によって宿題をしはじめる場合は，回避の例といえる。伝統的には，回避は，**能動的** [active] **回避**と**受動的** [passive] **回避**に区別され，前者は特定の反応を出現することによって，後者はその場面で起こりやすい反応を出現しないことで，その後の除去型強化子の出現を妨げる。先のシャトル箱の例で，ブザーが電気ショックに先行して提示され，それが

128　　第5章　オペラント

鳴っている間に柵を越えれば電気ショックを回避できるようなケースは能動的回避である。

逃避も回避も，通常は各試行が試行間間隔を挟んで行われる，ある種の離散試行型手続きで実験がなされる。一方，ラットやハトがレバー押し反応やキイつつき反応をすることで，それがない時には等しい時間間隔（これをショック－ショック［S-S］間隔と呼ぶ）で出現する電気ショックが，一定期間（これを反応－ショック［R-S］間隔と呼ぶ）遅延されるようにすると，こうした場面でも動物は，回避反応（R）をし続けるようになる。このような場面を，**自由オペラント型回避**，もしくは創案者の名前を取って**シドマン**［Sidman］**型回避**と呼んでいる。

⑶ 提示型弱化［正の（出現型）弱化，positive punishment］

動物実験で頻度の高い行動に随伴して電気ショックを提示した結果，その行動の頻度が減少したり，コーチの怒鳴り声によって部員のおしゃべりが止んだりするなどは**提示型弱化**の最も典型的な例といえる。この場合の電気ショックや怒鳴り声を**提示型弱化子**と呼ぶ。提示型弱化子と除去型強化子は，その性質から一般に**嫌悪**［aversive］**刺激**と呼ばれることがある。

⑷ 除去型弱化［負の（消失型）弱化，negative punishment］

きょうだい喧嘩をしたために，その日は1日ゲームをすることを禁じられた場合に，その後，その問題となるきょうだい喧嘩が減少することが確認されたならば，禁止されたゲームは**除去型弱化子**，減少したというその事態は**除去型弱化**と呼ぶ。

現実場面での随伴性

しかし現実問題として，時に提示型と除去型を明確に定められないケースがある。寒

い部屋で，あるスイッチをAからBの側に入れると暖かい空気が出て，その結果，AからBへとスイッチを入れる行動が増加した場合を考えてみよう。この場合，AからBへとスイッチを入れる行動は増加したのだから強化で，暖かい空気が出てきたのであるから暖かい刺激の付加と考えれば，この例は提示型の強化とみなすことができる。しかしBからAへとスイッチを入れる行動は減少し，冷たい空気が取り除かれたと考えれば，除去型弱化の例として考えることもできる。したがって，上のような操作の組合せは，対象とする行動や，用いる強化子，もしくは弱化子を明確に指定してこそ意味を持つことがわかる。

それと同時に強調しておきたいのは，この4つの具体的操作は，現実の場面での随伴性を考えなくてはならない場合にこそ，力を発揮する概念的な道具であるという点である。問題となっている行動が，たとえば癇癪を起こす行動であれば，この行動の生起頻度を減少する方向での随伴性操作を考えるであろう。つまりそのときに，どんな刺激を新たに付加すれば行動が減少するのか（提示型弱化），どんな刺激が癇癪行動を支えていて，それを除去することで行動が減少するのか（除去型弱化），癇癪行動と拮抗する行動をどう強化して（提示型・除去型強化），結果的には癇癪行動を減らしていけるのかといったさまざまな操作を考えることができることに，この4つの分類の意味があるのである。

ここで見てきたように，強化や弱化，提示型や除去型といった厳密な区分の問題は，多くの場合，実験的・実践的な意味はあっても，理論的にはそれほど重要ではない。したがってこれ以降では，主に提示型強化の場面について考察し，それ以外のケースは必要に応じて取り上げていくことにする。

130　第5章　オペラント

3 反応クラスと刺激クラス

反応クラス

　行動は本来的には切れ目を入れることが難しい**連続的な事象**であり，環境との関わりのなかで常に変動している事象である。しかしながら言語で表現したり，実験的・実践的に行動を取り扱ったりする場合には，行動をあたかも**離散的な事象**で，かつ安定した事象として取り扱わざるをえない。挙手をするという行動1つを考えても，手の位置は刻々と変容し，その挙手に対応する反応型も変動し続けているが，私たちは，たとえば「どちらかの手の指先が，その人の肩よりも高い位置に置かれた場合」などの基準を設けて，挙手行動の回数や持続時間の計測を行っている。つまり，オペラント条件づけにおける随伴性操作は，連続的かつ変動的な行動を離散的かつ安定的事象として暗黙的に取り扱えるような仕組みを前提としているのである。それは第2章第2節（34ページ）で見た**行動の機能的定義**と深く関連している。

　行動の機能的定義の特徴は，環境への効果で行動を定義することであった。つまり行動そのものを直接記述することを避け，観察の容易な環境の変化の有無によって，もともとは連続的で変動的な行動を1つのあるまとまりとして取り扱うことを，この定義は可能にしたのである。行動の機能的定義は，ある環境に対して働きかけたことで生まれる共通の効果によって，さまざまな行動を1つのまとまりとして考えようというもので，このまとまりのことを**反応クラス**［response class］と呼んでいる（図5-3参照）。たとえばラットのレバー押し行動というオペラントは，右前脚を使ったり，左前脚を使

3　反応クラスと刺激クラス　　131

図 5-3　反応クラス

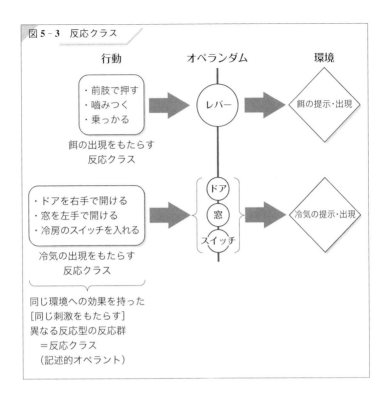

ったり，さまざまな押し方やさまざまな強さをその反応型として有しているが，どのような反応型であれ，餌を生み出すことさえできれば，同じ反応クラスに所属するオペラントとなる。

 STEP UP!⑪　記述的オペラントと機能的オペラント

　前述のように定義された反応クラスは，共通の環境変化によってオペラントを記述するという意味から，記述的オペラント［descriptive operant］と呼ばれることがある（Catania, 1991）。

この記述的オペラントを定義しているのは，微視的にいえば，レバーに取り付けられているマイクロ・スイッチの接点であり，その接点を閉じることに貢献するどんな物理的な力も，餌を生み出すことにつながるだろう。このレバーやそれに取り付けられたマイクロ・スイッチは，まさにこの意味で，個体と環境との「接点」となる物理的装置である。これらはすでに述べたように，オペラントの自発対象という文脈から，先に述べたように「オペランダム」と呼ばれる。

一方，オペラントは，後続する環境による行動変容を特徴とした，淘汰性行動である。しかし，このような「後続する環境による行動の制御」は，先行する反応による「環境の変化」を前提とするので，この環境の変化をもたらすさまざまな反応のうち，変容が観察されたものがオペラントとなっていると考えることができる。このような文脈のもとで定義される反応クラスを，環境変化によって「機能的に定義された」という意味で，カタニアは機能的オペラント［functional operant］と呼んで，記述的オペラントと区別している（Catania, 1991）。このように考えると，オペラントは，2つの異なる反応クラスのオペラント（記述的，機能的オペラント）によって定義されていると厳密には考えられるが，多くの場合，この2つはほとんど重なっていると考えて差し支えない。

本書では，こうした特定の環境変化との随伴性で定義される（「種」としての）特定の反応のまとまりを反応クラスという言葉で表現し，一方で，これら個別のオペラントやレスポンデントを総称する（「類」としての）オペラントやレスポンデントを行動クラスとして区別するが（図5-4参照），2つのクラスを区別しなくてはならない場面以外は，とくに厳密な用法は用いない。同じことは，次に述べる刺激クラスと環境クラスについてもいえる。

刺激クラスと環境クラス　　反応クラスと行動クラス同様に，刺激クラスと環境クラスを考えることができる（図5-5参照）。上で述べたラットのレバー押し反応の場面で，レバーにかけられた荷重によって閉じる接点がもたらすさまざまな刺激のう

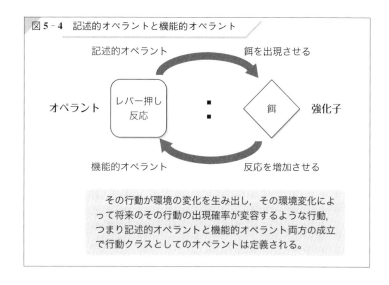

図 5-4 記述的オペラントと機能的オペラント

その行動が環境の変化を生み出し、その環境変化によって将来のその行動の出現確率が変容するような行動、つまり記述的オペラントと機能的オペラント両方の成立で行動クラスとしてのオペラントは定義される。

ち，その閉じる回数を変容するのに貢献のある刺激は，すべて同じ刺激クラスである。そのなかには形の異なる餌粒や，味の異なる餌粒も含まれている。甘いミルクや水もまたそのような同じ刺激クラスの成員であるといえる。そして，もしもこうした刺激クラスが反応を増加させることに貢献しているときには，私たちはこれを「強化子」という環境クラスとして区別し，反応を減少させれば，「弱化子」という環境クラスとして区別する。

反応形成

反応形成［shaping］（**行動形成**）は新たな反応を形成する際の手続き・過程・現象・事態につけられた言葉である[2]。反応クラスの説明をする際に，実際の反応が連続的で変動的であると述べたが，この連続的で変動的であることを使って，環境側の行動の定義を計画的に変化させ標的とする反応に近づけていくのが，この反応形成である。「新たな反応の形成」と書いたが，厳密にはこれまで可能ではあったが，めった

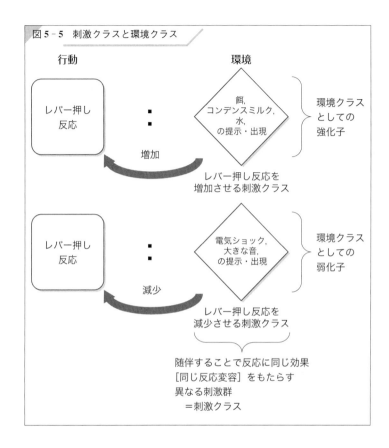

図5-5 刺激クラスと環境クラス

に自発したり，強化されたりしたことのない反応クラスの形成のことである。生物学上，物理学上不可能な反応を形成することは，もちろん意味していない。

多くの教科書では，反応形成の説明をするのに，まずある次元で測定された反応が，ある値でその生起確率（密度）を最大にしていると想定し，そこを中心にしてほぼ左右対称に分布する正規分布に似た反応出現確率の分布（反応分布）の図を描いている（たとえば図

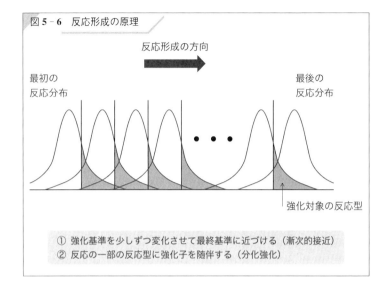

図 5-6 反応形成の原理

① 強化基準を少しずつ変化させて最終基準に近づける（漸次的接近）
② 反応の一部の反応型に強化子を随伴する（分化強化）

5-6 の一番左の分布）。この反応の分布は，反応の変動性を表していると考えられている。そして強化子提示の基準（より正確には強化基準の最低値）をその中心値から，最終的な反応分布（一番右の分布）が存在する方向（この例では右）に少しだけ移動させる。その結果，新しく移った強化子の提示基準に当たる値をもとにした，新しい反応分布がもとの分布の右側にできることになる。今度はこの新しい反応分布をもとにして，先ほどと同じように，強化子提示の基準を少し右にずらし，その反応分布を最終的な分布にまた少しだけ近づける。

目標とする最終の分布に向けて強化基準を少しずつ変化させていくことを**漸次的近似**［successive approximation］（**逐次的接近**）と呼び，その結果，反応が強化される基準が変更され，これまでとは異なる範囲の反応型に対して強化子が与えられるようになる。また，そうした任意の反応型を選択的に強化する手続きを**分化強化**［differential reinforcement）と呼んでいる。反応変動性をベースとした，この漸次的近似と分化強化の2つの手続きが，反応形成を理解するうえで，きわめて重要であるといわれてきた[3]。

たとえば，ダンスの苦手な子どもにダンスを教える場合，最初は見本の動きを模倣させようとしてもきれいに動きを模倣したり，タイミングを合わせたりすることが困難である。そのためタイミングよく動きができた場合は強化し，そうでないときは強化しない（分化強化）。また動きのポーズに関しては，近いポーズができたことを強化し，基準を徐々に上げていく（漸次的近似）。

これまでの経験から，その測定次元によって反応形成のしやすさ，しにくさ，反応変容の不連続性，反応形成の特殊な技術の存在などが指摘されていることから，上のような前提は，基本的な理解のための道具程度に考えるべきであろう。「経験談」的な事実の集積はなされているものの，反応形成についての科学的研究は，おそらくまだ端緒についたばかりであると考えられる。

反応特性を表す多次元のアナログ量を，どう強化子の提示と結びつけたらよいかという技術的問題によって，その理論的実験的研究の遅れている反応形成であるが，行動分析学，ことに応用行動分析学の世界では，この反応形成ほど重要な技法はない。短い期間で，より複雑で確実な反応を形成することは，教育や訓練の基本的な目的でもある。多くの場合，それはちょうど反応形成のこれまでの研究史が示しているように，経験談に強く依存してきた。「カリスマ的」とか「伝説の」という接頭語はこういうケースでよく使われている。しかしながら，経験談から万人の知恵へと転換するために，さまざまな努力が払われていることにも注意しよう。漸次的近似と分化強化という単純な原理は，そうした万人のための知恵に結びつけることができる具体的方法論の指針として，意味を持っている。

3　反応クラスと刺激クラス　137

4 弁別オペラント条件づけと 3 項強化随伴性

弁別オペラント条件づけ

オペラント条件づけのもう 1 つの基本形式について，ここで述べたいと思う。ここで学ぶ弁別刺激・弁別オペラントは，行動分析学で用いる概念のなかでも，大変理解することが難しいものの 1 つである。また，読者に混乱をもたらしかねない概念でもある。その理由は，随伴性操作を通じて刺激に新しい機能を付与するという観点から見ると，この**弁別オペラント条件づけ**は，レスポンデント条件づけと類似していることにある。

この弁別オペラント条件づけの前提として，まず，あらかじめオペラント条件づけの過程を経ることで，あるオペラント R^O とその強化子 S^R（あるいは弱化子。これ以降，弱化，弱化子については省略する）が確定されている必要がある。

次に，以下のような手続きで，弁別オペラント条件づけを行う（図 5-7 参照）。

(1) 第 1 期：ベースライン条件

刺激 S 提示：オペラント R^O 出現：強化子 S^R 非提示

（S：R^O：not S^R）

刺激 S 非提示：オペラント R^O 出現：強化子 S^R 非提示

（not S：R^O：not S^R）

(2) 第 2 期：介入条件

刺激 S 提示：オペラント R^O 出現：強化子 S^R 提示

（S：R^O：S^R）

138　第 5 章　オペラント

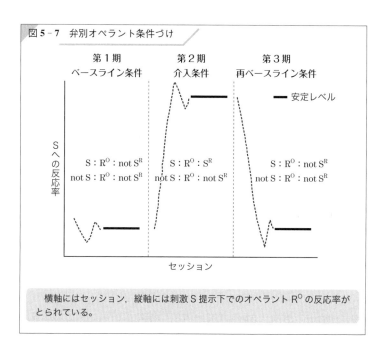

図5-7 弁別オペラント条件づけ

横軸にはセッション、縦軸には刺激S提示下でのオペラントR^{O}の反応率がとられている。

刺激S非提示：オペラントR^{O}出現：強化子S^{R}非提示

(not S : R^O : not S^R)

(3) 第3期：再ベースライン条件

刺激S提示：オペラントR^{O}出現：強化子S^{R}非提示

(S : R^O : not S^R)

刺激S非提示：オペラントR^{O}出現：強化子S^{R}非提示

(not S : R^O : not S^R)

ベースライン条件では、ある特定の刺激Sの提示下でのオペラントR^{O}の出現頻度が単に観察されるだけである。しかしながら、刺激の提示・非提示に関わりなくオペラントR^{O}には強化子（S^R）を随伴させないので、このオペラントの出現頻度は、最終的にはも

との原始自発反応の反応率のレベル（オペラント・レベル）に低下し，安定するようになる。

　介入条件では，この特定の刺激の提示の際に自発されたオペラントにだけ強化子が随伴され，その刺激が提示されていないときに自発されたオペラントには強化子が随伴されない。このような手続きのもとでの刺激提示時のオペラントの反応率が前後の両ベースライン条件での刺激提示時の反応率と比較される。その結果，もしも介入条件の刺激提示下でのみ高い反応率が観察されたとき，この刺激を**弁別** [discriminative] **刺激** S^D と呼び，その行動を**弁別オペラント** [discriminated operant] と呼ぶ。また，弁別オペラント条件づけの手続きは弁別訓練（分化訓練）と呼ばれる。そして，この弁別刺激 S^D のもとでのみ，弁別オペラントを自発するようになった個体は，環境に存在する諸刺激からその特定の弁別刺激を弁別している [discriminate] といわれ，その弁別刺激は個体のオペラントを**刺激性制御** [stimulus control] のもとに置いているといわれる。

3 項強化随伴性 最終的に形成される，$S^D : R^O : S^R$，すなわち弁別刺激，（弁別）オペラント，強化子の3項による随伴性は**3項強化随伴性** [three-term contingency] と呼ばれ，$R^O : S^R$ の2項だけの強化随伴性と区別されている（図5-8参照）。行動分析学の研究者たちは，とりわけこの3項強化随伴性をオペラントの分析のための枠組みとして重視する。なぜなら，オペラントの変容に関わる，基本的要素のすべてがこの枠組みに含まれているからである。最初の2項の関係は上述した刺激性制御であり，後の2項，オペラントと強化子間の関係は第6章で述べる**強化スケジュール** [reinforcement schedule，あるいは schedule of reinforcement] であり，弁別オペラントを制御するもう1つの環境要因を分析する領域を意味している。

140　第5章　オペラント

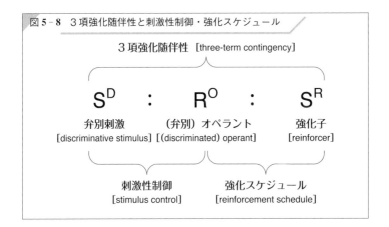

弁別オペラントの意義

暗闇のなかで、電話の音が鳴ったとすれば、私たちはその音を「手掛かり」に電話の受話器を取ろうとするだろう。そして受話器をつかんで取ると、その音が鳴り止み、相手の声が聞こえるという一連の刺激事象が、受話器を取る反応に随伴するであろう。この一連の流れのなかで、暗闇で鳴った電話の音は弁別刺激 S^D、受話器に手を伸ばしてつかむ反応は弁別オペラント R^O、その後に随伴する刺激は強化子 S^R と考えられる。この暗闇での電話の音は受話器を取る反応に先行しているが、条件レスポンデント刺激でも無条件レスポンデント刺激でもないことに注意しよう。それは、この受話器を取る反応がすでにオペラントとして成立しているという前提があるからである。つまりこの行動は、呼び出し音が止まらなかったり相手の音声が聞こえなかったりという、強化子が提示されない状況下ではその反応率が減少するのである。呼び出し音はこの受話器を取るという行動の機会を設定しているので、弁別刺激の機能を「オペラントの出現機会を設定すること」と定義することもできる。

もう1つ例を挙げよう。車の往来の激しい交差点の青信号の下で横断歩道を渡る反応において，青信号は弁別刺激である。横断歩道を渡る反応を，その反応に随伴する環境の操作で変容することが可能であるからである。そしてこの信号は青となることで，弁別刺激として横断歩道を渡ることの機会を設定しているのである。しかしこの青信号は，車のほとんど通らない真夜中の交差点ではそのような機会を設定する機能をほとんど持っていない。信号が青であろうが，赤であろうが，人々は周りを見回して道路を渡るであろうし，そうした渡る反応は強化されるであろう。

　別の角度からこれらの例を眺めると，次のことに気づく。この一連の事態を単に観察しているだけでは，刺激や反応が属する環境や行動のクラスを定めることはできないのである。しっかりと学習された弁別オペラントは，弁別刺激の提示に対して，即時に自発されるので，一見しただけでは，条件レスポンデント刺激や無条件レスポンデント刺激へのレスポンデントと見間違える。区別をするためには，弁別オペラントに後続する刺激，すなわち反応への強化子の随伴性を操作する以外にはない。第1章や第2章で強調してきたように，行動の研究を観察だけでは進めていくことができない問題の1つはここにある。

　もう1つ，付け加えるべき重要な点がある。それは，ある刺激，ある反応が，それぞれ単一の環境クラス，行動クラスとしての機能のみを有することはまれであって，実際には，複数の機能を有しているのが普通の姿であるということである。形成された3項強化随伴性 $S^D : R^O : S^R$ は，弁別刺激が（弁別オペラント R^O の出現を条件として）強化子と随伴されている様子をも示している。この S : S（刺激 − 刺激）随伴性によって，弁別刺激は条件レスポンデントを誘発する条件レスポンデント刺激という環境クラスの機能も獲得する。

142　　第5章　オペラント

真夜中に迷惑電話に悩まされている人は，暗闇のなかで受話器に手を伸ばすというオペラントを自発するほかに，怒りや不安といった情動的な条件レスポンデントも誘発させられている。こうした刺激や反応の**多重機能性**［multiple function］にも注意することで，行動の理解はいっそう深いものとなっていくだろう。

5 随伴性の拡張

条件強化子と無条件強化子

中性刺激と無条件レスポンデント刺激のS：S随伴性操作によって中性刺激が条件レスポンデント刺激となり，条件レスポンデントを誘発する機能を獲得したように，中性刺激と強化子とのS：S随伴性操作によって，この中性刺激が強化子と同じような淘汰機能を有するようになる。中性刺激と随伴されたもともとの強化子は，過去にそのような随伴性操作がなくてもその機能を有していたということで，**無条件**［unconditioned］**強化子**，あるいは**1次**［primary］**強化子**と名づけられており，その点では，無条件強化子は淘汰性を持つS^B（生物学的に重要な刺激）の1つといえる。一方，強化子としての機能を新たに獲得した中性刺激は**条件**［conditioned］**強化子**，あるいは**2次**［secondary］**強化子**と名づけられている。そしてこの機能は，レスポンデント条件づけの過程を通して獲得されたものと考えられてきた。

この条件強化子の概念については，なぜそれが強化子としての機能を有するようになったのかについて，ちょうど条件レスポンデント刺激の成立理由と同じような議論が最近も盛んになされている。しかしここでは，このように定義されている条件強化子について現

5　随伴性の拡張　143

在までに知られていることを簡単に取り上げる。

まず，中性刺激が無条件強化子に随伴されることで条件強化子としての機能を獲得するのであるから，無条件強化子に先行，もしくはほぼ同時に出現するさまざまな刺激が，条件強化子となりうる。ハトのキイつつき行動に伴われる餌箱の提示では，餌箱が上がるときにたてる音や，餌箱に通じている実験箱の一部に開けられた開口部に，そのときにつくランプの照明などが条件強化子となるので，餌が実際に出なくても，条件強化子がその間のキイつつき行動を十分に維持することができる。

ヒトの場合には，笑顔，頷き，承認や賞賛の言葉などが，条件強化子としての機能を有しているといわれ，これらをとくに**社会的**［social］**強化子**と呼ぶ場合がある。これらをある行動に随伴させることで，その行動を増加させたり，維持したりすることができる。これらのことからわかるように，条件強化子は，行動の変容に関して消費に限りがある無条件強化子を使わないという意味で経済的であると同時に，無条件強化子を多数回提示することによる飽和化（第6章参照）を避けられるという長所を持っている。したがって，長い実験セッション時間を必要とする実験的・実践的研究でも，無条件強化子とともに条件強化子を適宜利用することで，強化子としての効果を失うことなく行動に影響を与えることができる。

般性条件強化子　条件強化子についてのもう1つのトピックは，般性条件強化子についての議論である。いま，1つの中性刺激に，複数の無条件強化子を随伴させる。これら複数の無条件強化子のそれぞれは，しばしば**バックアップ**［back-up］**強化子**とも呼ばれる。この随伴によって，その中性刺激は強力な**般性**［generalized］**条件強化子**になるという。般性条件強化子の例として，よく取り上げられるのが貨幣である。貨幣はさまざまな無

144　第5章　オペラント

条件強化子と交換され，強力な，時にはそれを持った人を殺めるという行動に結びつくような条件強化子となる。その一方で，その強化子としての効力は，さまざまな無条件強化子によって最終的には支えられているので，たとえばインフレーションによって貨幣価値が下がるようなことがあれば，その条件強化子としての効力も弱くなる。ただし，貨幣は保存が可能であったり，可搬性を有していたりするなど，般性条件強化子としての主要な性質以外の性質も持っていることに注意すべきである。

STEP UP! ⑫　トークンとトークン・エコノミー

　実際の実験場面では，トークン［token］（代用貨幣）が使われることが多い。トークンとしては，ヒトの場合であればポーカーチップ，引換券，得点など，多種類の無条件強化子との交換が可能なものが使われる。動物実験で用いられるトークンはボールベアリング，点灯したランプなどで，般性条件強化子というよりも「個体がその利用を決定できる」条件強化子という部分が強調されており，適当なタイミングで餌と交換される。

　日常場面でも，トークンは，さまざまな場面で利用されている。身近なトークンの例としては，マイレージや各種のポイントカードがある。さまざまな商品の購入行動に対してポイントが与えられ，消費者はこれを貯めることにより，好みの商品と交換することが可能となる。これらのトークンの価値を決定するのは，トークンの獲得率や交換率，交換できる商品のバリエーションなどである。

　また，トークンは教育場面において，その場で一次強化子を提示しなくてもすむことから，教室場面での適切な行動の増加に関して適用されてきた。レスポンス・コスト［response cost］は，不適切行動の出現に対してトークンを取り上げる除去型弱化手続きである。レスポンス・コストは，トークンによる提示型の強化によっても問題の解決が困難な場合に導入が計画されるべきである[4]。このトーク

ンをある限られた世界で，強化子と反応との交換に利用したものが
トークン・エコノミー（代用貨幣経済）である（Ayllon & Azrin,
1968；Kazdin, 1977）。病院などで過ごす行動上の障害を持ったクラ
イアントの場合，その社会復帰のためのさまざまな反応の形成に卜
ークンが用いられ，そのトークンは単に実体的な強化子だけでなく，
選好の高い反応をする機会を得ることとも交換される。現実の世界
では，地域通貨やエコマネーとして用いられ，最近のビットコイン
に代表される電子通貨の流通によって，いよいよ注目を浴びること
が予想される。

　条件強化子とその概念は，こうした現実場面での重要性が指摘さ
れている反面，条件強化子の実験的研究による知見は，限られたも
のにとどまっている。強化子の効力については，最近では行動経済
学的なアプローチからさまざまな研究がなされている（たとえば
Kagel & Winkler, 1972）。しかしながら，それと条件強化子を直接結
びつけたものは見当たらない。たとえば，般性条件強化子としての
効力と，それを維持する強化子の種類や量との関係など，まだ多く
の明らかにすべき点が残っている。条件強化子の効力とレスポンデ
ント条件づけとの関連についても，私たちは多くの情報を持ってい
ない。

| 反応連鎖 |

　3 項強化随伴性 $S^D : R^O : S^R$ では，S^D と
S^R との随伴関係から，S^D の機能を有する
刺激が同時に条件レスポンデント刺激の機能を有するようになると
先に述べた。これは，弁別刺激の誘発機能について述べたものだが，
同時にこの刺激はここまでに述べたように条件強化子として，それ
に先行する別のオペラントを変容する機能も持つことになる。この
機能を利用することで複数の行動を連鎖する［chaining］ことがで
きる。いま条件強化子を S^r で表せば，**反応連鎖**［response chain］は
図 5-9 のように示すことができる。この例では，ラットは天井から

146　　第 5 章　オペラント

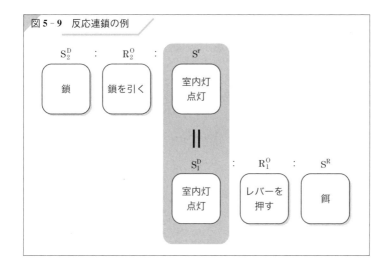

図 5-9 反応連鎖の例

吊り下げられた鎖を引くことで室内灯を点灯させる。そして，その下でレバーを押し下げると食餌が提示される。

図 5-9 の網掛けは，「室内灯の点灯」という刺激が，鎖を引くという行動の条件強化子 S^r であると同時に，レバーを押すという後続する行動の S_1^D でもあり，先行する行動には条件強化子 S^r として，後続する行動には弁別刺激 S_1^D として機能することを表現している。反応連鎖には，無条件強化子を含む随伴性から後ろ向きに連鎖していく**逆行**［backward］**連鎖**と，最後に無条件強化子を含む随伴性と結びつけるように前向きに連鎖していく**順行**［forward］**連鎖**とがあるが，動物を用いた実験では，主に逆行連鎖が用いられている。たとえば，上の例ではラットはまずレバー押し反応から形成され，次に鎖を引く反応が形成される。

STEP UP! ⑬　課題分析と全課題提示法

　知的障害や自閉症のある人に着替え，機器の操作，調理，買い物などの複雑な行動を教える場合，課題分析［task analysis］という手続きが有効である。課題分析とは，複雑な行動を細かい行動要素に分解して記述することである。たとえば，以下にカップ麺を調理する場合の課題分析の例を示す。

(1) フィルムをはがす
(2) カップ麺のふたを線まで開ける
(3) ポットから湯をカップの線まで注ぐ
(4) ふたを閉める
(5) タイマーを3分にセットする
(6) タイマーが鳴ったらタイマーを止める
(7) ふたをはがす

　この例でもわかるように，複雑な行動をいくつの行動要素にまで細かく分解するかは恣意的であり，はじめから正解があるわけではない。実際には教える対象者の発達の状態に応じて，課題分析における行動要素の数を決定していく。

　各行動要素の遂行を支援し，連鎖化させていくための指導手続きとしては，先に説明した逆行連鎖と順行連鎖がある。逆行連鎖であれば，上のカップ麺の例でいうと，まず(7)の行動のみを対象者に遂行させて強化し，安定して遂行可能になれば(6)と(7)を連鎖化させて遂行できるようにし，さらにその次に(5)と(6)と(7)を連鎖化させていく。しかし，上記の例で実際の調理を指導するには，多くの試行数が必要となり効率がよいとはいえない。

　したがって，この例の場合，(1)から(7)までの各行動要素を最初から順に続けてテストし，指導が必要な行動要素があればその都度指導し，毎試行ごとに最後のステップまで指導する全課題提示法［total task method］が用いられる。逆行連鎖か，順行連鎖か，もしくは全課題提示法かの選択は，教える課題の種類によって，より適切な選択が決まってくる。

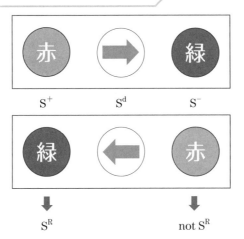

図 5-10　弁別刺激 S^D と条件性弁別刺激 S^d

中央キイが右向き矢印のときには，赤キイ（S^+）をつつけば餌（S^R），左向き矢印のときには緑キイ（S^+）をつつけば餌が出る。それ以外の色（S^-）をつついても餌は出ない。このように，中央キイは，赤色あるいは緑色（弁別刺激 S^D）のどちらをつつけば餌が出るのかを指示している。このときの中央キイの右矢印，左矢印は条件性弁別刺激 S^d と呼ばれる。

条件性弁別刺激と弁別刺激

いま，次のようなハトでの実験を考えてみよう。オペラント実験箱の前面パネルには3つのキイが水平に並んでいる。図 5-10 上のように，そのうちの真ん中のキイに右向きの矢印が現れ，引き続いて左右 2 つのキイがそれぞれ赤と緑に点灯する。ハトが赤いキイをつつくと強化子（餌）が随伴するが，緑キイをつつくと強化子は随伴しない。一方，図 5-10 下のように真ん中のキイに左向きの矢印が現れ，引き続いて左側に緑，右側に赤がそれぞれ点灯したとき，ハトは緑キイをつつけば餌を得ることができるが，赤キイをつ

ついても餌を得ることはできない。強化子が随伴する弁別刺激は S^+（または単に S^D），随伴しない弁別刺激は S^-（S^D に対応させる場合は S^Δ と表記）と呼ばれる。

　このような随伴性を何度も経験することで，次第にハトは，右矢印の場合は赤キイを，左矢印の場合は緑キイをつつくようになる。このような随伴性において，一番はじめに提示される矢印の方向は，引き続く赤と緑の 2 つの弁別刺激のどちらに反応するかを指示している。このような機能を持つ弁別刺激を**条件性弁別刺激**［conditional discriminative stimulus］と呼び，ここでは記号 S^d で表すこととする。改めて定義すれば，「複数の特定の弁別刺激のもとで，どのようなオペラントや弁別オペラントを自発するかを指し示す，それら弁別刺激に先行する刺激」となる。

　条件性弁別刺激による刺激性制御，すなわち**条件性弁別**［conditional discrimination］は，とくにヒトにおける行動の制御を考えるうえで大変重要である。いま見てきたように S^d と S^D の間には，物理的形態的な対応がまったくなくとも制御関係が成立するからである。S^d を漢字の「赤」とし，実際の赤色を選ばせれば，これも条件性弁別である。また，漢字の「赤」のとき，あえて実際の緑色のほうを選ばせると，一般に選択するまでの反応潜時が長くなることが「赤」の「漢字の意味」を知っているヒトで観察される（ストループ効果）。こうした事実は，条件性弁別が私たちの言語行動と深く関連していることを意味しており，これに関しては第 7 章で再度取り上げる。

6 ここまでに出てきた随伴性の整理

　ここまで私たちはさまざまな随伴性を学習してきた。ここで，今までに登場した随伴性のおさらいをしよう。なお，統一的に随伴性を理解するために，新しい表記を導入したり，一部記号を変えている点に注意してほしい。

(1) S^B の登場

　S^B とは，生得的に反応を誘発したり，淘汰したりする，個体にとって生物学的に重要な刺激をいう。生得性の誘発性刺激は無条件レスポンデント刺激，生得性の淘汰性刺激は無条件強化（弱化）子という。代表的なものには食餌，水，電気ショックなどがある。このほか S^B には固定的活動パターンを誘発する解発子などがある。ある刺激がどのような機能を持っているかは，誘発性であればその刺激の提示で，淘汰性であれば反応への随伴の結果によってはじめて決定されるので，実験的操作や観察をしないで，その刺激の機能を決定することはできない。また生得性であるか，学習性であるかについても，厳密にはその個体の条件づけの履歴が明らかでない限り，あらかじめ知ることはできない。

(2) S^N の登場

　S^N は生得的には反応を誘発したり，淘汰したりしない刺激である。特定の随伴性を中核とする条件づけを経ることで，誘発性や淘汰性を獲得する可能性のある刺激。一般には中性刺激と呼ばれている。S^B と S^N は，刺激として他の環境と区別されるという特徴を有

するので，誘発性や淘汰性のほかに，別の S^B や S^N を指示したり，ある反応の出現の機会を設定するという弁別性の機能も持つ。

(3)　S^B (S^U) →R^U　誘発性

条件づけの履歴がないにもかかわらず，反応を誘発する（"→"で表す）生得性刺激 S^B を無条件レスポンデント刺激 S^U と呼ぶ。無条件レスポンデント刺激によって誘発された反応は，無条件レスポンデント R^U あるいは無条件反射と呼ばれる。誘発されない反応は，自発性の反応と呼ばれることがある。

(4)　R^P の登場　非誘発性

生得性刺激 S^B があろうがなかろうが，（それと独立して）生得的に自発される反応を原始自発反応 R^P と名づける（たとえば，乳幼児の手足の動きや発話）。この反応の一部には，生得性の淘汰性反応が含まれる。しかし同時に，無条件強化（弱化）子によって淘汰されない反応も，誘発されていない反応なので原始自発反応に含まれる。このような反応には心拍などの内臓の運動や，自身に刺激を与え続ける自己刺激に関わる反応などが考えられるが，本書では取り扱わない。

(5)　$S^N : S^U$　⇒　$(S^N ≫ S^C, S^C → R^C)$　レスポンデント条件づけの核心部

中性刺激 S^N に無条件レスポンデント刺激 S^U を随伴させる（"："で表す）基本的な S：S 随伴性。この $S^N : S^U$ の手続きは追提示と呼ばれる。その結果（"⇒"で表す），中性刺激は反応を誘発する機能を獲得し，条件レスポンデント刺激 S^C となる（"≫"で表す）。条件レスポンデント刺激 S^C は条件レスポンデント R^C を誘発する。

152　　第5章　オペラント

このS：S随伴性を中核とした手続き・過程・事態をレスポンデント条件づけと呼ぶ。

(6) $R^P : S^B$ ⇒ ($R^P \gg R^O$, $S^B \gg S^R$) ⇒ $R^O : S^R$　オペラント条件づけの核心部

原始自発反応 R^P に生得性の刺激 S^B を随伴する基本的な R：S 随伴性。その結果，R^P が淘汰されれば（反応の増加や減少といった変容があれば），この反応はオペラント R^O と呼ばれる。反応増加をもたらした S^B は無条件強化子 S^{R+}，反応減少をもたらした S^B は無条件弱化子 S^{R-} と定義される。このR：S 随伴性を中核とした手続き・過程・事態をオペラント条件づけと呼ぶ。そして成立した $R^O : S^R$ を一般に強化随伴性と呼んでいる。

(7) $S^N : R^O : S^R$ ⇒ $S^N \gg S^D$ ⇒ $S^D : R^O : S^R$　弁別オペラント条件づけの核心部

中性刺激 S^N のもとで出現したオペラント R^O に対してのみ無条件強化（弱化）子 S^R を随伴させる操作を行うことで，中性刺激 S^N は弁別刺激 S^D として機能するようになる。このS：R：S 随伴性を中核とした手続き・過程・事態を弁別オペラント条件づけと呼ぶ。そして確立した $S^D : R^O : S^R$ を3項強化随伴性と呼んでいる。

(8) $S^N : S^R$ ⇒ $S^N \gg S^r$ ⇒ $R^O : S^r$　条件強化（弱化）子の生成

中性刺激 S^N に無条件強化（弱化）子 S^R を随伴するS：S 随伴性によって，オペラントを変容させる条件強化（弱化）子 S^r を形成することができる。

6　ここまでに出てきた随伴性の整理　　153

⑼　$S_1^D : R_1^O : S^R$　$\Rightarrow$　$S_1^D \gg S^r$　$\Rightarrow$　$S_2^D : R_2^O : (S^r = S_1^D) : R_1^O : S^R$
反応連鎖の成立

3項強化随伴性における弁別刺激 S_1^D と無条件強化（弱化）子 S^R との S：S 随伴性によって弁別刺激 S^D に条件強化（弱化）子の機能 S^r を付与することができる。これを利用して1つ前の弁別オペラント反応を強化（弱化）できるようになり，その結果，複数の3項強化随伴性を連鎖することができる。

⑽　$S^N : (S^D : R^O : S^R)$　$\Rightarrow$　$S^N \gg S^d$　$\Rightarrow$　$S^d : S^D : R^O : S^R$　条件性弁別刺激の生成

すでに確立している3項強化随伴性に先行して中性刺激 S^N を提示し，それによって特定の弁別刺激 S^D をさらに指示することで，その弁別刺激 S^D のもとでのオペラント R^O の出現を制御することができるようになる。この中性刺激 S^N は条件性弁別刺激 S^d と呼ばれる。

以上のような随伴性のさまざまなアレンジ（整置）によって，私たちは，反応を自由に変容できるようになる。次章以降では，とくに3項強化随伴性に関わる，さまざまな整置のあり方を学んでいく。

7　自動反応形成

ここまで，レスポンデント，ならびにオペラントに関する知見や考え方について学んできたが，ここでレスポンデントとオペラントがどのように区別されてきたのか，その区別に問題はなかったのか，今後その区別をどのように考えたらよいのかという点について触れ

154　第5章　オペラント

てみたい。

初期の研究では，「レスポンデントとその条件づけは平滑筋や腺に関わり，オペラントとその条件づけは骨格筋に関わる」とされていた。平滑筋や腺という組織は自律神経系に関わるもので，たとえば，ヒトの意志で制御できない心臓の動きや血圧の変化などがその支配を受ける。したがって，こうした観点からの条件づけの分類は，そのまま，レスポンデント条件づけによって生成されるレスポンデントは**非随意的**［involuntary］**行動**，オペラント条件づけによって生成されるオペラントは**随意的**［voluntary］**行動**とみなされていた。

これらの分類のいずれもが誤りであることを示した研究の1つが，次の自動反応（行動）形成の実験である。

最初にその事実を報告した実験（Brown & Jenkins, 1968）では，ハトのキイつつき行動が対象とされた。通常のオペラント条件づけとは異なり，反応キイを一定時間点灯し，その後消灯させると同時に，餌箱を一定時間提示するようにする（図5-11上の自動反応形成の左側）。これを1試行とし，試行間の時間間隔はランダムで，したがって，キイの点灯と餌の提示はハトの行動にまったく関係なく行われる。この追提示を何度か繰り返すと，やがてハトはキイに向かってつつき行動をするようになる。このとき，もしもつつかれるとすぐに餌を出すような仕組み（図5-11図上の右側）にしておくと，ハトはかなり安定した反応をその後キイに向かってするようになる。

この実験では，実験者が通常オペラント条件づけの手続きで行うように，ハトのキイに向かうさまざまな行動を観察しながら，次第にキイつつき反応を形成する，すでに述べた反応形成［shaping］の技法を用いていない。それにもかかわらず，あたかも自動的にハトにキイをつつかせることができたので，**自動反応（行動）形成**［autoshaping］という用語がこの現象につけられた。

7　自動反応形成　155

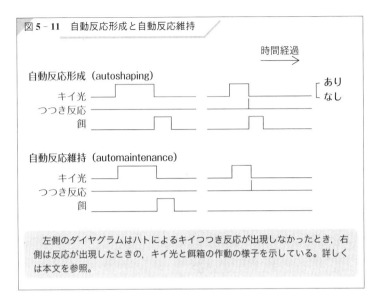

図 5-11 自動反応形成と自動反応維持

左側のダイヤグラムはハトによるキイつつき反応が出現しなかったとき，右側は反応が出現したときの，キイ光と餌箱の作動の様子を示している。詳しくは本文を参照。

　キイつつき反応はハトのオペラントの代表例であり，通常，キイつつきに関連する反応に対して，餌を随伴させることによって形成され維持される（すなわち R：S 随伴性によって制御される）。しかし，自動反応形成では，S^N としてのキイ光と，S^U としての餌との追提示によって，キイつつき行動が出現する（つまり S：S 随伴性によって制御される）。この点からいえば，キイ光を S^C として，このキイつつき行動は R^C，すなわち条件レスポンデントと考えられるという見解が成り立つ。

　この見解を支持する現象の1つが**自動反応維持**［automaintenance］（しばしば negative〔負の〕automaintenance と呼ばれ，これに対応させて自動反応形成を positive〔正の〕automaintenance と呼んで区別することもある）である。この実験手続きは，自動反応形成の一部を変更したものである。自動反応形成の手続きでは，S^C となったキイ光の提

示中に，反応が出現したときにもしないときにも餌が提示されるが，自動反応維持の手続きでは，S^C 中に反応がないと餌が提示され，あると餌は提示されない（図 5-11 下の「自動反応維持」）。つまり，S^C 中に反応がなければ S^U 提示，反応があれば S^U 非提示となる。したがって，もしもこの時に出現した反応が，「後続する環境によって行動が変容する」オペラントであれば，自動反応維持の実験手続きのもとでは，反応はすぐに消失することが予測される。もしも，「先行する環境に依存する」レスポンデントであれば，反応の出現は S^U 非提示となるために $S^C : S^U$ の随伴がなくなり，先と同様に反応は弱くなることが予測される。その一方で，反応が出現しないと $S^C : S^U$ の随伴が起こることから，S^C に誘発されて反応が再出現すると考えられる。こうして，キイつつき反応が条件レスポンデントであれば，反応の減少と増加を何度か繰り返すパターンを観察することができるであろう。

　自動反応維持の手続きによる実験の結果は，この時のキイつつき反応がレスポンデントであることを支持した。自動反応形成は，ハトが対象をつつくという，一見純粋なオペラントのように見える骨格筋による反応も，レスポンデントの随伴性で形成できるという事実を示し，従来のレスポンデントとオペラントの形態的な分類に再考を迫った。

　ちょうどこれと逆のケース，すなわち心拍や血圧といった平滑筋への制御を，オペラント条件づけを用いて行う研究も盛んになされてきた。**バイオフィードバック**［biofeedback］と呼ばれる分野では，自律神経系に支配されている体温，血圧，心拍などを適切にフィードバックすることで，本人自らがこれらを制御できることを示した。つまり，後続する環境によって行動が変容するオペラントとしての平滑筋や腺の活動の存在を示唆したのである。

7　自動反応形成　　157

以上のことから，現在では，ある行動を取り上げて，その形態的特徴からレスポンデントかオペラントかを区別すること自体，無意味であることが一般的見解となっている。その代わりに，ある反応がどのような随伴性によって現在維持されているのかを実験的に明らかにすることによって，その反応がどちらの行動であるかを確定するのである。

　また条件づけによって成立した行動は，環境の影響を常に受け続けるために，そのままある特定のレスポンデントやオペラントであり続ける保証はない。自動反応形成においても，レスポンデントとして生成されたキイつつき反応は，すぐに後続する餌強化子の随伴性によって，淘汰性行動としてのオペラントに変容していくであろう。前述したように，100％純粋なレスポンデントあるいはオペラントは，おそらく理論的なもの以外にはないといえる[5]。

●注

1)　強化子は好子，弱化子は嫌子と呼ばれたりする場合がある（杉山ほか，1998）が，ここでは，反応率を増強したり減弱したりするという意味で「強化子」「弱化子」を採用する。強化と弱化に相当するreinforcement と punishment については，強化と罰と訳されたこともあるが，報酬［reward］との連想で罰という用語が使われることを避けるべく，最近では弱化が使われている。また英語においても，罰の用語を避けるべく，造語として dysinforcement を用いたり，そもそもオリジナルの reinforcement と punishment の対を避けて，acceleration と deceleration，あるいは selection と deselection といった対を提案するものもある（Brown & Hendy, 2001）が，どれも研究者の支持を受けるに至っていない。

2)　ここで述べる反応形成を本章の最後に議論する自動反応形成と区別するために**手動反応形成**［hand shaping］と呼ぶことがある。

3)　反応形成は，反応型の変容のみにとどまらず，反応の頻度や強度

の変容も作り出している。つまり，オペラント条件づけにおける強化（弱化）の定義となっていた反応率の変容は，ここで述べた過程を通して（すなわち強化基準を徐々に変えていく分化強化によって）作られたともいえる。その意味で，R：S随伴性を中核としたオペラント条件づけは，反応形成における分化強化とほとんど同一であるといえる。

4) なお動物実験では，レスポンス・コストは強化子を獲得するまでの自発反応の大きさ（反応負担）を指すので，注意が必要である。

5) 本書では触れることができなかったが，**本能的逸脱**［instinct drift］という，強化随伴性で成立したオペラントが，それに随伴する無条件強化子の提示回数が増加するほど，「あたかも強化子提示をどんどん遅らせる」かのような，強化子に関連した「本能的」行動を伴うことが報告されている（Breland & Breland, 1961）。このような一見パラドックス的な反応の出現も，ここで触れた条件レスポンデントとしてのキイつつき反応の存在と深く関連しており，行動の**生物学的制約**［biological constraints］の 1 つとして研究されている。

演習問題

5-1[Basic] 除去型の強化と除去型の弱化の具体的な例を挙げなさい。

5-2[Basic] 弁別刺激と条件性弁別刺激の違いを，身近な例を挙げて説明しなさい。

5-3[Search] 準備性［preparedness］という概念と生物学的制約との関係を調べなさい。

5-4[Search] 動物を使ったトークン・エコノミーの例を調べなさい。

5-5[Advance] 複雑な行動の例を挙げ，それを作り出すための手続きを考察しなさい。

第6章 強化随伴性

●行動変容のための諸変数と規則

Introduction

　本章での主要なテーマは，前章で学んだ3項強化随伴性の後半部分，つまり，オペラントと強化子間の強化随伴性についての研究領域，「強化スケジュール」である。オペラントの研究で，強化スケジュールが果たしてきた役割は大きい。たとえば，「反応に常に強化子が随伴したほうが，反応にときどきしか強化子が随伴しなかったほうに比べ，強化子が出されなくなると急速に反応率が低下する」という事実は，私たちの予想に反している。また，反応しないと強化子が随伴し，反応すると強化子が随伴しないというスケジュールのもとでは，単に反応してもしなくても強化子が随伴しないというスケジュールに比べて，反応が急に増えたりしないでスムーズに消えていくことも，問題行動を変容するうえで重要な知識となる。本章ではそうした強化スケジュールの行動への効果に加えて，強化子が与えるさまざまな行動への影響についても紹介する。

1 強化随伴性

　強化随伴性，すなわちオペラントと強化子（もしくは弱化子）との関係における強化（弱化）の定義を，ここでもう一度振り返ること

161

から始めたい。強化とは第5章で定義したように，反応に刺激が随伴されることで，その後の**反応出現確率**が増加することであった。それに対して，反応出現確率の減少がもたらされる事態は弱化であった。さらに思い起こしてほしいのは，こうした反応出現確率の増加，つまり強化は，反応に伴ってあらかじめ存在していた刺激が取り去られることによっても起きることである。これを「除去型（負の）強化」と呼んで，反応に随伴する刺激が提示されることで反応出現確率が増加する「提示型（正の）強化」と区別し，取り去られた刺激を「除去型（負の）強化子」と呼んでいた。

第5章と同様に本章でも，もっぱら提示型強化だけについて取り扱い，必要に応じて除去型強化や，弱化の問題を取り扱う。第5章で述べたように除去型強化子や提示型弱化子は，一般に個体にとってそれらを遠ざけるように行動することを生み出すので，**嫌悪刺激**と呼ばれることがある。そして嫌悪刺激に関わる随伴性操作（逃避，回避，弱化，条件嫌悪刺激の提示など）をまとめて，**嫌悪性制御**［aversive control］という。嫌悪性制御では，そこで用いられる操作が主にレスポンデントである情動性の反応を生み出すことが多く，この反応が新たに形成しようとする反応と拮抗することで，新しいオペラント条件づけが進行しにくいことが指摘されている。このことを除けば，基本的には提示型強化におけるさまざまな過程や現象は，嫌悪性制御下でも起きていると考えられるため，両者を同じ理論から説明して差し支えないといえる。

強化随伴性について研究することで，特定のオペラントが，なぜ増加したり減少したりするのかについての科学的な知見を積み重ねることができる。

2 さまざまな独立変数と従属変数

強化をめぐる独立変数　強化随伴性に影響を与える，さまざまな独立変数を考えてみよう。反応に強化子をどのように随伴させるかを決定する重要な変数が，**強化スケジュール** [reinforcement schedule] である。「スケジュール」という言葉は，日常では時刻や日程に従って起こる事象の総体をいう（「渡辺さんの明日のスケジュールは，昼食の後，会議に出て，夜は飲み会がある」などといったように）が，強化スケジュールとは，自発された反応のどんな特性（反応回数，前回の強化子の提示からの経過時間，反応と反応との時間間隔など）に，どのように強化子を提示するのかを示す規則をいう。

その他の変数としては，強化率，強化遅延，強化確率，強化量がある。**強化率**は時間当たりの強化子提示回数で，**強化間時隔** [interreinforcement internal；IRI] はその逆数となる。**強化遅延**は反応の出現から強化子提示までの遅延時間，**強化確率**は反応当たりの強化子提示回数をいう。これは強化子提示に必要な反応数の逆数となる。**強化量**は強化子の大きさ，提示時間もしくは（コンデンスミルクやアルコールの）濃度や容量をいう。

これらの変数に加えて強化随伴性そのものが成立するには，強化子が反応を変容できなくてはならない。上で述べた強化量と同様に，この強化子の効力の決定に関わるのが**確立操作** [establishing operation] である（図 6-1 参照。また，動因操作 [drive operation]，セッティング・イベント〔設定事象〕[setting event]，動機付与操作 [motivating operations] とも呼ばれる）。

2　さまざまな独立変数と従属変数　163

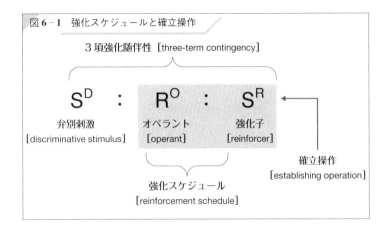

figure 6-1 強化スケジュールと確立操作

　確立操作とは，強化子や弱化子の機能を確立する操作をいう（Michael, 1993）。確立操作は，心的な概念である動因［drive］と誘因［incentive］に深く関連しており，動機づけ［motivation］といった研究領域のなかで，盛んに取り扱われた歴史を持っている。最近になって用いられてきた動機付与操作という名称の由来もそれによっているが，本書では，こうした歴史的背景を切り離した「確立操作」という用語を用いることとする。

　飽和化［satiation］と**遮断化**［deprivation］は，相反する2つの確立操作である。飽和化は強化子の効果を減じる方向，遮断化は効果を増加させる方向での操作を一般に意味する。これらの効果は，実際には反応率や潜時を介して測定される。動物実験で用いられる一定期間食物を与えない操作は，**食物遮断化**［food deprivation］と呼ばれ，その程度は，普通，自由に食餌を取らせたときの体重（アドリブ［ad-libitum］体重，安定体重と呼ばれる）と比較した現在の体重の割合で表される。動物の福祉を考える倫理に基づいて，動物実験では自由摂食時体重のおよそ85%から90%の遮断化のレベルで，実験を

行うことが多い[1]。

強化随伴性は過去の強化随伴性の影響も受ける。こうした過去の影響は**強化履歴**［reinforcement history］と呼ばれ，とくにヒトの場合においては第9章で述べるルール支配行動と関連して無視のできない重要な変数となっている。さらに，ある反応に随伴する強化子の出現確率（強化確率）以外に，反応がないことに随伴する強化子の出現確率も反応に影響を与える。これは第5節の「オペラント随伴性空間」で説明する。

これまで，強化をめぐる独立変数について

反応についての従属変数

述べたので，簡単に反応についての従属変数にも触れておきたい。条件レスポンデントの測定には，主にまとまった数試行からなるブロック当たりの反応出現試行数（反応出現割合），抑制比率などの反応強度，刺激提示から反応出現までの潜時，反応形成までにかかった訓練試行数などが用いられた。一方，オペラントの代表的な測度としては，時間当たりの反応出現回数である**反応率**［rate of responding］が最もよく使われる[2]。

その他のオペラント条件づけにおける重要な従属変数には，反応と反応との間の時間間隔である**反応間時間**［interresponse time；IRT］，反応そのものの継続時間である**反応持続時間**［response duration］がある。もしも反応持続時間が0に近ければ，IRTの逆数は反応率とほぼ等しくなる。また，強化子提示から次に反応が起こるまでの時間を**反応潜時**［response latency］あるいは**強化後休止**［postreinforcement pause；PRP］と呼んで，その性質が詳しく調べられている。

このほかに，種々のセンサーで測定される**反応強度**［response strength］，一連の摂食行動の持続時間である**食事**［meal］，行動経済学で用いられる**（行動）価格**［price］（強化確率の逆数，1強化子を得る

POINT ⑥　オペラント行動研究における独立変数と従属変数

独立変数	
強化スケジュール	自発された反応に対する強化子提示の方法
強化率	時間当たりの強化子提示回数
強化遅延	反応の出現から強化子提示までの遅延時間
強化確率	反応当たりの強化子提示回数
強化量	強化子の大きさ，提示時間，濃度，容量
確立操作	強化子の効果を変化させる遮断化や飽和化
強化履歴	過去の強化随伴性の履歴
オペラント随伴性空間	反応の有無に対する強化子提示確率

従属変数	
反応率	時間当たりの反応出現回数
反応間時間	反応と反応との間の時間間隔
反応持続時間	反応そのものの継続時間
強化後休止（反応潜時）	強化子提示から次に反応が起こるまでの時間
反応強度	オペランダムへの反応の力など
食事	一連の摂食行動の持続時間
弾力性	価格の増加に伴う需要量の減少の勾配

のに必要な反応数）の増加に伴う**消費量**［consumption］や**需要量**［demand］（強化率，時間当たりの強化子数）の減少の勾配を表す**弾力性**［elasticity］など，研究に応じてさまざまな従属変数が利用されている。行動経済学については第5節の「強化率，強化遅延，強化確率，強化量」の項（186ページ）で，より詳しくは第8章で説明する。

3 強化スケジュール

●要素スケジュール

強化スケジュールの分類

強化スケジュールは，行動分析学，とくにオペラント条件づけの中心に位置づけられる随伴性操作の手続きである。この手続きゆえに，行動分析学はこれまでの「古い」学習研究から大きな飛躍を遂げたといって過言ではない。しかし強化スケジュールは，あくまで行動の原因を探る実験的分析のためにあるのであって，単なる技法ではないことにも注意する必要がある。これについては後で具体例を挙げて説明する。

強化スケジュールの種類は無数にある。しかし，実験的分析などでよく利用されている強化スケジュールの数は，それほど多くはない。強化スケジュールの分類法にはいくつかが考えられるが，まず大きく，**要素スケジュール** [structural schedule] と**構成スケジュール** [constituent schedule] の２つを区別しておこう（坂上，2013）。要素スケジュールは，主に反応と強化子の直接的な関係を定める随伴性操作の規則をいう。それに対して，構成スケジュールは，その構成要素となる（主に要素）スケジュールの組合せ方を定める規則をいう。

要素スケジュールが表す基本的な随伴性操作の手続きを，反応出現と強化子間との依存関係に関して分類すると，以下の３つがある（表 6-1 参照）。

(1) 反応非依存型スケジュール：強化子の提示が反応に依存していないスケジュール。代表的なものとして，時間スケジュールと消去スケジュールがある。

表 6‐1　要素スケジュール

反応非依存型	時間・消去	固定時間（FT），変動時間（VT），乱動時間（RT）；消去（EXT）
反応偏依存型	時隔	固定時隔（FI），変動時隔（VI），乱動時隔（RI）
	比率	固定比率（FR），変動比率（VR），乱動比率（RR）
	分化強化	低反応率分化強化（DRL），高反応率分化強化（DRH），他行動分化強化（DRO）
反応相互依存型		相互依存（第8章参照）

(注)　カッコ内は略称。

(2) 反応偏依存型スケジュール：強化子の提示は反応に依存しているが，その一方で，この反応が次に出現できる機会は，「強化子提示によって発生する，強化子を消費する反応」の出現に依存しないスケジュール（つまり餌を出すための規則はあるが，反応を始めるための規則はない）で，一般の強化スケジュールのほとんどがこのタイプである。時隔，比率，分化強化スケジュールがその代表である。反応―強化子間の依存性が一方だけにあるようなケースを指しているので，偏［partial］依存としている。

(3) 反応相互依存型スケジュール：強化子の提示（と強化子の消費反応の出現機会）も反応の出現機会も，互いに依存しているスケジュール。たとえば水を 10 ml 飲めば，回転輪を 10 回回すことができるといったスケジュール。このスケジュールは R：R 随伴性と密接に関連しており，第 8 章 1 節（221 ページ）において述べる。

多くのスケジュールは，**固定** ［fixed］，**変動** ［variable］，**乱動** ［random］（それぞれ，単に「定」「変」「ランダム〔乱〕」と訳される場合があ

る）という 3 つの特性によって，さらに細分化されていることが多い（表6-1）。固定スケジュールでは，そのスケジュールの設定値（強化子提示に必要な，たとえば後に述べる比率スケジュールでは反応数，時隔スケジュールでは経過時間）が一定で変わらない。変動スケジュールでは，スケジュール値を平均値としたランダムな値が，あらかじめ強化回数分作り置きされているリストが順備され，そこから設定値が毎回順に読みだされる仕組みとなっている。乱動スケジュールでは，一定の確率分布に従った動作をするようにセットされている確率発生装置（たとえばコンピュータの乱数発生など）が，時間経過や反応出現に応じて働き，その結果に従って強化子を出すか出さないかが決定される仕組みになっている。後者の 2 つでは，設定値はその算術平均値で表される。変動と乱動スケジュールは，両方とも個体にとってランダムな値を返しているという点ではよく似ており，実際，両者のパターンはほとんど区別できない。しかし，変動スケジュールはあらかじめ準備されたリストにある値の範囲内で運用されるので，極端に長い時間，強化子が現れないといった乱動スケジュールの問題をあらかじめ防ぐことができる。

反応非依存型スケジュール：時間スケジュールと消去スケジュール

時間 ［time］スケジュールにも固定，変動，乱動の区別がある。**固定時間** ［fixed time；FT］スケジュールは，反応の出現に依存せずに強化子がある一定の間隔で提示されるので，それに長くさらされた動物は，そうすることで餌を得るかのような，儀式的な反応を発達させることがある。このため固定時間 FT スケジュールは，**迷信行動** ［superstitious behavior］の研究に用いられてきた（**STEP UP!** ⑭参照）。

変動時間 ［variable time；VT］，もしくは**乱動時間** ［random time；RT］スケジュールは，逆に迷信行動のような定型的な反応を生み

3　強化スケジュール　　169

出さないようにする随伴性操作であるので，たとえば自動反応形成（前章参照）などで使われている**試行間時隔**［inter-trial interval］をランダムに変動させるのに用いられることがある。

消去［extinction；EXT］**スケジュール**は，強化子を提示しないスケジュールである。通常は，すでに形成されているオペラント反応を減少させるのに用いられる。その反応減少過程の特徴を表すものとして，**消去抵抗**［resistance to extinction］があり，EXT 開始からある基準（たとえば 10 分間無反応）に到達するまでにかかった時間や総反応数，あるいはこの両者によって（すなわち反応率によって）表される。EXT にさらされる以前にどのような強化スケジュールに置かれていたかにより，この消去抵抗の大きさが異なることが見出されている。とくに，毎回の反応が必ず強化される**連続強化**［continuous reinforcement；CRF］**スケジュール**に比べて，反応が部分的に強化される**部分**［partial］（もしくは**間歇**［intermittent］）**強化スケジュール**のほうが，高い消去抵抗を持ち，これを**部分強化効果**［partial reinforcement effect］と呼んでいる。また部分強化スケジュールのなかでも，一般には変動や乱動のほうが固定スケジュールに比べ消去抵抗が高く，次に述べる時隔スケジュールよりも比率スケジュールのほうが，消去抵抗が高いと報告されてきた。しかし，消去に至るまでの各強化スケジュール中に経験された強化数やセッション時間などを完全に統制することは難しい。なお，EXT 中には次項で述べるように，各部分強化スケジュールに特有なパターンが現れる。

STEP UP! ⑭　迷信行動と付随行動

迷信行動をはじめて動物実験で指摘したスキナーは，ハトを用い

た固定時間 15 秒（FT15″）スケジュールでの実験で，それぞれのハトが，さまざまな一連の儀式的行動（回転したり，ある方向に行き来したり）を示すことを明らかにし，ヒトの迷信行動もこれとよく似た反応の偶発的［adventitious］強化によって生成されるとした（Skinner, 1948a）。

FT スケジュールは反応出現には依存していないので，ある意味ではレスポンデント条件づけの手続きの 1 つである時間条件づけと同じといえる。時間条件づけでは，動物がさまざまな付随［adjunctive］行動（付属［collateral］行動ともいう）を示すことがわかっている。スケジュール誘導性攻撃行動［schedule induced attack］や飲水行動［polydipsia］といった比較的強化子提示直後に観察される付随行動のほかに，強化子提示直後から次の提示までの時間の中ほどに現れる中間［interim］行動や，次の提示時間に向かって次第に反応率が高くなっていく終端［terminal］行動の存在が指摘されてきた（Staddon & Simmelhag, 1971）。こうした事実から，迷信行動の生成に寄与するものとして偶発的強化（R：S 随伴性）の代わりに，レスポンデント随伴性（S：S 随伴性）の存在が提案されてきた。

一方，ヒトにおいても迷信行動の実験は多数なされており（たとえば，Ono, 1987），そこでは偶発的強化の重要性が主張されてきた。これらから，すべての迷信行動をレスポンデント随伴性だけから説明することは難しいのではないかといわれている（Vyse, 1997）。

こうした付随行動の存在は，強化スケジュールによって直接に制御されるオペラントや S：S 随伴性に制御されるレスポンデントのほかにも，間接的に制御される行動があることを示唆している。つまり，ある行動の直前や直後を観察しても，その原因となる環境要因を見出せない場合があることになる。こうした環境要因の遠隔的な効果は，単にここで取り上げた時間的な遠隔的効果だけでなく，空間的な効果についても考えられ，弱い強化子や弁別刺激などが行動を制御している場合についても，その可能性が検討されなくてはならない。逆にいえば，その場に明確な刺激が存在しなくても，「記憶」や「目的」といった説明に頼らない，強化の履歴や環境の遠隔的効果によって行動を制御・予測することが可能なのである。

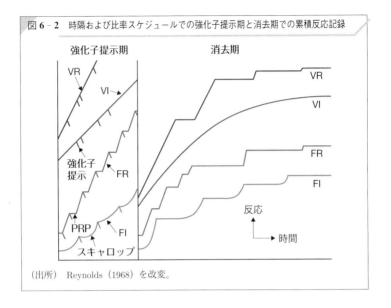

図 6-2 時隔および比率スケジュールでの強化子提示期と消去期での累積反応記録

(出所) Reynolds (1968) を改変。

> 反応偏依存型スケジュール：時隔スケジュールと比率スケジュール

時隔 [interval] スケジュール（「間隔」スケジュールと訳されることもある）では、1つ前の強化子の提示から一定時間経過後の最初の反応に強化子が随伴する。反応の自発がない限り、強化子が提示されないという点で、時間スケジュールとは異なる。この一定時間が固定であれば**固定時隔** [fixed interval；FI]、変動や乱動であれば**変動時隔** [variable interval；VI]、**乱動時隔** [random interval；RI] スケジュールと呼ばれる。

FIでは、「**スキャロップ**」[scallop] と呼ばれる、強化子提示予定時刻に向けての反応率の正の加速（次第に反応率が増加していく）パターンが、典型的に観察される（図6-2左参照）。ヒトでは、こうしたパターンは、たとえば締め切りのあるレポート執筆のように、納期のある仕事で観察される。異なる時隔のFIでのスキャロップは、

172　第6章　強化随伴性

時隔の長さと強化までの累積反応数とを同じ縮尺で描き直す（たとえば，パーセント値で表す）と，ほぼ一致することが知られており（こうした性質はスカラー性と呼ばれる），動物個体の**計時**［timing］**行動**の存在を示唆するものと考えられている。

VIやRIでは，時隔が変動するのでスキャロップは現れず，その代わりに比較的一定した高い反応率での持続的な反応パターンが見られる。VIやRIは，EXTにさらしても，こうした持続的な反応パターンを維持しながら徐々に反応率を減少させていくので（VIの例は図6-2右参照），多くの行動研究で利用されている（第4章で述べた条件制止の実験を思い出してほしい）。VI下で観察されるヒトでの行動は，話し中でつながりにくいチケット予約センターへ電話をかけ続ける反応パターンに似ている。強化子の提示（電話がつながること）を決めるのは，電話をかける行動の反応率や反応パターンではなく，予約電話先側にあるという点で，次に述べる変動比率スケジュールと大きく異なっている。

また，VIでは消去抵抗が高いために，その後，さまざまな刺激をEXTのもとで提示し，どのような刺激に対してより多くの反応を出現させるかをある程度の時間観察することができるので，個体にとっての刺激間の類似度，すなわち般化の程度を知ることができる。

比率［ratio］スケジュールは，強化子提示後に一定回数自発された反応に強化子が随伴される。回数が固定されていれば**固定比率**［fixed ratio；FR］，変動すれば**変動比率**［variable ratio；VR］や**乱動比率**［random ratio；RR］スケジュールと呼ばれる。

FRの後の数字は比率値，すなわち強化子提示に必要な反応回数を表す。FR1は前項で述べたCRFと同じ意味となる。FRではFIのようなスキャロップパターンが観察されない代わりに，強化子提

示後に比較的長い休止が見られ，その後，ある一定の反応率で反応が進行して強化子提示に至るという，**反応停止**（休止）－**走行** [break and run] パターンが観察される。反応停止の部分は，前述の通り「強化後休止（PRP）」と呼ばれ，比率が増加すると，その反応停止の期間は幾何級数的に増加する。FI でも PRP は観察されるが，時隔の増加による反応停止の増加は，せいぜいのところ算術級数的であるにすぎない。ヒトによる行動のなかでこうした反応パターンを示すものは，出来高払いの仕事で観察される。たとえば，一定のノルマを果たしたセールスマンが次の仕事に取り掛かるまでに過ごす喫茶店での長い休息に，FR の後の PRP を見出すことができる。

しかし，なぜ PRP が生み出されるのかについては，さまざまな議論がなされている。現在のところ，PRP を増加させる要因としては，次の強化までに要求される反応数と，直前提示された強化子の大きさの 2 つが挙げられており，前者は弁別的な効果，後者は無条件刺激の**喚起的** [arousal] **効果**として解釈され，両者ともにその増加によって PRP は長くなる。

VR や RR でも PRP は観察されるが，一般に FR と比べてごく短い。またこれらのスケジュールでは，きわめて高い一定した反応率での反応遂行が観察されている。強化率の等しい VI と比較すると，VR の反応率は常に VI よりも高くなる（後出の図 6-4 右を参照）。同じ強化率にもかかわらず，なぜ VR は VI よりも反応率が高いのかについては，数多くの実験的研究と理論的な検討がある。微視的なレベルでの説明では，反応間時間（IRT）が増加しても VR の強化率が変化しない一方で，VI の強化率は増加するので，その結果，VI では長い IRT すなわち低い反応率が強化されるからだと考える。巨視的なレベルでの説明では，VI では反応率が増加しても，ある

174　第 6 章　強化随伴性

反応率以上からは強化率が一定となってしまう（たとえば，VI 60 秒では 60 秒間に平均 1 個以上の強化子を得ることはできない）のに対して，VR では反応率の増加が強化率の増加に直接結びつくので反応率が高くなるという。

EXT にさらされたときには VR も VI も大きな消去抵抗を示すが，VR では，強化子提示の停止に伴う反応率の急激な増加である**反応頻発**［response burst］と，引き続く反応停止との交替パターンが観察される（図6-2左）。ヒトの場面では，いままでランダムに強化されてきた，「無心する」反応が突然強化されなくなったために，高い情動性を伴った反応頻発が生じることに対応する。子どもの行動がこのようなパターンを示すときに，泣きわめいている嫌悪的な状況を逃れようと，親はその無心する反応を，誤って再び強化してしまうことがある。すると，いよいよ VR に似た随伴性で無心する反応を強化してしまうことになる。

> 反応偏依存型スケジュール：反応間時間分化強化スケジュール

分化強化は反応形成において反応を変容する重要な手続きであったが，反応間時間（IRT）を分化強化の対象とする反応型としたものが，分化強化スケジュールとしてよく用いられている。代表的な反応間時間分化強化スケジュールには，**低反応率分化強化**［differential reinforcement of low rate；DRL］**スケジュール**がある。IRT が，ある値を超えた後の最初の反応に強化子が随伴するスケジュールのことで，もしもその値以内で反応した場合には，再びその時点から IRT が計測される。無反応での一定時間の経過が強化の必要条件となっているので，現実場面ではタンクに水が貯まるのを待つ必要がある水洗トイレでフラッシュ（水流し）をする行動などがそれに当たるかもしれない。DRL では長い IRT が強化されるので，典型的には低い安定した反応率が観察される。しかし，

そのIRT分布を調べてみると，きわめて短いIRTと，設定値付近にピークのあるIRTの2峰性の分布が特徴的である。

DRLのちょうど逆のスケジュール，すなわち短いIRTが強化される分化強化スケジュールは，**高反応率分化強化**［differential reinforcement of high rate；DRH］**スケジュール**と呼ばれている。

もう1つ忘れてはならないIRT分化強化スケジュールとして，**他**（無）**行動分化強化**［differential reinforcement of other（zero）behavior；DRO］**スケジュール**がある。このスケジュールは，IRTもしくは前の強化子提示からの経過時間が，ある値を超えたその時点で強化子が提示されるもので，DRLと異なり強化子提示は対象とする反応が現れない無反応期間に依存しており，反応出現を必要としない。しかも，反応をしなくとも強化率は減少しない（逆に反応すると強化率は減少する）ので，EXTのような強化子がまったく出ないスケジュールや弱化子を提示するスケジュールと比較して，個体が高い情動的な状態に置かれにくいと考えられている。こうした理由から，このスケジュールは反応を減少させる重要なスケジュールの1つとなっている。このスケジュールは，臨床場面では**両立不能行動分化強化**［differential reinforcement of indispensable behavior；DRI］**スケジュール**など，分化強化の対象となる他行動の反応型を特定して用いられることがある。

ある意味で，すべての強化スケジュールは分化強化スケジュールであるといえる。分化強化スケジュールは何らかの反応型を分化的に強化するからであり，反応型には反応率（つまりIRT）だけでなく，強化子提示からの経過時間や反応回数，反応強度などさまざまな反応の測度も含まれるためである。しかしながら，これまでの強化スケジュール研究は，これらのなかでも，とくに時隔，比率，IRTが，通常の行動と環境との機能的関係のなかで重要な位置を占

表6-2 構成スケジュール

継時型	混成 (mult), 混合 (mix), 連鎖 (chain), 連接 (tand)
同時型	並立 (conc), 共立 (conjt)
複雑型	論理和 (alt), 論理積 (conjunc), 連動 (interlock), 累進, 高次
関係型	調整, 連結

（注）カッコ内は略記。

めることを明らかにしてきた。そうした点から見ると，これまで述べてきた伝統的な要素スケジュールを，まず徹底的に理解することが必要である[3]。

4 強化スケジュール

●構成スケジュール

構成スケジュール：継時型・同時型・複雑型・関係型スケジュール

私たちや動物が置かれている日常の環境の随伴性は，強化スケジュールの複雑な組合せでできていると考えられ，現在どんな要素スケジュールが進行中であるかが明示されていたり，いなかったり，別の場面での行動の結果が他の場面での強化子の提示と関連していたり，同時に複数の要素スケジュールが働いていたりする。このような構成要素となる強化スケジュール（主に要素スケジュール）の組合せ方を決めるのが，構成スケジュールである。強化スケジュールの複雑な組合せが行動にどのような効果を持つのかを解明するには，構成スケジュールを用いた研究は不可欠である。主な構成スケジュールを表6-2にまとめている。

　以下では，これらの構成スケジュールの主なものについて詳述する。構成スケジュールの構成要素には，要素スケジュールも構成ス

表 6 - 3　継時型スケジュール

(1) 弁別刺激の有無 ＼ (2) 強化子提示の仕方	成分ごと	最終成分のみ
あり	混成（mult）	連鎖（chain）
なし	混合（mix）	連接（tand）

ケジュールもなりうるが，理解しやすいために，すべての構成要素の例には，要素スケジュールを用いる。

> 継時型スケジュール：混成・混合・連鎖・連接スケジュール

継時型スケジュールは要素スケジュールを継時的につなぐが，(1) 各要素スケジュールを区別する弁別刺激があるか，(2) 各要素スケジュールは強化子提示を含むかで，両者とも持つものを**混成** [multiple；mult]（**多元**），(1) だけ持たないものを**混合** [mixed；mix]，(2) だけ持たないものを**連鎖** [chained；chain]，両者とも持たないものを**連接** [tandem；tand]（連結と呼ぶ場合もあるが，本書では「連結スケジュール」を後出の yoked schedule の訳語に充てたので，「連接」を用いる）と呼ぶ 4 つの構成スケジュールに分類してきた（表6-3参照）。なお，継時型スケジュールでの要素スケジュールは，成分 [component] スケジュールと呼ばれてきた。

　連鎖，連接スケジュールは(2)の条件を持たないので，つながれた要素スケジュールの順序はあらかじめ定められている。たとえば chain FI30″（30 秒）FR10 では，個体はある弁別刺激（たとえば赤色のキイ光）のもとでまず FI30″ を経験して，その後，新たな弁別刺激（緑色のキイ光）のもとで FR10 に置かれ，ここで 10 回反応をすることではじめて強化子が出現する。強化子が得られるスケジュー

178　第 6 章　強化随伴性

ルが最後に置かれる。

　これに対して混成，混合スケジュールは，それを構成する要素ス
ケジュールのそれぞれで強化子を得ることができるので，各要素ス
ケジュールの順番を自由に組み合わせることができる。たとえば
mult FI30″ FR10 では赤色キイの FI30″ のもとで強化子を得た後，
同じ FI30″ を経験することもあれば，緑色キイの FR10 が引き続い
て現れることもある。しかし，実用上の理由から，2 つのスケジュ
ールの出現をランダムにしないで，交替に出す場合もある。

　混合，連接スケジュールは (1) の条件を持たないので，外部刺激
としての弁別刺激を利用することができない。いくつかのスケジュ
ールでは個体自身の反応を手掛かりに現在の強化スケジュールを弁
別することも可能であるが，たとえば tand FR10 FR10 のように
FR20 と内容的にまったく同じ随伴性となるものもある[4]。

　混成スケジュールは，mult VIx″ EXT（x には任意の秒数が入る）
の形で用いられることが多い。これは一方の弁別刺激のもとでは強
化子を得，他方では強化子が得られないことを表している。そのた
め，次第に個体は一方の弁別刺激でのみ反応を出現させ，他方では
反応をしなくなるという，刺激の弁別過程を示すようになる。

　連鎖スケジュールは，同一オペラントの反応連鎖を見ていること
に相当する。したがって，最後に経験する要素スケジュールの弁別
刺激は，その直前での要素スケジュールの条件強化子として機能す
るので，こうした条件強化子の効果を分析するうえで多用される構
成スケジュールとなっている。たとえば単一の FR100 スケジュー
ルを，2 要素の chain FRx FRy（ただし x+y=100）と比較すること
で，x や y の値がもたらす効果を検討することができるだろう[5]。

　先に述べたように，混合スケジュールでは，現在働いているスケ
ジュールを弁別刺激を手掛かりにして「知る」ことはできない。そ

4　強化スケジュール　　179

のために，反応への強化子の随伴だけで，個体はその反応をどのように変容させるかを調べるために，このスケジュールは用いられてきた。また，たとえば特定のオペランダムに反応することで，混合スケジュールを混成スケジュールに変えることができるようにした場合，個体はそのようなオペランダムをどの程度利用するか，つまり環境についての「情報」を手に入れることがどの程度重要かを吟味するのにも利用されてきた。このときのオペランダムへの反応は，**観察反応**［observing behavior］と呼ばれている。

　連接スケジュールは，要素スケジュール間の切り替えについての弁別刺激がないために，ある意味でさまざまな新しい要素強化スケジュールの生成源となっている。たとえば tand VR DRL というスケジュールでは，高い反応率を生じさせる VR が低い反応率を生じさせる DRL と組み合わせられており，はじめのうちは VR 後の DRL の終了条件をなかなか満足できず，強化子を得られないことで次第に反応率が低下する。しかし，それによって強化子を得るチャンスが高くなることから，最終的には VR で維持されている反応でありながら比較的低い反応率の反応を作り上げることができる。このような強化スケジュールの（弁別刺激のない）継時的合成を最も得意とするのが，この連接スケジュールである。

> 同時型スケジュール：
> 並立・共立スケジュール

同時型スケジュールの代表は，**並立**［concurrent；conc］スケジュールである。並立スケジュールでは 2 つ以上のオペランダム（色の異なるキイなど）に各々独立した強化スケジュールが走っている。「独立した」とは，それぞれのオペランダムでの反応や強化子提示を含む環境の変化は，他の強化スケジュールの随伴性に影響を与えないという意味である。最も多用されてきた並立スケジュールは並立変動時隔 conc VIx″ VIy″ スケジュールであるが，その大き

180　　第 6 章　強化随伴性

な理由は，各オペランダムの要素スケジュールで提示される強化子数の比に，各オペランダムへの反応数の比が一致するという**マッチング法則**［the matching law］（「対応法則」ともいう）が見出されたためである。これについては，第8章で論じる。

　並立スケジュールの構成要素に構成スケジュールもとることができることから，このスケジュールの変形である**並立連鎖**［concurrent chains；conc chain］スケジュールもよく用いられてきた。しかし注意してほしいのは，2つの完全に独立した連鎖スケジュールが並立に走っているのではなく，通常，第1段階（これを，**初環**［initial link］，あるいは「第1リンク」という）で conc VIx″ VIx″ という同じ値の並立変動時隔スケジュールが走り，どちらかのスケジュールが要求する時隔の条件を満足した時点で，その満足した側だけに第2段階（これを，**終環**［final link］，あるいは「第2リンク」という）の強化スケジュールが与えられ，そのスケジュールのもとで強化子が提示される。このように2つのリンクが用意される理由についても，第8章で説明しよう。

　並立スケジュールが，複数のオペランダムにそれぞれ独立して働く強化スケジュールで構成されていたのに対して，**共立**［conjoint；conjt］スケジュールでは，1つのオペランダムに独立した複数の強化スケジュールが走っている。たとえば conjt VR30 DRO10″ では，個体は平均して30回反応することでも，反応間間隔が10秒を超えることでも強化子を得られる。したがって，このスケジュールを用いることで，個体は反応をすることで強化子を得るのか，しないことで得るのかの「選好」を調べることができる。

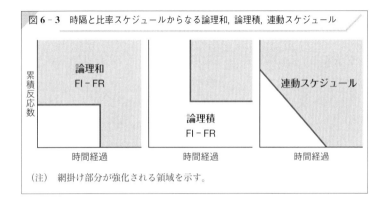

図6-3 時隔と比率スケジュールからなる論理和，論理積，連動スケジュール

(注) 網掛け部分が強化される領域を示す。

複雑型スケジュール：論理和・論理積・連動・累進・高次スケジュール

　この複雑型スケジュールには多くのスケジュールが提案されているが，実際の研究で頻用されているものは少ない。たとえば，**論理和** [alternative；alt] スケジュール，**論理積** [conjunctive；conjunc] スケジュールでは，その構成要素となる要素スケジュールの論理和（AまたはB）や論理積（AかつB）で強化子が提示される。**連動** [interlocking；interlock] スケジュールは，2つの要素スケジュールの一方での設定値が，もう一方のスケジュールでの進行具合によって一定の割合で変更されるものである。たとえば，interlock FI30″ FR10 であれば，図6-3に示すようにFIの値は，FRでの反応数が増加するに従い減少する一方で，FRの値もまたFIでの強化子からの経過時間が長くなるにつれて減少する。図6-3には，論理和，論理積スケジュールについても例示してある。

　累進 [progressive] スケジュールの要素スケジュールには，たいていの場合，比率もしくは時隔スケジュールが用いられるが，たとえば累進比率スケジュールでは，その設定比率が強化子を得るたびに，ある系列に従って増加していく。使われる系列には算術級数や幾何

級数などが用いられるが，増加する比率に個体がどこまでついていくかがこの累進比率スケジュールでの関心であり，たとえば強化子としての薬物への依存性の程度を測るのに用いられてきた（Hodos, 1961 など）。

高次［higher order］スケジュールは，要素スケジュールそれ自体の遂行が1つのオペラントとなっており，そのオペラントが構成スケジュールの要求を満たすことで強化子が提示される。たとえば，higher order FR10（FI10″）は固定時隔10秒を1つの単位とし，これを10回行うことで強化子が提示されるようなスケジュールを意味している。

関係型スケジュール：
調整・連結スケジュール

関係型スケジュールは，複雑型のように要素スケジュール間の関係を決めるものであるが，使用の頻度はずっと高い。**調整**［adjusting］スケジュールでは，ある要素スケジュールの選択によって，後のその要素スケジュール，もしくはそれ以外の要素スケジュールの設定値が変更される。代表的な調整スケジュールの1つでは，2つの選択肢の一方が選ばれると，その選択肢が選ばれにくくなるように，その選択肢もしくは他方の選択肢のスケジュールの設定値が変更され，両選択肢が等しく選ばれる値（等価点）を探索するのに用いられる。

もう1つの頻用される関係型スケジュールは**連結**［yoked］スケジュールである。このスケジュールは2個体を別々のオペラント実験箱に入れて，一方の出来事を他方の出来事の契機に用いるよう連結した**連結箱**［yoked boxes］（「連動箱」と訳される場合もある）での研究が出発点となっている。この研究では，一方のオペラント実験箱内での個体の反応の結果（たとえば強化子の提示）を，別のオペラント実験箱内での環境設定条件（たとえばこちらの箱での強化子提示の準

備）となるように連結している。たとえば，ある個体のあるセッションや期間での反応の結果を，同一個体の異なるセッションや期間での設定条件として連結するような場合など，現在では，連結箱を用いないさまざまな利用法が試みられている。

5 強化スケジュールと反応の相互関係

> 強化スケジュールの役
> 割と行動機構の理論化

随伴性操作を規則として表現する強化スケジュールは，そこで働いている随伴性を基本的な要素に分解したり，逆に考えうる要素スケジュールを新たに合成したりすることで，行動の制御要因を明らかにすることを助ける。たとえば，FR スケジュールでは比率が増加すると PRP の増加が観察されるが，この現象が，比率が大きいための疲労によるかを検討するには，mult FR100 FR20 で実験を行い，FR20 の後の FR100 の PRP と，FR100 の後の FR100 の PRP を比較すればよい。もしも疲労が原因であれば，前者での PRP は後者での PRP よりもずっと短くなるであろう（Mintz et al., 1967，この実験では結果として 2 つの PRP は同じであったので，疲労仮説は否定されている）。しかし，こうした制御要因を分析するための手続きとしての役割以上の意味も，強化スケジュール研究には含まれている。

それを表す 1 つの例として，強化スケジュールがもたらす強化率と反応率についての関数的な関係を挙げることができる。図 6-4 左は x 軸に反応率を，y 軸に強化率をとったもので，VI と VR の 2 つのスケジュールの**強化フィードバック**［reinforcement feedback］**関数**を表している。もう 1 つの図 6-4 右は x 軸に強化率を，y 軸に反

184　第 6 章　強化随伴性

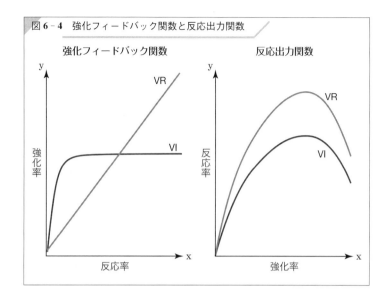

図6-4 強化フィードバック関数と反応出力関数

応率をとったもので、VIとVRでの2つの関数、すなわち**反応出力**［response output］関数を表している。簡単にいえば、強化フィードバック関数は、反応することにより強化子がどう提示されるか、反応出力関数は、強化子の提示が反応率にどう影響を与えるのかを教えてくれる。すでに見たように反応出力関数では、VRはVIと比較し、同じ強化率でも常に高い反応率を示している（Baum, 1993）。

その理由を与えるものの1つが強化フィードバック関数で、この関数によればVRでは反応率に応じて強化率が増加するのに対し、VIでは時間当たりの強化提示数が決まっているために、途中から反応率をいくら上げても強化率は増加しない。もしも個体がこうした強化フィードバック関数に敏感であれば、個体はきっとVIではある程度抑制された反応率を示すことが予想される（これはすでにVRのところでも説明した）。

いま，個体と環境を異なる2つのシステムと考えると，この2つのシステムは，強化フィードバック関数と反応出力関数の2つの関数によって結ばれていると考えることができる。つまり，時間当たりの反応数を入力として，強化フィードバック関数を介して時間当たりの強化数を与えるのが環境というシステム，この環境の出力，すなわち強化率を入力として，反応出力関数に従って反応率を与えるのが個体というシステムなのである。私たちは，さまざまな強化フィードバック関数を用意することで，個体の反応出力関数を観察することが可能であるから，いわば強化スケジュールを準備してそれにさらすことで，個体というシステムのメカニズムを推定できるかもしれない。こうした考え方に立って研究を進める**理論的行動主義**［theoretical behaviorism］という立場があり，そこではシステム制御理論の力を借りたさまざまな行動機構の理論化が進められている（Staddon, 2001; 2016）。

> 強化率，強化遅延，強化確率，強化量

　強化率は反応率を制御する重要な要因と考えられてきた。一般に強化率の上昇は反応率を上昇させるが，ある程度以上の強化率の増加は逆に反応率を減少させることが示されている（たとえば図6-4 右）。

　強化遅延も反応率に大きな影響を与える。反応率を強化価値 V を表す1つの指標と考え，強化遅延の長さを D，強化量を A で表したとき，これらの間で

$$V = \frac{A}{(1+kD)}$$

の式が成立することを，多くのオペラント条件づけの研究者が示してきた（佐伯, 2011）。なお，k は割引率を表すパラメータで，この値が大きいほど，遅延による反応率減少の効果が大きくなる。この

式で表された遅延割引の効果は**双曲割引**［hyperbolic discounting］と呼ばれ，経済学で仮定されてきた**指数割引**［exponential discounting］（$V = Ae^{-kD}$ で表される）との間で，さまざまな行動経済学上の議論が交わされている。なお，強化遅延については第8章で述べる「自己制御」とも深い関係が指摘されている。

強化確率は，反応にどのくらいの確率で強化子を随伴するかを表し，強化子数を反応数で除すことで求めることができる。とりわけRRスケジュールなどの比率スケジュールが，その随伴性操作を表現する手続きを担ってきた。一般には，強化確率の増加は反応率を増加させるが，これも強化率と同様，強化確率がある値以上になると反応率は減少する。

一方，強化確率の逆数は，1強化子当たりの反応数を表すことになるので，比率スケジュールでの比率値がそのままこの値となる。これを（行動）価格と呼ぶ。この価格は，いわば1強化子を得るための労働量に相当する。そしてこの行動価格と，強化率で表される消費（需要）量（たとえば，1日当たりの強化子数）とによって表される関係は，経済学においては価格と消費（需要）量との関係，すなわち需要［demand］関数に相当する。詳細は第8章で述べるが，1970年代後半から実験行動分析学でなされてきた**行動経済学**［behavioral economics］では，経済学で研究されてきたさまざまな経済現象や，それを解釈する理論を，とくに選択行動の研究に適応してきた。価格上昇により消費量が減少する現象は需要の法則と呼ばれているが，動物を対象としたさまざまな研究でも同様の現象が確認されている。その価格に対する消費量の変容は**需要の価格弾力性**［elasticity of demand］と呼ばれ，弾力性係数によって表されてきた。そして，さまざまな強化子の性質がこうした観点から再分析されたり，この弾力性をめぐって強化子の新しい側面に光が当てられたりしてきた

5　強化スケジュールと反応の相互関係　　187

（坂上，1997；2002a）。

　強化率，強化遅延，強化確率と比較すると，強化量についてはあまり多くの研究がない。先に挙げた強化遅延の関数としての強化価値の式において，その分子には強化量がとられており，一般にはその増加はそのまま強化価値の増加につながると考えられている。しかし，強化率や強化確率と同様，ある値以上の強化量は反応率を減少させる。また強化量の効果を見るには，選択場面での反応率を利用するなど，その効果の検出には特別な手続きが必要であるとする研究もある（Catania, 1963）。

強化履歴

強化履歴［history of reinforcement］とは，個体が過去にどのような環境との随伴性にさらされてきたかをいうが，実際にはどのような強化スケジュールにさらされてきたかがよく問われてきた。過去という言葉が指す時間的な幅も，(1)セッション内での強化スケジュールの変化，から(2)セッション間での変化，そして(3)比較的まとまったセッションのブロック間での変化，までいろいろなものが考えられる。こうした時間的な幅はときに，時間枠［time window］といった用語で表されたりする。

　(1)の研究では，セッション内で，ある特定のスケジュールから別のスケジュールへ移行する場合の反応の変容が対象となる。典型的な実験は，部分強化スケジュールから消去スケジュールへの移行を見たもので，たとえばVRからEXTへの移行で観察される反応頻発などが取り上げられる。また，たとえばセッション内でのFIからFRなどへの強化スケジュールへの移行（Ferster & Skinner, 1957）において，どのような反応の変容過程が見られるのかなど，動的な反応変容過程を対象としたものが，ごくわずかであるが存在する。

(2)や(3)の研究が強化履歴での主要な対象となる。たとえば，ある期間に FR や VR を経験した個体と，同時期に DRL を経験した個体とを，次の期間に同じ FI にさらせば，前者では高い反応率，後者では低い反応率での遂行が，同じスケジュールにもかかわらず観察される。とくにヒトが被験者であれば，そこにある随伴性を間違って言語化することで出現した，自分自身へのルール支配行動によって，FI による随伴性に従った遂行がいっそう観察されにくくなる可能性がある。この問題は第 9 章でルール支配行動と随伴性形成行動との対比として再び論じる。

オペラント随伴性空間

レスポンデント条件づけで触れたレスポンデント随伴性空間と同様に，**オペラント随伴性空間**を描くことができる（図 6-5 参照）。横軸 x に反応が出現したときの強化子提示の（条件）確率 $\Pr(S^R | R^O)$，縦軸 y に反応が出現しなかったときの強化子提示の確率 $\Pr(S^R | \text{not } R^O)$ をそれぞれとったときの平面が，オペラント随伴性空間である。この横軸 x は強化確率（あるいは行動価格の逆数）を表現していると考えることもできる。

レスポンデントの随伴性に比べると，オペラントの随伴性においては，反応の出現自体を直接制御できないので，実験上，随伴性空間のなかで自由に $\Pr(S^R | R^O)$ や $\Pr(S^R | \text{not } R^O)$ を設定できない。しかし，いくつかの基本的な強化スケジュールをこの随伴性空間に位置づけることはできる。たとえば，消去スケジュール EXT は (0, 0)，連続強化スケジュールである FR1 は (1, 0)，その他の部分強化スケジュールは両者の間，すなわち x 軸上のどこかに表される。また，他行動分化強化スケジュール DRO は y 軸上のどこかに，時間スケジュールは左上の領域のどこかに位置づけられるだろう。このように強化スケジュールを随伴性空間に配置してみると，

図 6-5 オペラント随伴性空間

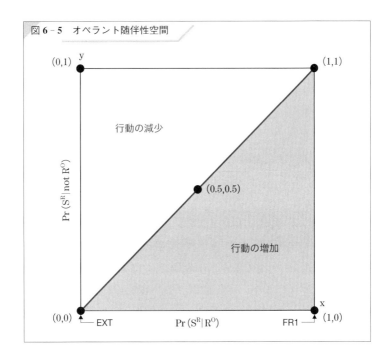

私たちの強化随伴性の研究は，ごく限られた領域でしかなされていないことがよくわかる。

カタニアは，レスポンデント随伴性空間と同様に，(0, 0) から (1, 1) に至る対角線を境にして，左上の領域において反応の減少が，右下の領域において反応の増加が起きていると考えた (Catania, 1971)。そのように考えてみると，EXT は，この対角線上に位置しているという意味で，他行動分化強化スケジュール DRO と異なり，反応に対して「中立的」な減少操作であることがわかる。そして，ちょうどレスポンデント随伴性空間でのランダム統制手続きの 1 つに，EXT が相当することも理解できるだろう。このように，レスポンデント随伴性空間とオペラント随伴性空間との対応を考え

190　第 6 章　強化随伴性

ることで，類似の現象や手続きを想像することは，新しい研究を発想したり進めたりするうえで有効であろう。

●注

1) しかし，野生の動物は遮断化のレベルでいえば，より厳しい状況に置かれていると考えられる。また，自由に食餌を取らせることが肥満を導き，かえって個体の寿命を短くすることもある。

2) 反応率には，セッション時間全体をベースとした全体反応率［overall rate］，ある特定の時間区分や特定の対象への反応傾向を見た局所反応率［local rate］，反応が起こっているときの反応率である走行反応率［running rate］などを区別する場合がある。

3) その一方で，通常の行動と環境との関係を超えた，新しいタイプの要素スケジュールの開発も，随伴性の性質をより深く理解するために必要であろう。残念ながらその後，研究がなされなかった t-τ システム（Schoenfeld & Cole, 1972）などにも新たな光が当てられてもよいだろう。

4) だからといって tand FI30″ FI30″ と FI60″ は同じではないことに注意する。

5) こうした分割された連鎖スケジュールは，単一スケジュールよりも選好されないことが多くの研究でわかっている。

演習問題

6-1[Basic]　変動スケジュールと乱動スケジュールの違いを述べなさい。

6-2[Basic]　固定時隔強化（FI）スケジュールの身近な例を挙げなさい。

6-3[Search]　パーセンタイル［percentile］強化スケジュールと呼ばれるスケジュールについて調べ，このスケジュールがどのようなタイプのスケジュールに属し，どのように利用できるかを考えなさい。

6-4[Search]　迷信行動について，本文で挙げた以外の例を調べ，それがどのようなスケジュールで維持されているかを述べなさい。

6-5[Advanced]　ハトに，キイ光が赤から緑になったら，すぐにつつき反応を自発させるようにしたい。どのような強化スケジュールにすればよいか，説明しなさい。

第**7**章　刺激性制御

●はじめての環境に個体が出会うとき

Introduction

　ある自閉症の子どもに父親の写真を提示して「パパ」と言うことを教え，その後，父親が帽子をかぶった写真，眼鏡を外した写真，眼鏡をかけた別の人の写真を見せて「パパ」と言えるかをテストした。その結果，彼は眼鏡を外した写真では「パパ」と言うことができず，逆に眼鏡をかけた別の人の写真に対して「パパ」と言ったとする。これは彼が“父親”という「概念」を獲得していないことを示しているのであろうか？　本章ではさまざまな弁別による学習と，「何が学習されたのか？」を刺激性制御や般化という視点から分析することの有用性について検証する。

1 弁別刺激と刺激性制御

　本章では3項強化随伴性のうち，前半部分の弁別刺激，および刺激性制御について学んでいく（図7-1参照）。前章で学んだように，オペラント強化とは，その反応の結果としてある環境事象が付け加わること（提示型〔正の〕強化）や取り除かれること（除去型〔負の〕強化）によって，その将来の生起確率が増大することである。この

193

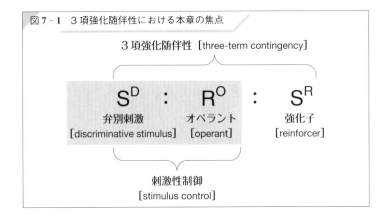

図7-1 3項強化随伴性における本章の焦点

ようなオペラント条件づけを経験することで、やがてその反応の直前に存在する刺激も反応に対して影響を与えるようになる。第5章にも述べた通り、その刺激の存在によって当該反応の自発頻度が高まる場合、この先行する刺激を**弁別刺激**［discriminative stimulus］、略号でS^Dという。またある特定の反応において、S^Dが存在するときのほうがS^Dの存在しないときよりも、高頻度で生じる場合、その特定の反応はS^Dの**刺激性制御**［stimulus control］のもとにある。

たとえばオペラント実験箱のラットに対して、ブザー音が鳴っているときのみレバー押し反応が強化され、鳴っていないときは強化されないと、やがてレバー押し反応はブザー音が鳴っているときに生起頻度が増加し、そうでないときは減少していく。この場合ブザー音をS^Dと呼び、レバー押し反応R^OはS^Dによる刺激性制御下にあるとされる。刺激性制御下にあるR^Oをとくに弁別オペラントと呼ぶことがある（第5章も参照）。このように、強化子は再び反応が自発する確率に与える効果が即時的であるのに対して、先行する刺激が弁別刺激としての機能を確立するためには、通常その刺激のもとで何度も強化の経験を必要とする。

ここで注意すべき点は，オペラントにおける弁別刺激も，第4章で学んだレスポンデントにおける条件レスポンデント刺激も，ともに反応に先行する刺激であるということである。先の例におけるブザー音も，レスポンデント条件づけによって成立した条件レスポンデント刺激としてのブザー音も，刺激の物理的な形態や性質は同様であるが，反応に及ぼす機能は異なっている。つまり，オペラント条件づけにおける弁別刺激は，反応に後続する強化子の提示という随伴性によって，反応を自発する手掛かりとしての機能を獲得したものであり，レスポンデント条件づけの条件レスポンデント刺激は，無条件レスポンデント刺激の追提示という随伴性によって，反応を誘発する機能を獲得したものである。

　厳密にいうと，弁別刺激となっている刺激も特定の反応を誘発する機能をまったく持たないわけではない。先の例でのラットにおけるブザー音は，初期的には弱い驚愕反射を誘発するかもしれない。しかし，こうしたどんな刺激も持っている誘発性も，馴化によってだんだんと減弱する。そしてそれだけでなく，$S^D : R^O : S^R$ によって S^D としてのブザー音は，次第に S^R および S^U（無条件強化子は，無条件レスポンデント刺激としての機能も持っている）との随伴によって，S^r と S^C の機能も持つようになる（第5章6節(5)および(8)）。重要な点は，刺激性制御における刺激の機能は，固定的ではなく，先行する刺激や後続する刺激を受けて常に変化するということである。

2　基本的な刺激性制御

刺激弁別と刺激般化　　　刺激性制御は反応の生起頻度の増加をもたらす強化だけでなく，減少をもたらす弱化

や消去についても成立する。ある弁別刺激 S$^+$ のもとでは反応を強化し，別の刺激 S$^-$ のもとでは消去あるいは弱化するようにすると，個体は前者の刺激 S$^+$ ではよく反応し，後者の刺激 S$^-$ のもとでは反応が減少する。このように 2 種類の刺激のもとでそれぞれ異なった強化スケジュールを経験させると，個体はそれぞれの刺激のもとで各々の強化スケジュールに応じた反応を示すようになる。

　経験させた強化スケジュールの違いに基づいて各刺激のもとでの反応に違いが生じた場合，刺激に対する**弁別**［discrimination］が成立したというが，**刺激般化**［stimulus generalization］とは，逆に，ある刺激のもとで形成されたある反応が，それまで条件づけされていない中性刺激においても生じるようになることであり，レスポンデント条件づけ，オペラント条件づけの両者で見出されている。

　たとえば，ハトに対して最初に波長の異なる赤色，橙色，黄色，緑色，青色の光のもとで（強化子を提示しないで）事前テストを行い反応率に差がないことを確認する。その後，黄色のランプの点灯 S^D のもとでレバー押し反応を部分強化した（一般には変動時隔スケジュールが使われる）後，先の 5 色の光が，消去スケジュールのもとで一定時間提示される般化テストを行う。この場合，黄色光での反応の生起はもちろん，赤色光や青色光よりも黄色光に近似した橙色光や緑色光に対しても反応が生起する現象が起こる（図 7-2 参照）。このようにある刺激の物理的特性のもとで反応を強化した場合，その特性から遠ざかるに従って反応率が規則的に減少するが，その反応率の変化に従って現れる勾配を，**般化勾配**［generalization gradient］と呼んでいる。

　般化勾配が訓練を受けた S^D を中心とした勾配を示すという事実は，条件づけされた刺激に物理的に非常に近似した刺激が，弁別刺激としての機能をある程度自動的に獲得するという神経系のメカニ

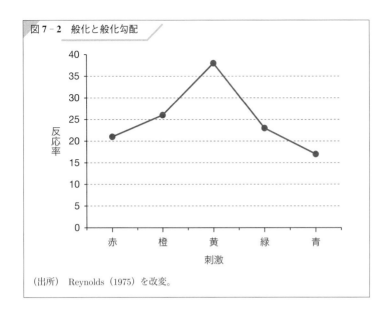

図7-2 般化と般化勾配

(出所) Reynolds (1975) を改変。

ズムの特性を示唆しているかもしれない。しかし一方で，般化勾配は先行する弁別訓練によって，つまり随伴性の経験によって，強い影響を受けることが知られている。

図7-3は単純に特定の刺激S^+のもとだけで反応が強化された場合の般化勾配と，S^+のもとで反応を強化し，S^-のもとで消去されるという弁別訓練の後に測定される般化勾配（**弁別後般化勾配**［post-discrimination gradient］）を示している。弁別後般化勾配では単一の条件づけによる般化勾配と比較して尖度が高く，頂点も高い値を示す。また，その頂点がもともとのS^+に比べて，S^-からより遠ざかる方向に移動する**頂点移動**［peak shift］現象が生じることが知られている。

S^+とS^-の弁別訓練でどこまで近似した刺激を弁別できるかについては，その生物種や刺激次元によって違いがある。たとえば鳥類

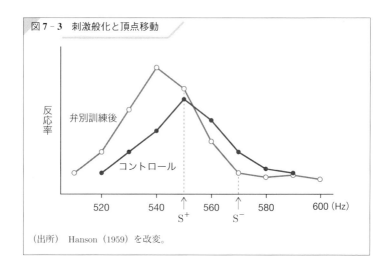

図7-3 刺激般化と頂点移動

(出所) Hanson (1959) を改変。

の場合，聴覚刺激よりも視覚刺激に対して高い弁別可能性 [discriminability] を持ち，捕食性の哺乳類であれば，同じ視覚刺激でも色よりも動きについて高い弁別可能性を示す。これらの事実は，その個体種が生きてきた環境によって淘汰されてきた結果といえるかもしれない。

STEP UP!⑮　行 動 対 比

　その刺激以外に，継時的・同時的に提示される他の刺激の存在によって，その刺激単独での場合に比べて，反応への効果がより強調されるときに，対比 [contrast] という用語が使われる。レイノルズはそのような対比現象が混成 [mult] スケジュールのもとで生起することを示した (Reynolds, 1961)。ハトに対する実験では赤色光と緑色光がランダムに提示され，最初の条件では赤色光のもとでも緑色光のもとでも VI3′ (3分) で強化された。この条件ではどちらの光においても同程度の反応率が観察された。続いて赤色光は同様に VI3′

で強化され,緑色光のもとでは消去される継時弁別訓練が適用されると緑色光のもとでの生起頻度は当然低下するが,赤色光の反応率は以前の条件以上に増加した。この現象は赤色光と緑色光のもとでの2種類の強化スケジュールの反応率が対比的に変化するため,(正の)行動対比［behavioral contrast］と呼ばれている。行動対比は行動の種類や生物種,S$^+$とS$^-$の類似性などによってその程度が異なることがわかってきている。

同時弁別訓練と継時弁別訓練

本章で取り扱う刺激性制御にはさまざまなものがある。まずは実験手続きの用語を理解することから始めよう。図7-4のように,中央のキイには何の弁別刺激もない場合を考えてみよう。このもとで赤キイをつつけば強化子が現れ,緑キイをつつけば何も現れない。このとき,赤キイはS$^+$（強化子を伴う〔正の〕弁別刺激）で緑キイはS$^-$（強化子を伴わない〔負の〕弁別刺激）である。両者の役割はいつも固定されている。このような場面は,前章で学んだ強化スケジュールでいえば,並立スケジュール（conc FR1 EXT）ということになる。

このような実験手続きは**同時弁別手続き**というが,必ずしも先の例のように常に一方をS$^+$,他方をS$^-$にする必要はない。並立スケジュールで一方にVR,他方にVIを割り当てて反応させれば,VR

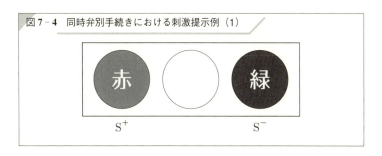

図7-4 同時弁別手続きにおける刺激提示例（1）

2 基本的な刺激性制御

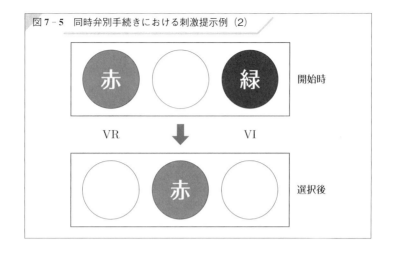

図7-5 同時弁別手続きにおける刺激提示例（2）

と VI の同時弁別をさせていることになる。

また，図7-5のように，conc VR VI で選ばれた VR キイを中央に移動させたり，選ばれたキイをそのままに，選ばれなかったキイを消したりなどして，選択後に，一方を利用できないようにする手続きも存在するが，いずれも開始時点で同時弁別事態であることに変わりはない。

それでは，場面ごとに1つの刺激しか与えられない図7-6のような弁別手続きは何と呼ばれるのだろうか。この手続きには**継時弁別手続き**という名称が与えられている。この手続きは，強化スケジュールでいえば混成強化スケジュールであり，それぞれが正・負の弁別刺激を表すのであれば，mult FR1 EXT となるだろう。継時弁別事態にも，いろいろな変形がある。たとえば，赤キイで反応すれば強化子提示，緑キイで反応しないと強化子提示という手続きであれば，go/no-go 手続きと呼ばれる。

同時弁別における S^+ と S^- は常に同時に存在するのに対して，継

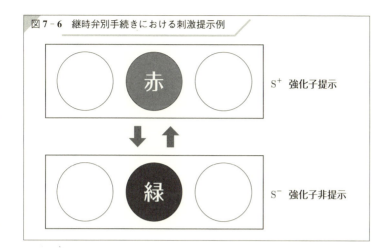

図7-6 継時弁別手続きにおける刺激提示例

時弁別におけるS⁺とS⁻は決して同時に存在することはない。佐藤(2007)は，同時弁別における弁別刺激は，「どこへ反応するか」（"where to go"）を制御し，継時弁別における弁別刺激は「反応するか／反応しないか」（"go/no-go"）を制御すると述べている。

条件性弁別刺激と弁別刺激

いま，次のようなハトでの実験を考えてみよう（図7-7参照）。オペラント実験箱の前面パネルには，3つのキイが横一列に並んでいる。そのうちの中央のキイに垂直の線が現れ，引き続いて左右2つのキイが赤と緑に点灯する。もしもハトが赤いキイに反応すると餌としての強化子を得ることができるが，緑キイに反応すると強化子を得ることはできない。一方，中央のキイに水平の線が現れ，引き続いて赤と緑に残りのキイが点灯したとき，ハトは緑キイをつつけば強化子を得ることができるが，赤キイをつついても強化子を得ることはできない。このような随伴性を何度も経験することで，次第にハトは，色光キイの配置を入れ替えても，垂直線の場合は赤

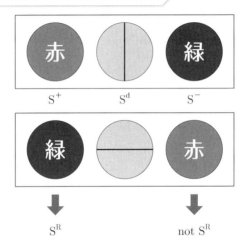

図7-7　見本合わせ訓練における刺激提示例

中央キイが垂直線のときには，赤キイ（S$^+$）をつつけば餌（S^R），水平線のときには緑キイ（S$^+$）をつつけば餌が出る。それ以外の色（S$^-$）をつついても餌は出ない。このように，中央キイは，赤キイあるいは緑キイ（弁別刺激S^D）のどちらをたたけば餌が出るのかを指示している。このときの中央キイの水平線，垂直線は条件性弁別刺激S^{d}と呼ばれる。

キイを，水平線の場合は緑キイをつつくようになる。このような随伴性において，一番初めに提示される垂直線や水平線は，引き続く赤キイと緑キイの2つの弁別刺激のどちらで反応するかを指示している。第5章で述べたように，このような機能を持つ弁別刺激を**条件性弁別刺激**［conditional discriminative stimulus］と呼び，記号S^{d}で表す。またこのような弁別訓練を一般に**見本合わせ**［matching to sample; MTS］訓練と呼んでいる。見本合わせ訓練では，まず見本刺激（S^d）が提示され，その後に比較刺激（選択刺激ともいう。S$^+$とS$^-$）が提示される。ここでは垂直線の見本刺激が提示されている条

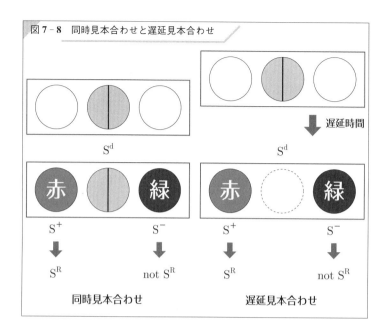

図7-8 同時見本合わせと遅延見本合わせ

件においては赤がS^+（緑はS^-）であり，水平線の見本刺激の場合は緑がS^+（赤はS^-）となる。

また，図7-7や図7-8左のように提示された見本刺激が比較刺激の提示されている間も存在しているものは**同時**[simultaneous]**見本合わせ**，図7-8右のように，いったん提示された見本刺激が比較刺激の提示前に消えてしまい，一定の遅延時間後に比較刺激が現れる場合は，**遅延見本合わせ**[delayed matching to sample；DMTS]と呼ばれる。この場合，選択時に提示されている刺激は比較刺激のみとなる。比較刺激が複数の場合は同時弁別訓練と同様にどれに反応するのかが求められ，比較刺激が1つの場合は，継時弁別訓練と同様に「反応するか／しないか」[go/no-go]が求められる。

見本刺激と比較刺激との物理的類似性からは，**同一**[identical]**見**

2 基本的な刺激性制御　203

本合わせ（同一の物理的性質を持った選択肢を選択），**異種**［oddity］**見本合わせ**（同一のものではなく異なる物理的性質を持った選択肢を選択），**恣意的**［arbitrary］（**象徴**［symbolic］ともいう）**見本合わせ**（実験者が恣意的に設定した異なる物理的性質を持った選択肢を選択，図7-8）という分類が可能となる。

　異種・恣意的見本合わせに使用される条件性弁別刺激 S^d は，引き続き現れる弁別刺激 S^D とは，まったく異なる性質の刺激である。それにもかかわらず，S^d は S^D での行動を制御する。このような関係はヒトの場合には，環境と言語行動との間に見られる。たとえば私たちは環境の事物，たとえば自転車に対して，「ジテンシャ」と発音し，「自転車」と漢字で表記する。しかしこれらの刺激の関係は，まったく恣意的である。さらに私たちはこの自転車を「チャリ（ンコ）」といったり，「bicycle」と書いたりもする。言語の持つ音声的，形象的特性が物理的実体や抽象物とまったく切り離されて自由に名づけることに使われることは，この条件性弁別刺激という新しい環境クラスの機能を考えるうえできわめて重要である。これ以上の詳細については，後に刺激等価性の問題として論じたい。

　見本合わせ訓練は，言葉や概念などの教育のための手段としてだけでなく，動物を対象にした「記憶」「注意」「概念形成」といった認知的行動の分析手段として欠かせないものである。

(1)　無 誤 弁 別

> 弁別訓練を促進する要因は何か

テラスは，学習初期に S^- の提示をできるだけ弱く短くし，弁別訓練の進行とともに徐々に強め長くしていく**無誤弁別**［errorless discrimination］手続きによって弁別訓練を行うと，その後の般化勾配について，前述した頂点移動や行動対比が生じないことを示した（Terrace, 1963）。これは S^- の操作の方法によっては S^+ の反応率がまったく影響を受けない

204　第7章　刺激性制御

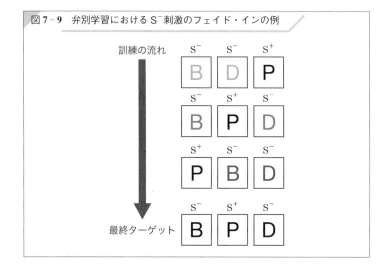

図7-9 弁別学習におけるS⁻刺激のフェイド・インの例

ことを示している。

　また，継時弁別訓練においてS⁻が提示されているもとでは，しばしば，他個体を攻撃するなどの情動的な反応が見られることが指摘されているが，無誤弁別手続きではこのような行動が生じにくいことが報告されている（Terrace, 1972; Rilling, 1977）。S⁻刺激を徐々に挿入する手続きを**フェイド・イン**［fade-in］（溶明化），S⁺刺激を徐々に取り去る手続きは**フェイド・アウト**［fade-out］（溶暗化）と呼ばれ，無誤弁別学習の特性は，知的障害や自閉症のある人の学習プログラムにも応用されている。

　図7-9はS⁻刺激を徐々に挿入する溶明化によって，誤反応を生じさせないで学習させる手続きを示している。

(2) 分化結果効果と特徴正効果

　弁別学習が困難な重度な知的障害や自閉症のある子どもに，効率

的に学習させる手続きが，先の無誤弁別学習のほかにいくつか開発されてきた。たとえば遅延見本合わせ課題は，比較刺激を選択する場面において見本刺激が存在しないので学習が難しいが，その弁別訓練において，それぞれの見本刺激に対応する比較刺激の選択に応じて強化子の量や種類を変えると，弁別の獲得を促進することが知られている。このような効果は**分化結果効果**［differential outcome effect］と呼ばれている（Goeters et al., 1992）。

　さらに，弁別刺激にある工夫をすることで，弁別を促進することができる。たとえば，S⁺を赤色光に垂直線を入れたものとし，S⁻には赤色光のみとして弁別訓練をしたほうが，それを逆にしてS⁺を赤色光のみ，S⁻に垂直線入り赤色光とした場合よりも早く弁別が進むことが見出されている。これは**特徴正効果**［feature-positive effect］と呼ばれる現象である（Jenkins & Sainsbury, 1969 ; 1970）。

3 「概念」形成とその派生的関係の成立

「概念」形成

接近行動を伴う餌と餌でないものの弁別，回避行動を伴う外敵とそうでないものの弁別，生殖活動のための同種と異種の弁別など，刺激間の弁別は，生物が自然界で生存するために不可欠なものである。私たちは個体が示すこれらの刺激弁別の反応特性について，1つの刺激クラスを正，他の刺激クラスを負とする弁別学習が可能な環境を用意することでさまざまな知見を得ることができる。たとえば，第1章で紹介したハトによるモネとピカソの絵画の弁別実験のように，いままでハトやサルなどヒト以外の動物でも，さまざまな概念を形成することが可能であることが明らかになってきた。これらの実験では，モネと

206　第7章　刺激性制御

ピカソの絵画を弁別刺激とした訓練の後，白黒にした絵画刺激や上下逆転した絵画刺激など，刺激次元を変化させても，筆遣いやキャラクターの形状など何らかの刺激特性やその組合せに基づいてハトが作者の絵画を弁別していることが示された。

このように，何らかの共通な刺激特性によって同じ反応を生起させる弁別刺激の集まりをここでは，同じ弁別オペラントを自発する機会をつくる**刺激クラス**［stimulus class］と定義する。刺激クラスの形成には，弁別刺激の物理的な刺激特性の類似性に基づく刺激般化も関与している。

第5章で定義した刺激クラスと環境クラスの用語との関連でいえば，モネとピカソの絵画実験の場合の環境クラスは弁別刺激，刺激クラスは白黒にした絵画刺激や上下逆転した絵画刺激などからなる「モネ」に相当する反応（特定のキイへの反応）を生み出す多様な刺激群がそれにあたる。

刺激性制御に関する実験的研究は，応用研究としても知的障害や自閉症スペクトラムなどの障害を持つ人の認知・言語の獲得に大きな貢献をしてきた。たとえば私たちは，赤いリンゴと青みがかったリンゴも同様の「リンゴ」として命名できる。このときそれぞれの事物は，「リンゴ」という反応を導く共通の刺激クラスを形成していると考えられる。本章で述べられた見本合わせ訓練は，事物と事物，事物と絵や写真，事物と文字，事物と音声などさまざまな刺激と刺激の関係性，いわゆる「概念」を学習するのに適した方法である。

先に述べたように見本合わせ訓練では，一般に見本刺激と複数の比較刺激を提示し，特定の見本刺激と関連する比較刺激を選択した場合に強化される。このとき見本刺激と選択刺激は，リンゴの実物刺激と「リンゴ」という文字刺激のように，物理的な類似性のない

3 「概念」形成とその派生的関係の成立 207

恣意的な関係性の学習も可能である。

　さらに私たちは「空を飛ぶものは？」という質問に対する応答反応として，「チョウ」「トリ」「ヒコウキ」「ヘリコプター」「キキュウ」「ロケット」など，物理的な刺激の形状は異なっていても「空中を移動する」という機能的な一致に基づいて刺激クラスを形成することも可能である。これらは媒介する言語の制御による機能的な刺激クラスといってもよいであろう。こうした恣意的見本合わせは言語習得の基礎とも考えられている。また別の見方をするならば，実験者による強化子提示の条件によって制御された反応クラスが，たまたま「空中を移動する」ものへの言語行動であったともいえる。そうした意味で「概念」とは，このようにたまたま強化された反応へのラベルにすぎない。

刺激等価性

　刺激等価性［stimulus equivalence］とは，「物理的類似性のない2つ以上の刺激間で機能的に同一であるとする反応が形成され，かつそれらの刺激の間で直接訓練されていない派生的［derivative］関係が成立する場合に成立した，2つあるいはそれ以上の刺激間の関係」（山本，1987）を指す。

　シドマンとテイルビーは，等価関係成立の要件として**反射律**［reflexity］，**対称律**［symmetry］，**推移律**［transitivity］という3つの条件を挙げている（Sidman & Tailby, 1982）。反射律とは「AならばA」という弁別訓練を行った後に，他の刺激についても「BならばB」というように**転移**する［transfer］ことをいう。対称律とは「AならばB」という訓練を行った後，「BならばA」という逆方向の関係性が成立することを指す。さらに推移律とは「AならばB」「BならばC」という訓練を行った後，「AならばC」という関係が成立することをいう。さらにシドマンらは，これに加えて**等価律**という関係を付け加えた。等価律とは「AならばB」「BならばC」とい

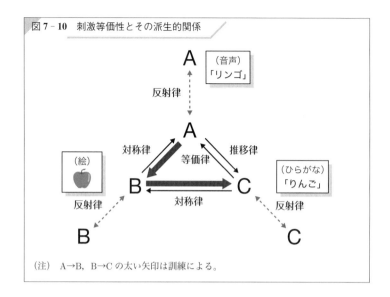

図7-10 刺激等価性とその派生的関係

(注) A→B, B→Cの太い矢印は訓練による。

う訓練によって,「CならばA」という関係が成立することとした(Sidman et al., 1989)。つまり等価律の成立には,対称律と推移律の2つの関係性が必要とされる。これらを効果的に利用することにより,たとえば,図7-10のように直接訓練に対する派生的関係として反射律,対称律,推移律,等価律の成立をアセスメントすることで方略的に効率のよい訓練を行うことができる。

刺激等価性に関する動物の研究では3つの刺激と,その刺激間の選択行動による条件性弁別課題のみを対象として,対称律(A→BならB→A),推移律(A→B, B→Cなら,A→C),そして等価律(A→B, B→CならC→A,または,A→B, A→CならB→CとC→B)を示すという場合が基本である。そこに加えて前述のシドマンの一連の研究では,刺激と刺激の間の選択反応による条件性弁別課題と,提示された刺激に対して音声で命名したり,あるいは文字に書いたりという反応が組み入れられている。

刺激選択による条件性弁別課題ではなく，ある刺激に対する，命名や書字といった反応型の異なった反応の間でも等価関係が成立する。刺激等価性を使用することで，知的機能やコミュニケーションに困難性を持つ障害のある人や子どもに対して，効果的な学習結果がもたらされることがいくつかの研究で見出されている。

　たとえば，言葉の遅れのある子どもの指導に導入する場合，図7-10のルートのなかで成立しやすいところから導入するとよい。「リンゴ」という音声刺激を A，リンゴの絵カード刺激を B，「りんご」というひらがな文字カード刺激を C とする。音声模倣が可能な子どもであれば，「リンゴ」という音声を聞いて「リンゴ」という反応をする**エコーイック**［ehoic］（A→A；261 ページも参照）や，リンゴの絵カードの同一見本合わせ課題（B→B）が可能か否か，さらに同一見本合わせ訓練としては少し高度になるが「りんご」という文字カード同士（C→C）の指導を行う。音声模倣が困難な子どもの場合，A の刺激や反応の代替として，動作サイン（たとえば，口の前でリンゴを持つような手話サイン）を用いることも可能である。

　次の段階として，恣意的見本合わせ訓練を導入する。たとえば，「リンゴ」という音声刺激を提示して絵カードを選択させる学習（A→B）と，リンゴの絵カードを提示して「りんご」という文字カードを選択する学習（B→C）を行う。この後，直接訓練されていないリンゴの絵カードを提示して「リンゴ」という音声反応が可能か（B→A），「りんご」という文字カードを提示してリンゴの絵カードを選択する反応（C→B），あるいは文字カードを提示して「リンゴ」という音声反応（C→A），「リンゴ」という音声刺激を提示して文字カードを選択する反応（A→C），の関係性が成立するかテストする。これらの訓練やテストを実施することで，学習の困難な部分が明確になり，効率的な訓練が可能となる。

また，一度成立した等価関係は 1 つの刺激クラスを形成するため，その刺激クラスに含まれる任意の刺激（たとえば，A「リンゴ」という音声）と新たな刺激 D（"apple" という文字）との見本合わせ訓練を実施することで，直接訓練されていない他の刺激クラス内の刺激や反応に対しても同様な関係性が成立し，ABCD という 1 つの大きな刺激クラスが形成されていく。これを，**等価クラスの拡張**という。

　このように，ある特定の反応に対する弁別刺激としての刺激クラスが確立していれば，刺激クラス内の刺激と新たな刺激についての見本合わせ訓練によって，新しい刺激は特定反応の弁別刺激としての機能を獲得しうる。刺激等価性あるいは等価関係の成立は，直接訓練されていない刺激－刺激間関係や刺激－反応間関係が成立するという行動的な事実であり，少数の訓練によって効率的に学習を進めていくことを可能にする。

4　弁別訓練によって何が学習されたのか

　弁別訓練，とくに見本合わせ訓練の研究の進歩によって，直接訓練された刺激と反応の関係性だけでなく，直接訓練されていない刺激に対しても刺激般化や刺激等価性に関する派生的な関係が成立し，拡張されていくことが示されてきた。弁別訓練による刺激と反応の関係性の成立は，条件づけされた関係性以外のものへと拡張されていくことに加えて，実験者の意図とは異なった刺激に制御されている可能性もある。本章冒頭に述べたように，弁別訓練によって何が学習されたのかは，その行動を観察するだけではわからない。実際に随伴して反復的に測定するという実験的操作が必要となるのである。以下のいくつかの例をもとに考えてみよう。

4　弁別訓練によって何が学習されたのか　　211

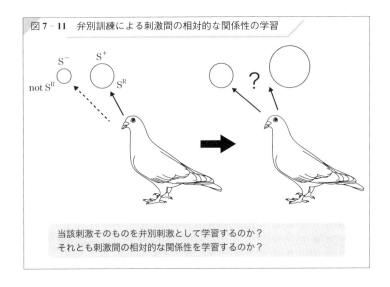

図7-11 弁別訓練による刺激間の相対的な関係性の学習

当該刺激そのものを弁別刺激として学習するのか？
それとも刺激間の相対的な関係性を学習するのか？

移　調　　たとえば大小2つの図形刺激が提示され，大きなほうの図形刺激を選択した場合に強化されるという同時弁別訓練手続きを経験した後に，強化された大きなほうの刺激と，それよりも大きな刺激を提示してテストする（図7-11参照）。このとき，個体は以前強化された図形刺激を選択するであろうか，それともより大きい図形刺激を選択するであろうか。その個体が以前強化された図形を選択するのであれば，その個体は当該刺激そのものを弁別刺激として学習したということになり，より大きい刺激を選択した場合は「刺激間の相対的な関係性」を学習したことになる。前者は刺激性制御の絶対説，後者は関係説と呼ばれ，この「刺激間の相対的な関係性」の学習を**移調**［transposition］と呼んでいる（Köhler, 1938）。同時弁別だと関係説が，継時弁別だと絶対説がよく当てはまるのではないかという指摘があるものの，仮説の域を出ていない。

| 学習セット |

たとえば特定の試行数を 1 つのブロックとする 2 刺激同時弁別訓練において，ブロック内ではそれぞれ定められた刺激が S^+ と S^- となるように構成する。1 ブロックが終了すると新しい S^+ と S^- に交代して新たな弁別訓練が開始される。こうしたブロックを何百と繰り返すうちに，次第に動物はブロックが開始されて数試行で，高い弁別（比）率（正反応÷〔正反応＋誤反応〕）を達成するようになる。つまり，動物は第 1 試行で 2 つの刺激のうち一方に反応して強化されれば，そちらを S^+，他方を S^-，強化されなければそちらを S^-，他方を S^+ として反応することを学習したと考えられる。ハーロウはこの例のような学習を，**学習セット** [learning set] の形成と呼んでおり，幅広い種において，このような学習セットが観察されている（Harlow, 1949）。

このとき，動物のどのような行動が刺激性制御のもとに置かれたのだろうか。もしも動物が，単にある刺激を選択したことに強化子が随伴することだけをもって刺激を弁別しているならば，何ブロックを繰り返しても弁別率の上昇過程は変わらないはずである。なぜなら各ブロックでは，常に新しい刺激の対が提供されているからである。しかし，次第にあるブロックの開始の数試行で S^+ に対して選択反応が出現するとすれば，これは刺激と反応の結果によって生み出される，「強化子が出現すれば，次もいまと同じ刺激を，そうでなければ，いまと異なる刺激を選択する」といったある種の反応方略を学習したことになる。

動物行動学においては，生得性行動や学習性行動に対して，このような「学習セット」の形成過程を，あたかもその動物の「知能」を示すかのように説明されることが多い。このような動物の「先を見通して判断したと見られる行動」を「知能」という心的構成概念で定義すると，循環論的な論理に陥りやすい。構成概念を実験研究

4 弁別訓練によって何が学習されたのか 213

の対象とする場合，ある課題状況を設定し，課題に対する応答行動や，特定の刺激に対する選択行動が成立したか否かに基づいて，その「能力」の有無を推定せざるをえない。「認知」や「知能」といわれる心的構成概念を使う代わりに，行動分析学では課題場面の刺激性制御の分析という手段を用い，その成立要因を検証することになる。その例について，次節で述べよう。

5　心的構成概念に対する刺激性制御

「心の理論」課題

　刺激性制御という視点を導入することで，いわゆる**心的構成概念**と呼ばれるようなものがどのような条件や学習によって成立するかを検証することが可能となる。ここでは，**心の理論**［theory of mind］に関する誤信念課題を取り上げ，考えてみよう。

　プレマックとウッドラフは，自己および他者の目的あるいは意図，または知識，信念，思考，疑心，推論，ふり，好みなどの状態を理解することができるなら，その個体は「心の理論」を持っているとした（Premack & Woodruff, 1978）。チンパンジーなどの霊長類を対象とした彼らの実験研究は，その後，幼児の発達研究や自閉症研究，さらには哲学の分野を巻き込んで発展した。

STEP UP! ⑯　サリー・アンの誤信念課題

　バロン・コーエンらは，サリー・アンの誤信念課題という課題を用い，自閉症児を被験者とした実験を行った（図7-12；Baron-Cohen

図7-12 サリー・アンの誤信念課題の図

et al., 1985)。この課題では被験者に対して、サリーとアンという2体の人形を用いる人形劇が提示される。サリーが自分のビー玉をカゴのなかに入れて部屋から出ていき、サリーのいない間に、アンがサリーのビー玉をアンの箱に移し替えて部屋から出て行ってしまう。そこにサリーが帰ってくる。被験者は「サリーがビー玉を見つけるためにどこを探すでしょう?」と質問される。その結果、精神年齢が4歳以上の自閉症児20名中16名(80%)が、実際にビー玉のあ

る場所，すなわち「箱」と答えて誤答した。一方，3歳から5歳の健常児においては27名中23名（85%）が正答し，自閉症児よりも精神年齢が低かったダウン症児においても14名中12名（86%）が正答した。

この課題では，事実質問「ビー玉は実際にはどこにありますか？」と記憶質問「ビー玉は最初にはどこにありましたか？」が行われており，これらの質問に対して正答することができていたことから，得られた結果が言語教示の理解や記憶の負荷の要因によるものではないとされた。このような自閉症児における誤信念課題の困難性については，一時期「心の理論」の障害が，自閉症の対人関係を困難にしている原因とする説まで提示されたが，現在では視覚障害や聴覚障害のある児でも同様の困難を示すことや，言語能力の高い自閉症児では課題に通過できることから，「心の理論原因仮説」は棄却されている。一方，言語能力，ふり遊びや役割遊び，実行機能との関連等が示されているが，一方を指導すれば他の課題が可能になるというような因果関係は証明されていない。

誤信念課題に関する刺激性制御

「心の理論」という心的構成概念は，関連する広汎な課題場面において適切な応答や反応が表出する状況を記述した"言語行動"と考えることができる。ここでは **STEP UP! ⑯** で取り上げた誤信念課題を刺激性制御という視点から分析してみよう。

サリーとアンの誤信念課題に対して正答とされる"サリーが最初に隠した位置を応答する反応"を成立させるための刺激性制御にはどんなものが考えられるだろうか。最も単純な応答反応の刺激性制御（これを，第1の刺激性制御と呼んでおく）は，最初のイベント（サリーが隠した位置）を弁別刺激として応答反応を学習することである。しかしこれでは，いままでの条件に加えて，仮に「サリーが部屋から出て行かずにアンが移し替える現場にずっといる条件」を挿入した場合に，両条件に適切に応答することはできないであろう。つまり，このような条件を付加した場合，それぞれの他者の在／不在と

216　第7章　刺激性制御

いった状況についての条件性弁別を成立させる必要があり，これを仮に第2の刺激性制御としておこう。

さらにこの課題は「見たことは知っている／見なかったことは知らない」という言語的命題が関与し，自閉症児はその理解に失敗していると考えられている。特定の条件とそのもとでの条件行動との関係についてのある種の「命題」の学習が前提となっており，したがって，第3の刺激性制御は，在／不在に対して，「見る」「知る」といった「心的動詞」［mental verb］を含む言語行動（内言）が，その刺激性制御に組み入れられたものである。この学習のためには，"サリーが自分のビー玉をカゴのなかに入れた場面"，"サリーが部屋から出ていった場面"，"サリーのいない間にアンがサリーのビー玉を箱に移し替えた場面"，"サリーが帰ってきた場面"の場面ごとに，ビー玉の位置についてそれぞれの登場人物が「見ている／見ていない」「知っている／知らない」という条件性弁別を成立させる必要がある。

しかしながら，「見る」「知る」という心的動詞を，課題を見ている被験者である「自分の視点」ではない「他者視点」（たとえば，サリーやアンの視点）から機能的に使用することは自閉症児にとって困難であり，「見る」「知る」に関する質問に「自己／他者」視点で適切に応答するためには付加的な訓練を要することも指摘されている[1]（奥田・井上，2002）。また，見ることと知ることの制御関係は，複雑であり，たとえば，「サリーが不在時にアンがビー玉を取り出した」瞬間を見ても，隠した場所まで見ていなければ「知る」は成立しないし，サリーがアンから隠した場所を聞くという状況が挿入されたり，最後のサリー再登場場面で隠した場所が目立つ場所であったりする条件においても新たな条件性弁別が必要とされるであろう。

誤信念課題において，その応答反応を反応型に基づいて「正答／誤答」というラベリングをし，背後にある信念の理解を「している／していない」といった心的構成概念を用いて解釈を行うことは，この課題の学習メカニズムの分析や解明に向けた努力を削いでしまう危険性がある。被験者が何を弁別刺激として応答しているかという刺激性制御を分析することで，課題通過と他者の心的状態を理解していることは，基本的に別の学習であることも明白になる[2]。また，課題という環境を変化させながら，その反応を観察することにより，被験者の応答反応がどのような刺激によって制御されているかを同定し，彼らがどこでつまずいているのかを明確にすることが可能となり，さらに課題通過に必要な下位スキルも予測可能になる。

　課題や質問を弁別刺激として，実際の応答行動に先んじた形で「信念」と呼ばれる言語行動（たとえば，「サリーはアンがビー玉を箱に移し替えたのを見ていないので知らない，カゴに入れたと思っている」）が応答行動を制御する場合も考えられる。このような言語行動やルール支配行動［rule-governed behavior］については第 9 章で取り上げることにしよう。

●注

1)　行動分析学の立場から「視点」という用語を使用する場合，あくまでその反応と機能から定義する必要がある。「〜は知っているか」という質問に応答可能／不可能という場合，「他者視点に立てた／立てない」という言語で記述することは循環論になりかねない。また，行動分析学者が自閉症児に「〜は知っているか」という質問に対する応答行動の成立条件を実験的操作によって証明したとしても，「それだけでは他者視点を獲得したことにならない」という論評をされることも考えられる。いわゆる「視点」というものを研究対象とする場合，私たちは「他者視点を獲得する」「他者の立場を理解する」

218　第 7 章　刺激性制御

という言語行動そのものの成立条件も含めて機能的に定義し，研究していく必要がある。

2)「心的状態を理解している」ことの証明は，たとえばこの課題を通過した後に「どうして場所 X (Y) にあると思っているのですか？」といった質問に対して，適切に応答できることが1つの条件とされている。行動分析学では，このような「心的状態の理解」を，たとえば「理由を尋ねる質問への応答といった顕示的な言語行動の成立」として考える（奥田・井上，2000）。

演習問題

7-1[Basic] 同時弁別手続き，継時弁別手続き，条件性弁別手続きの違いについて説明しなさい。

7-2[Basic] 心的構成概念を刺激性制御という観点から分析するメリットについて説明しなさい。

7-3[Search] 刺激等価性の系統発生について調べ，ヒトと他の動物との違いについて説明しなさい。

7-4[Search] 知的障害や自閉症児に対する条件性弁別手続きを利用した指導研究について調べ，行動分析学における「認知」や「概念」の成立について説明しなさい。

7-5[Advanced] 弁別訓練の促進要因と般化について説明しなさい。

7-6[Advanced] 弁別訓練によって何が学習されたのかを確認する手段について説明しなさい。

| 第**8**章 | 反応遮断化理論と選択行動 |

●強化と価値を考える

Introduction

　本章では，まずR：R随伴性とそれに基づく強化相対性の考え方を学ぶ。そして，強化を生み出す本源が刺激にあるのではなく，反応間の関係に存在していることを見る。続いて，行動分析学は「価値」をどのように捉えるのかを，選択行動とその法則，そしてその法則の背後にあるメカニズムの1つを行動経済学から考えていく。最後に，「意志」の問題を，選択行動の研究分野である自己制御研究から分析し，ヒトの心の問題として取り上げられる「価値」や「意志」が，どのように随伴性から理解されるのかを説明する。

1 強化・弱化の新しい捉え方

プレマックの原理

　次のような，シーンA（図8-1上段）を考えてみよう。

【シーンA】

　あなたの前に行動分析学の教科書である『行動分析学』（本書！）と，あなたの大好きなまだ読んでいないマンガが置いてある。あな

221

図 8-1　各シーンの状況

【シーン A】自由接近事態

$R_i : R_c$ = 10 分対 90 分 = 1：9

【シーン B】10 分教科書を読んだら 10 分マンガを読む

$R_i : R_c$ = 50 分対 50 分 = 1：1

【シーン C】1 分教科書を読んだら 20 分マンガを読む

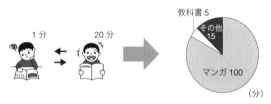

$R_i : R_c$ = 5 分対 100 分 = 1：20

● I_0：自由接近事態での R_i の量　C_0：自由接近事態での R_c の量

(1) シーン B　　　　　　　$c/i < C_0/I_0$　　　1/1 < 9/1　　R_i は増加
(2) シーン C　　　　　　　$c/i > C_0/I_0$　　　20/1 > 9/1　　R_i は減少
(3) 1 分教科書・9 分マンガ　$c/i = C_0/I_0$　　　9/1 = 9/1　　R_i は変化なし

たは，寝る前の2時間，教科書かマンガを読むことに充てようと思っている。それでは，どのようにこの2時間を使うだろうか。この2時間を行動分析学の教科書に使ってくれれば，著者冥利につきるものの，まずそんなことはないだろう。あなたは，ほぼ間違いなくマンガに手を伸ばし，おそらく90分くらいはそれに費やし，残りの時間のうち10分くらいは，ためになるところがあると思って教科書を眺めるかもしれない（いや，実際にはもっと少ないだろう）。残りの20分は，これらの読書以外の行動，寝ころんだり歩き回ったりする行動で占められる。

　このシーンAは，ある限られた時間のなかでの2つのタイプの読書行動，教科書読書行動 R_i とマンガ読書行動 R_c の選択結果を示している。2つの行動，つまり教科書読書行動に費やした時間 I_0 と，マンガ読書行動に費やした時間 C_0 との比は10分対90分，つまり1：9である。このようなシーンは，自由に好きなだけ2つの選択肢に接近できるので，**自由接近事態**と呼ばれる。自由接近事態では選択に何の制約もないので，どの行動も，満足するだけ選ばれている（したがって，あなたは2時間すべてをマンガに費やしたくはない）。この自由接近事態では，R_i の占める割合は R_c に比べて低いので，R_i は低出現確率行動，R_c は高出現確率行動といえる[1]。

　さて次に，少し異なるシーンB（図8-1中段）を考えよう。

【シーンB】

　実は，明日は行動分析学の試験なのだ。したがって，寝るまでの2時間をできるだけ教科書読書行動に充てたい。しかし R_i はとてもつらく，きっと途中で集中力を欠いたあげく，最後には眠ってしまうだろう。そうだ。R_i を何分かやったら，R_c を同じ時間だけしてもいいと決めたらよいではないか。そうすればマンガを読みたい

1　強化・弱化の新しい捉え方　　223

がために，教科書を一所懸命読むだろう。事実，結果は 2 時間のうち 50 分は R_i をすることができたのである。すごい！

　こうした，よく使われる行動の制御技術，つまり「算数の宿題を終えたら野球をしに行ってもよい」「この原稿を書き上げたら飲みに行ける」を，はじめて動物を使って確かめたのはプレマック（Premack, 1959; 1965）であった。その結果得られた，「高出現確率行動は，それが随伴された低出現確率行動に対して強化子として働き，低出現確率行動は，それが随伴された高出現確率行動に対して弱化子として働く」という原理は，**プレマックの原理**［Premack's principle］として知られている。上の例はこの原理の前半部分に対応するが，遊んで帰ってくると掃除をしなくてはならないという随伴性にさらされた場合に遊ぶ行動が減少するといった例を考えれば，原理の後半部分についても，容易に理解できるだろう。

　ここで取り上げた，自由接近事態に引き続くシーン B では，反応に反応が随伴している。より正確にいえば，反応を出現させることができる機会が，別の反応出現の機会に随伴している。こうして，これまでの条件づけでの説明のように，シーン A はベースライン条件に，シーン B は随伴性を導入した介入条件と考えてもよい。この**反応：反応（R：R）随伴性**が，本章の最初のテーマである。

　さて，シーン B のプレマックの原理の強化事態では，ベースラインとしての自由接近事態で R_i が 10 分，R_c が 90 分だった時間配分が，R_i を何分か行うことに対して R_c を随伴させることで，R_i が 50 分となった。つまり，R_i が 10 分から 50 分に増加したので強化と呼んだのであった。このときの R：R 随伴性を組織的に調べるスケジュールが，第 6 章で触れた反応相互依存型スケジュールの 1 つである，**相互依存**［reciprocal］スケジュールである。このスケジュ

224　　第 8 章　反応遮断化理論と選択行動

ールでは教科書読書行動 R_i を i 単位（ここでは，たとえば 10 分）行うとマンガ読書行動 R_c を c 単位（たとえば 10 分）行う機会を得る。それと同時に，R_c を c 単位（10 分）行うと R_i を i 単位（10 分）行う機会を得る。シーン B のように，実際の実験では R_i や R_c の 1 単位の量を小さくしたうえで，両者の組合せの機会を何度も得ることができるようにして，相互に依存させる。

このように i：c を 10 分と 10 分という比にすると，シーン B の結果では，50 分対 50 分，つまり 1：1 となった。これは，教科書読書行動 R_i はシーン A の 10 分から増加し，マンガ読書行動 R_c はシーン A の 90 分から減少したことになる。前のベースラインから新しいシーンでの反応量が増加すれば強化，減少すれば弱化とするので，R_i は強化され，R_c は弱化されたことになる。残りの 20 分は，読書行動以外の行動をすることに充てられている。

プレマックの原理は，日常生活の体験として直観的に理解しやすい原理である。しかし，この原理が本当に重要なのは，行動そのものが強化子や弱化子の働きをするという事実を述べているだけではなく，あらかじめ，ある行動の出現確率を観察によって得ていれば，どちらが強化子になり，どちらが弱化子になるかということを予測できるという点にある。それまでの研究では，強化や弱化をベースラインからの反応の増減によって，いわば「事後的」に定義してきたのであるが，この原理の出現によって定義の仕方が大きく変化したといえる。また，もしも行動の出現確率を特定の方法によって変容させることができるならば，そのことは，たとえばそれまで他の行動と比べて低確率で出現した行動を，高確率出現行動に変容できるということを意味するので，その行動の機能を弱化子から強化子へと変えることになる。こうして，プレマックの原理は，**強化の相対性** [reinforcement relativity]，すなわち，ある刺激や行動は，他の

刺激や行動との関係で，その強化／弱化における役割を変えること
をはじめて明確に述べたものとなった。

　ここで話はシーン C（図 8-1 下段）に移る。

【シーン C】

　先ほどのシーン B では，教科書読書行動とマンガ読書行動の組
合せの比 $R_i : R_c$ を，自由接近事態での 1：9 から 1：1（10 分対 10
分）へと相互依存スケジュールを使って変化させた。逆に，この組
合せ比をもっと極端にマンガ読書行動を読む方向に，たとえば 1：
20 に変えてみよう。つまりこの条件では，1 分教科書を読んだ時点
で 20 分マンガを読まないと，続けて教科書を読むことはできない。

　このシーン C でもプレマックの原理では，教科書を読む時間が
増え，マンガを読む時間が減ると予測するだろう。なぜなら，この
原理では，新しく設定された組合せ比がどうであれ，高確率出現行
動は常に強化子として，低確率出現行動は常に弱化子として働くと
しか述べていないからである。しかし，シーン C に従って行った
実験の結果は，その予想を裏切り，教科書を 5 分読みマンガを 100
分読むというものであった。つまり，自由接近事態に比べて読書行
動において教科書は 5 分減り，マンガが 10 分増えたのである。

反応遮断化理論　上記のすべてのシーンを説明できる理論と
して登場したのが**反応遮断化**［response de-
privation］**理論**である（Timberlake & Allison, 1974）。この理論では，
自由接近事態（シーン A）での R_i（前の例での教科書）と R_c（マンガ）
の量を I_0 と C_0 とし，この 2 つの比率 C_0/I_0 を相互依存スケジュー
ルが設定した R_i と R_c の比率 c/i と比較する。そして，(1) $c/i < C_0/I_0$ であれば，新たなシーンでは自由接近事態に比べ R_c 側が R_i 側よ
り厳しく制約され，その結果 R_i の増加（強化），R_c の減少（弱化）

が起こる（シーンB）。一方，(2) $c/i>C_0/I_0$ であれば，自由接近事態に比べ，R_i 側が R_c 側より厳しく制約され，このシーンでは R_i の減少（弱化），R_c の増加（強化）が起こる（シーンC）。そして(3) c/i $=C_0/I_0$ であれば，R_c と R_i の組合せの比が自由接近事態と等しいので，2つの行動に増減は起こらないと予測する。ここで，自由接近事態からの「制約」という表現は，これまで学んできた行動分析学の用語では，確立操作の1つである遮断化に対応している。

この3つの場合を図示したものが図8-2である。この図では横軸に R_i，縦軸に R_c をとり，(I_0, C_0) にベースライン条件での自由接近事態を，(1)，(2)，(3) の3つの直線で上の3つの介入条件の結果を表している。c/i は各直線の傾きを表しているが，この相互依存スケジュールの手続きが，i 単位進むと c 単位進むというような随伴性の組合せとなっているので，実際には細かな階段状のジグザグでこの直線は表されていると考えてほしい。

図8-2から明らかなように，この R：R 随伴性では自由接近事態を通る相互依存スケジュール以外は，どちらか一方が強化され，他方が必ず弱化されている。そしてよく見ると，自由接近事態と比べてより厳しく接近が制約されている（遮断されている）側が弱化される一方，その制約された反応によって随伴された反応側は強化されている。つまり，「自由接近事態と比べてより反応が遮断化されている反応は，そうでない反応を強化する」といえる。反応遮断化理論という名前はここに由来する。

いま見てきたように，強化相対性とその最新の理論である反応遮断化理論は，「強化・弱化は，自由接近事態と現在設定されているスケジュールとの乖離によって相対的に決定される」という新しい強化の考え方をもたらした。そして，このような強化相対性を生み出した R：R 随伴性は，強化子という刺激によって定義されていた

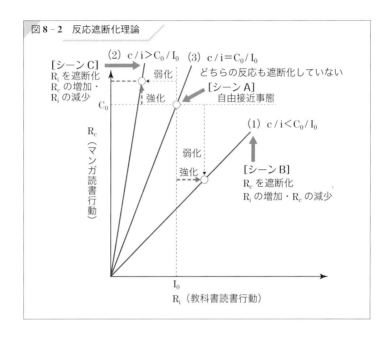

図8-2 反応遮断化理論

これまでの強化のあり方を,次の2つの点で変えてしまった。

1点目は,実体的な刺激が明瞭な形で存在しない場合でも,反応量さえ測定できれば,後はその反応がどれだけ自由接近事態から遮断化されているかで,強化子として機能するかどうかを判定できるという点である。これによって,アニメを鑑賞したり,読書したり,他者と遊んだりするという活動を,随伴性操作の俎上に載せることができるようになった。こうした強化子を時に**プレマック型**[Premackian]**強化子**,あるいは**無形**[intangible]**強化子**と呼ぶ。このことにより,応用場面での随伴性操作が格段に取り扱いやすいものとなった[2]。

2点目は,ある場面では強化子であった刺激でも,別の場面では強化子として働かない(たとえば弱化子として働く)ことがあるとい

うことである[3]。これは，強化・弱化の規定要因が自由接近事態と
スケジュール間の「相対的」関係で決まることを主張する反応遮断
化理論から自明であろう。

強化・弱化が自由接近事態とスケジュール間の相対的関係によっ
て決定されるという事実は，別の新しい関係をもたらす。たとえば，
遮断化や飽和化というような確立操作は，3項強化随伴性のなかの
強化子の効果を制御する操作として，随伴性の枠外で定義づけられ
ていた（第6章参照）。しかしながらR：R随伴性のなかの確立操作
は，自由反応事態の各反応量の制御を行うことから，相互依存スケ
ジュール操作と同じレベルでの操作の1つと考えられるようになる。

こうして，R：R随伴性とそれに基づく強化相対性は，R：S随
伴性に基づく環境の操作を中心とした行動変容を生み出す随伴性操
作の考え方を，複数の反応間での，反応の出現機会の変容という随
伴性操作へと広げ，すべてを反応として量的に把握することができ
るようになった。これによって，行動分析学の強化についての理論
を他の学問領域，たとえば生態学や経済学の諸理論に結びつけて考
える可能性を切り開いたのである。

2 　価値と選択行動

行動分析学と「価値」　　行動分析学にとって，ある行動が環境や別
の行動によって伴われることで増加するこ
と，すなわち強化は，**価値**という概念と深く結びついている。私た
ちがある対象に「価値がある」といったり，ある行動をとることを
「やる価値がある」といったりするときには，多くの場合それらの
対象や行動は，現在の自分の行動やそれらを選ぶ行動を増加させる

2　価値と選択行動　　229

方向に働いている。一般的に「価値」は，それらの対象や行動の「中に」存在していると考えられているが，行動分析学では，「価値」の有無は随伴性によってもたらされた効果によって判定される。

　それでは，「価値」の大きさを決定するのに，どんな手段を用いるのだろうか。ここでは大きく4つの手段を考えてみよう。1番目の手段は，反応率や反応量のベースラインからの増加の大きさである。この増加の程度が大きいほど，多くの場合，より高い「価値」があると考えられる。しかし反応率については，たとえ同じ「価値」のものであっても，強化スケジュールの種類によってさまざまな反応率が作り出されてしまう可能性がある。たとえばDRL（低反応率分化強化スケジュール）のもとでの反応率は低く抑えられるのに，VR（変動比率強化スケジュール）のもとではかなり高い反応率となるので，もしも「価値」の高低を比較するならば，同じ強化スケジュールでの同じ値を用いることが必要である。1番目の手段は，2つ以上の異なる場面で別々に異なる対象について比較されるので，**継時比較**と呼ばれる。

　2番目は，同じように強化スケジュールを用いるものであっても，消去スケジュールや時間スケジュールなど，反応減少を生み出すスケジュール下での反応率や反応量の変容過程を利用して，消去抵抗あるいは変化抵抗[4]を測定し，その指標を「価値」と結びけるものである。これらの指標が大きいほど「価値」が高いと考えられる。同様に，強化遅延の手続きを用い，さまざまな遅延時間での反応率を測定し，遅延時間の関数として反応率を得る。これを利用して**時間割引曲線**を描き，反応率の減少の程度を表す指標である割引率（第6章で述べたk値）を求め，この値が少ないほど，つまり遅延が大きくなっても反応率があまり減らないことをもって「価値」が高いと考える。この手段も，一度に1つの対象しか取り扱わないの

230　第8章　反応遮断化理論と選択行動

で，継時比較の 1 つである。

3 番目は選択割合である。2 つ以上の選択肢が同時に提示され，ある選択肢での反応量を，すべての選択肢で生起した反応量で除した相対反応率が大きいほど，その選択肢の「価値」は高いものと考えられる。この 3 番目の手段は，一度に複数の対象を同時に提示して選択させるので，**同時比較**と呼ばれる。

第 4 の手段は，需要の価格弾力性などの経済学的指標を用いるものである。一般に価格の増加は，単位時間当たりのある対象の消費量を減少させる。価格を 1 強化子当たりの反応数と定義し，さまざまな価格での消費（需要）量を求めて関数を描くと，右下がりの減少関数としての需要曲線が得られるが，このとき，価格に対する消費量の減少の度合いを**弾力性係数**（定義については図 8-5 参照）として表現する。弾力性が高いとは，価格の増加が大きな消費量の減少を生み出すことに対応する。ここでは弾力性が高いことを，「価値」が低いことと結びつけて考えている。この手段もある種の継時比較である。

このように複数の手段によって「価値」が測られるので，強化子がもたらした反応への効果が多面的に見出される。そのため行動分析学では，「価値」はただ 1 つの側面からしか捉えられないとも，万人に共通の何かを表しているとも考えていない。個体ごとに，ある反応を増加させる強化子は種類も量も異なり，またその反応のどの側面がどの程度変容するかも異なっているのである[5]。

しかし，私たちは「美人」や「うまいもの」や「ヒット商品」を弁別刺激として学習することもできる。この学習を支えているのは社会的な強化子である。ヒトの場合，対象そのものに本質的な「価値」が存在していなくとも，対象に対して発せられる「美しい」「おいしい」「楽しい」という言語行動があり，この行動は社会的に

強化されている。このタイプの「価値」は，時代や地域などをはじめとする社会や文化を規定するさまざまな要因によって，数多の形態をとり，変容しやすいものであろうが，もしも社会的に強化されなくなれば，その「価値」は急速になくなるという特徴を持っている。

　「価値」について科学的に語ろうとしている学問は心理学だけではない。経済学も長い間，「価値」の問題に取り組んできた学問である。経済学で取り扱ってきた「価値」は，効用とか満足度といった，心的な概念と深く関連した概念を用いている。また経済学では，心理学同様，選択の問題も重要な課題として取り扱っている。選択肢間での選択は，選択肢間の「価値」の比較によって行われ，より高い「価値」のものが選択されると考える点では，心理学での選択理論と共通している。経済学での「価値」の測定手段は，同時比較という場面では（商品間の）選択が，継時比較という場面では主に価格（売値や買値）や量（購入量など）を利用してきたと考えられる。

　本節ではまず，行動分析学での「価値」の同時比較場面である選択行動研究を取り上げ，引き続く次節では，行動分析学と経済学が結びついた行動経済学での「価値」の捉え方を見てみよう。

選択行動とマッチング法則

強化と反応との関係を数量的に研究してきた領域が，この**選択行動研究**である。この分野の研究は，強化相対性が切り開いた新しい強化についての理論とともに，行動生態学や行動経済学と結びつく契機を作っていった。

　第6章で学んだ強化スケジュールの1つに，複数個あるオペランダムのそれぞれに，独立して強化スケジュールが働いている並立［concurrent；conc］スケジュールがあった。そこでも注意したが，「独立して」ということは，一方のオペランダムでの反応や強化子

232　第8章　反応遮断化理論と選択行動

の提示は，他方のオペランダムでの強化スケジュールには一切影響を与えないということである。

　いま，この並立スケジュールの一方を VI（変動時隔強化スケジュール）30″，他方を VI60″ とする。個体は，この conc（並立）VI30″ VI60″ において，どのように反応を振り分けるか，つまりどのような選択行動を行うのかが，ここでの主題である。次の振り分けの可能性のうち，読者はどれが正しいと考えるだろうか。

(1) 一方が他方に比べて餌が出やすいので，個体は VI30″ ばかりを選択する。

(2) 一方は他方に比べて餌が 2 倍出現するので，個体は VI30″ のほうを全反応数の 3 分の 2 選択する。

(3) どちらもランダムに餌が出ているので，個体は両者をほぼ等しい割合で選択する。

　簡単だと思われた方は，続いて各スケジュールを変動時隔から変動比率（VR）に変えた conc VR30 VR60 で，上の 3 つのどれになるかも考えてほしい。そして行動を予測したり制御したりすることが，実際にやってみると意外に簡単ではないことを実感してもらいたい。

　ハーンスタインは，これまでになされてきた自分や他の研究者による数多くの conc VIx″ VIy″ の実験の結果から，現在では**マッチング法則**［the matching law］（あるいは対応法則）と呼ばれている次のような関係を導いた（Herrnstein, 1961 ; 1970）。

$$\frac{B_1}{(B_1 + B_2)} = \frac{R_1}{(R_1 + R_2)} \tag{8-1}$$

ここで，B_1 と B_2 は選択肢となっているオペランダム 1 と 2 への

2　価値と選択行動　　233

反応数，R_1 と R_2 は 1 と 2 で得られた強化子数を表す（これらを実験セッション時間 T で除せば，それぞれは全体反応率，全体強化率を表す）。各辺はそれぞれ相対反応率，相対強化率と呼ばれる。相対強化率は実際に得られた実験値から計算されるが，その値はスケジュールで設定された値とほぼ一致する。したがってマッチング法則を言い換えると，相対強化率に相対反応率が一致する現象や過程ということになる。この法則は，B_1 と B_2 をそれぞれの選択肢に滞在する時間 T_1，T_2 にしても成立することが知られており，そのことは**時間マッチング** [time matching] と呼ばれている。

　この法則から先ほどの conc VI30″ VI60″ では，個体は VI30″ 側に反応を 2 の割合で，VI60″ 側に反応を 1 の割合で振り分けるので，答えは(2)となる。

　ハーンスタインがこのように定式化した際に，実際には，実験上の 1 つの工夫を導入している。conc VI30″ VI60″ とした場合，各オペランダムで働くスケジュールはたしかに独立しているのだが，個体の特定の反応傾向によって，2 つのスケジュール間にある種の特殊な関係が生まれてしまう。いま，動物が VI60″ 側で反応し強化子を得たとしよう。消費後にたまたま VI30″ 側に移動したとき，もしも VI30″ 側が，これまでの時間経過によって，その後の反応出現ですぐに強化子を提示するという準備状態にあったならば，この VI30″ 側への**選択変更** [change-over]（あるいは切り替え）**反応**は，即時に強化されてしまうことになる。同様のことは，VI30″ 側から VI60″ 側に反応を切り替えるときにも（確率はより低くはなるものの）起こりうる。その結果，オペランダム間を切り替える反応が頻発し，それによって相対反応率が 0.5 に近づき，相対強化率とは一致しなくなる現象（**過小マッチング** [undermatching]）が観察される。

　彼が導入したのは，この過小マッチングの原因である選択変更反

234　　第 8 章　反応遮断化理論と選択行動

応の頻度を下げるスケジュール上の工夫で，別のオペランダムからの変更が起こった場合，一定期間の遅延時間（通常，数秒間）をおいた後の最初の反応に，はじめて強化子を随伴させるという，**選択変更後遅延**［change-over delay；COD］と呼ばれる手続きである。CODによって過小マッチングは改善され，先に挙げたような美しいマッチングの等式が得られた。

　こうしたマッチング法則からの逸脱は，相対強化率の変化に比べてあまり相対反応率が変化しない，過小マッチングにとどまらない。相対強化率の変化以上に相対反応率が過敏に反応する**過大マッチング**［overmatching］，一方のオペランダムが他方に比べていつも偏って反応される**偏好**［bias］（**バイアス**）といった逸脱もまた，数多く報告されてきた。これらの現象をより単純で包括的に記述する目的で提案されたのが，**一般化**［generalized］**マッチング法則**であった（Baum, 1979）。この法則は以下のように表される。

$$\frac{B_1}{B_2} = b \left(\frac{R_1}{R_2} \right)^s \tag{8-2}$$

　B_1，B_2 は各選択肢への反応数（もしくは全体反応率），R_1，R_2 は各選択肢で獲得した強化子数（もしくは全体強化率）であり，b はバイアス，s は**感受性**［sensitivity］を表している。b と s 両者が 1 のときは（8-1）式と同じとなり，**厳密な**［strict］**マッチング**と呼ばれる（なお，（8-1）式の左辺に $(B_1+B_2)/B_2$，右辺にこれと等しい $(R_1+R_2)/R_2$ をかけてやると，（8-2）式が得られる）。

　また s＞1 は過大マッチング，0≦s＜1 を過小マッチング，1 以外の b は偏好を表すことになる。（8-2）式は両辺を対数で表し，両対数軸グラフ上で y 軸に B_1/B_2，x 軸に R_1/R_2 をとると，その傾きが感受性に相当し，y 切片が b に相当することから，実験結果をプロットすることで，たちどころに，どのようなマッチング法則から

2　価値と選択行動　　235

の逸脱が起きているか，特定の実験操作はどのような逸脱を生み出すのかなどを吟味することができるようになった。このような道具立てと行動現象の数量的な予測可能性を持つことで，マッチングをめぐる研究は 20 世紀の後半だけでなく，現在に至っても多くの研究者を魅了する領域となっている。

> マッチング法則とその
> 手続きの進展

マッチング法則が大きな影響を持った背景には，この法則が選択肢間の「価値」の数量的表現を可能にしたことがある。2 つの選択肢への反応数による選択比が，それぞれへ配された強化子数による強化比に一致することは，個体の選択行動として，きわめて理にかなったものと受け取られた。多くの研究者は，この選択をめぐる「価値」の測定に並立スケジュールという手続きが利用できると考えたが，その期待はすぐに裏切られた。

たとえば，選択肢に FT（固定時間）30″ と FI（固定時隔）30″ といった異なるスケジュールを配置した場合はどうなるのだろうか。並立スケジュールで計測されるのは，各選択肢への反応数（またはそれをセッション時間で除した全体反応率）である。ところが FI と比べれば，FT では反応に随伴して強化子が提示されないので，反応率はずっと低くなるだろう。それではそのことをもって，動物はこの選択肢の「価値」を低いとみなしていると結論してよいのであろうか。

こうした，随伴性そのものによって反応率が制御されるスケジュールは，FT だけにとどまらない。DRL などの分化強化スケジュールは，IRT（反応間時間）に基づいて強化子が随伴されるので，より強力な反応率の制御を受けてしまう。こうした問題を解決するべく登場したのが，**並立連鎖スケジュール**［concurrent chains; conc chain］である。このスケジュールは，選択行動を見るための，同時に提示

236　第 8 章　反応遮断化理論と選択行動

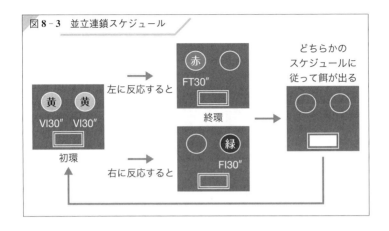

図 8-3　並立連鎖スケジュール

される2つの同一のスケジュールによって構成される**初環** [initial link] と，そこでの選択の結果移行する，「価値」を表現する各選択肢での要素スケジュールによって構成される**終環** [terminal link] の2つの成分で構成されている。初環を conc VI30″ VI30″ とし，黄色で点灯された左右のキイに整置する。左を選択すれば右側は直ちに消灯し，一方，左キイの色は赤に変わって終環には FT30″ が配される。右を選択すれば左キイは直ちに消灯し，一方，右キイは緑に変わって FI30″ が配される。赤と緑のキイ光は各スケジュールで与えられる強化子と結びついて条件強化子となり，これらの条件強化子の「価値」を初環の conc VI30″ VI30″ での各選択肢での反応率で比較するのである（図 8-3 参照）。

しかしながら，並立連鎖スケジュールにおける初環の相対反応率は，終環での相対強化率と単純にマッチングしないことがすでにわかっており，**遅延低減仮説** [delay reduction theory] (Fantino, 1969) をはじめとする，いくつもの理論が2つの間の関係を説明するために作られてきたが，現在もまだ議論が続いている。とはいうものの，

連鎖スケジュールによる条件強化子を利用して選択肢の「価値」を測るという手続きは，その後の選択行動の研究に大きな影響を与えたといえる[6]。

> マッチング法則とその理論

先に説明したように，並立変動時隔強化スケジュール conc VIx″ VIy″ は，マッチングの現象が見出される典型的なスケジュールであったが，それではなぜ，このスケジュールではマッチングが起こるのであろうか。このことを考える前に，「選択行動とマッチング法則」の項のはじめ（233 ページ）に示した問いに戻ってみたい。それは，conc VIx″ VIy″ と conc VRx VRy のそれぞれについて，どんなことが起こるかを 3 つの選択肢から選ぶものであった。今度は conc VRx VRy について，先に挙げた 3 つの選択肢のどれが起こるのかを考えてみよう。

実験の結果によれば，(1)に相当する，比率値の小さな VR 側のみを選ぶというのがその答えである。しかし，この答えは，並立変動比率スケジュールではマッチング法則が成り立たないといっているのではない。なぜなら，比率値の小さな VR 側のみしか選択しないので，相対強化率はそちら側が 1 であることを示し，結果として相対反応率と一致して (8-1) 式が成立しているからである。つまりマッチングが起こるということと，どちらをどのように選ぶのかを予測することとは違うのである。私たちには，マッチング法則がなぜ成立するかの説明だけでなく，選択肢に変動時隔と変動比率スケジュールを用いた場合の選択割合における，こうした違いも説明できる理論が必要となる。

現在までのところ，そうした有力な理論には 3 つがある (Mazur, 2006)。**微視的最大化** [momentary maximizing] **理論**は，瞬間，瞬間で，より強化確率の高い選択肢を個体が選ぶと，マッチングが成立する

ことを主張する（Hinson & Staddon, 1983; Shimp, 1966）。**巨視的最大化**
[molar maximizing] **理論**は，1セッションから数セッションに及ぶ長
い時間枠で，個体がその強化総量を最大化するように，選択反応を
2つの選択肢に分配すると，マッチングが成立することを予測する
（Rachlin et al., 1981）。

　時間枠の大きさとしては，上の2つの理論のちょうど中間にあた
る**逐次改良**[melioration] **理論**は，各選択肢における反応当たりの強
化子数（強化確率）を逐次比較し，その値がより高い選択肢を選択
していくとマッチングが達成されると主張する（Vaughan, 1981）。
しかし現在までのところ，これらの理論のどれが最も有力であるか
を区別することができる，充分に精度の高い実験を考え出すことは
難しいと考えられている。また，マッチング現象を説明できる理論
がこの3つに限定されているわけでもない[7]。

　しかし，これらの理論は少なくともここ四半世紀にわたって，さ
まざまな実験的なアイデアを提供するとともに，マッチング現象だ
けでなく，それ以外の実験事実や現象にもその理論を適用してきた。
と同時に，他の分野で発展してきた理論もまた，行動分析学で捉え
られた実験事実や現象に適用されてきたのである。その最も大きな
交流領域が行動経済学である。

3　行動経済学

●無差別曲線理論と需要供給理論

　本節で紹介する行動分析学における**行動経済学**[behavioral eco-
nomics]（小文字で表記）は，心理学のこれまでの実験的成果を記述
的な理論として取り込み，いまなお，発展しつつある経済学の一分
野である**「行動経済学」**（本書では，こちらのほうをカギカッコをつけて，

3　行動経済学　　239

大文字の BEHAVIORAL ECONOMICS と表記することとする）とは大きく異なる。1960 年代から 70 年代における行動研究の分野での行動経済学は，経済学や行動生態学での成果を，とくに行動研究における実験法や理論に応用しようとする特徴があった。その1つは前述した巨視的最大化理論であった。ここで展開された論理は，個体は強化総量を最大化するように行動するという仮定のもとに，経済学の価格理論を行動の選択場面に応用したものであった。行動経済学の詳細な展開は，本書がカバーする範囲を超えてしまうので割愛するが[8]，ここではごく簡単に，無差別曲線理論と需要供給理論という経済学の価格理論における2つの理論を紹介する。

無差別曲線理論　無差別曲線理論では，2つの重要な関数を表す曲線がある。2つの品物の組合せ（たとえば，リンゴジュース 500 cc とバナナジュース 200 cc の組合せ a）と同等に個体が選好する組合せ（たとえば，その1つとしてリンゴジュース 100 cc とバナナジュース 800 cc の組合せ b）の集合からなる**無差別曲線**［indifference curve］がその1つである（図 8-4 参照）。もう1つは，この2つの品物を現在の予算（所得）でどのような組合せで購入できるかを表す**予算制約線**［budjet line］である。たとえば，リンゴジュース 500 cc が 200 円で，バナナジュース 500 cc が 100 円であれば，いま 400 円を持っていれば，リンゴジュースだけなら 1ℓ，バナナジュースだけなら 2ℓ 買うことができ，この2つを適当に組み合わせて 400 円になるような集合が予算制約線となる。

この無差別曲線理論の最も重要な主張は，もしも消費者が自分の（選好の序列として表された）効用を予算制約のなかで最大にしようと考えたときに，どの点を選ぶかを決めることができることにある。無差別曲線理論や，マッチングを説明する巨視的理論の1つである強化最大化理論では，効用や強化を最大にするよう選択行動を行う

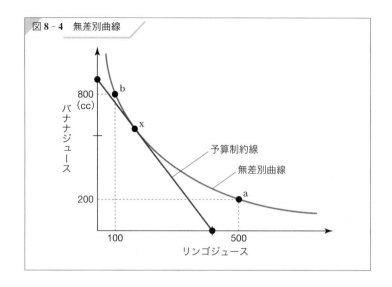

図 8-4 無差別曲線

と仮定すると，予算制約線と無差別曲線とのグラフ上の接点 x を個体は選択すると考える。したがって，もしも私たちが予算制約線や無差別曲線を描くことができれば，2 つの品物の組合せのどれを選ぶのかを予測できることになる。

現在までのところ，VI や VR スケジュールの描く予算制約線は，シミュレーションを使うことで描くことができ，また無差別曲線についても経済学で一般的に用いられる関数を仮定することで描くことができるので，これを利用して，並立スケジュールでのマッチング法則を導出できることがわかっている。これまでの研究から強化最大化理論の論理が，ヒトだけでなくヒト以外の動物における選択行動の現象をよく説明できることが示されてきている (Rachlin, et al., 1981)。また，強化最大化理論などの，何かを最大化したり最適化しようとする考え方は，動物が，自分の遺伝子を残すようにその繁殖方略を考えたり，労力と便益をはかりにかけて生存の可能性を

より高くするように採餌［foraging］行動をしていると考える行動生態学［behavioral ecology］とも共通したところがある。

需要供給理論　もう1つの経済学の理論は需要供給理論である。価格が上昇すると需要（消費）が減少するという**需要の法則**［the demand law］は，経済的現象として広く認められているが，動物実験においても同様に広く認められてきた（Lea, 1978）。価格を1単位の強化量（1強化子）を得るのに必要な反応量（反応数）とし，需要（消費）量を時間当たりの強化量（強化子数）としたとき，供給曲線（S）は強化スケジュールに対応し，需要曲線（D）はそのもとでの需要量をつないだ線として表され，価格の増加による右下がりの減少関数となる。この需要曲線は，無差別曲線理論からも導くことができる。

こうした道具立てのもとで，需要曲線の傾きを表す価格弾力性の特性が調べられた。弾力性が高いとは，その値が1以上になる場合で，価格の上昇に従って，急速に需要が落ち込むことを意味する（図8-5も参照）。とくに重要な発見として，曲線の得られた実験環境が**封鎖**（もしくは閉鎖）**経済的実験環境**［closed economy］，すなわち得られる強化子のすべてが個体の行動に依存している環境に比べて，**開放経済的実験環境**［open economy］，すなわち得られる強化子が個体の行動だけには依存していない環境では，この弾力性が高いという現象が見出されたことは，実験の前提となる経済的な環境の特性に目を向ける契機を与えた。

また第2節の「行動分析学と『価値』」の項（229ページ）でも述べたように，弾力性の低い，高いは，強化子の「価値」の高い，低いと関連している。価格を横軸に，単位時間当たりの消費量を縦軸にとったとき，その消費量の高低もまた，強化子の「価値」と関連している（図8-6参照）。ある研究者は，前者の弾力性に対して，後

242　第8章　反応遮断化理論と選択行動

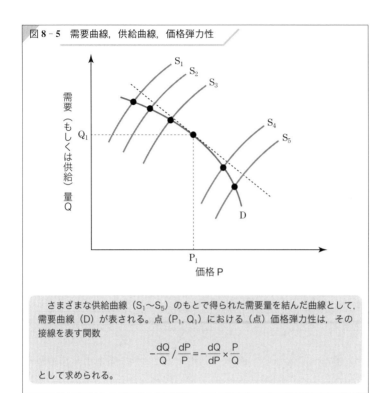

図8-5 需要曲線,供給曲線,価格弾力性

さまざまな供給曲線（S_1〜S_5）のもとで得られた需要量を結んだ曲線として，需要曲線（D）が表される。点（P_1, Q_1）における（点）価格弾力性は，その接線を表す関数

$$-\frac{dQ}{Q} \Big/ \frac{dP}{P} = -\frac{dQ}{dP} \times \frac{P}{Q}$$

として求められる。

者を「強度」と呼び，強化子の特性の違う側面を表していると考えている（Hursh, 1984）。たとえば，脳の扁桃核や側頭葉のある部位に電極を置いて，あるオペラントに対して微弱な電流を脳内刺激として随伴させると，高い反応率でその反応を維持し続けることが見出されているが，この刺激は強化子の強度は高いものの弾力性も高く，餌強化子の示す低い強度と低い弾力性とは，対照的であることが報告されている。また，弾力性を表す値は通常，0以上の値をとるが，その値が1のところは，単位時間当たりの支出量すなわち反応率が最大となる場所であるため，この最大反応率となる価格を

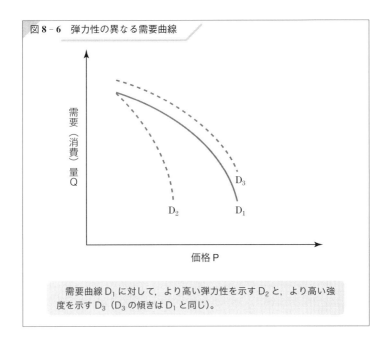

図 8-6 弾力性の異なる需要曲線

需要曲線 D_1 に対して，より高い弾力性を示す D_2 と，より高い強度を示す D_3（D_3 の傾きは D_1 と同じ）。

P_{max} で表し，この P_{max} の値を強化子の「価値」の測度に用いることもある（図 8-7 参照）。なお反応率は経済学でいうところの総支出量（価格×需要量）に相当する。

　無差別曲線理論や需要供給理論を包含する価格理論による理論的，実践的な行動研究への貢献のほかに，とくに価格理論でいう代替財と補完財の考え方は，行動研究に大きな影響を与えた。100 円硬貨 10 枚と 1000 円札 1 枚は，携帯性や可搬性の問題を考えなければ，まったく同等に好まれ，交換が可能である。つまり硬貨と紙幣とは，（ほぼ完全な）**代替財** [substitutional goods] となっている。しかし，2 つの品物間にいつもこのような高い代替関係が成立するとは限らない。2 つの品物間での代替がまったく可能ではない，たとえば左の靴と右の靴のような品物は，逆に**補完財** [complementary goods] と

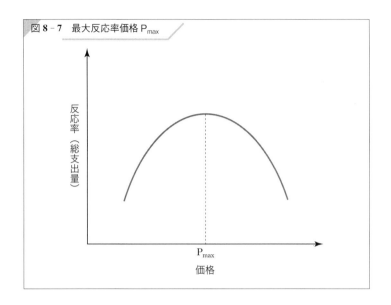

図 8-7 最大反応率価格 P_{max}

呼ばれる。つまり，2つの品物が相補ってはじめて効用をもたらすことができる。

たとえばこれら代替財や補完財という概念を用いると，先に挙げた開放経済的実験環境での価格増加による急速な需要減少，すなわち高い弾力性は，飼育箱で得られる食餌が実験箱で得られる食餌と代替可能であると解することができる。また並立スケジュールを用いた通常の選択実験では，多くの場合，両選択肢で同じ餌が用いられるが，これは選択肢間に高い代替性が見られることを意味している。行動経済学者たちは，こうした選択肢間では一般化マッチング法則で感受性 (S) が 0 以上となる一方，もしも選択肢間に強い補完性が見られる場合には，感受性が 0 未満となる**逆マッチング** [anti-matching] が観察されることも報告している (Hursh, 1978)。

代替性と補完性は，無差別曲線理論では無差別曲線の形状の違い

として表される。労働（R_i に相当）と所得（R_c に相当）の2財間で，賃金率（相互依存スケジュールに相当）を変えることによって得られる労働供給曲線によって，反応遮断化理論を価格理論によってより精緻にする努力も行われてきたが，そこでも，この2財間の無差別曲線の形状の違い，すなわち代替性や補完性の個体ごとの違いが，理論上大きな役割を持っている（Allison, 1983）。

4　自己制御と「意志」の問題

自己制御とは

自発された行動の原因としてよく使われる言葉に「意志」がある。日常使われている「価値」が，行動やその対象の「中に」存在していると考えられてきたように，「意志」もその人自身の「中に」存在し，私たちの行動を生み出す原動力となっていると考えられてきた。こうして「意志」という心的構成概念は，「意識」や「意図」と同様，長い間，行動を説明する場面で頻繁に登場してきた。たとえば三日坊主の人を指して「意志が弱い」といったりする。

「意志」は**自己制御**［self-control］の問題と深い関係がある。たとえば，ダイエットの問題を考えてみよう。ダイエットは，多くの人にとって悩みの種である。なぜなら，自分で痩せたいと思ってもなかなかダイエットを続けるのが困難だからである。ダイエットを続けることができないのは，「意志」が弱いからできないのだろうか。それとも，「意志」とよく似たような言葉である「動機づけ」が強くないから，ダイエットは成功しないのだろうか。「意志」を強くし，「動機づけ」を持てば，自己制御は達成できるのだろうか。

スキナーは，自己制御を次のように考えた（Skinner, 1953）。ある

行動（たくさん食べる）にポジティブ（美味しい）とネガティブ（体重が増える）両方の後続事象が伴い，その結果，葛藤（病気になるのが不安だとか，人に嫌われるのがいやだ）が起こると，人はそうした自分自身の行動の一部を制御する（炭水化物を控える，運動する）ことがある。制御が向かう先となっている自分自身の行動を「制御対象行動」（デザートを食べる），この制御対象行動に影響する変数を変化させる行動を「制御行動」（摂取カロリーや運動量を示すグラフを描く）としよう。制御対象行動は，何らかの弱化（体重増加を注意される）を経験した行動である。制御対象行動の出現確率に影響を与える変数を変化させることで，制御対象行動を減少させることに成功したどんな制御行動も，その減少させたことで強化される。この制御行動のことを自己制御と呼ぶ。しかし，このような制御行動は，自分自身に向けられているからといって，他者に向けられた制御行動と区別されるような特別なものではないとスキナーはいう。

　スキナーの自己制御の考え方には，「意志」や「動機づけ」は一切含まれていない。その代わり，制御対象行動を変容する変数を見つけ，この変数を制御する行動を自発する必要がある。他者の行動を制御するように，自分による制御行動が自発しやすい随伴性を整置することが，おそらく行動分析家にとってめざすべき自己制御なのであり，「意志」や「動機づけ」という用語を使わなくとも，行動の持続や達成を理解することになるのだろう。

> **自己制御性選択肢と衝動性選択肢**

その後の研究者もこのような考え方に沿って自己制御を考えてきたが，この問題を2つの選択肢間の選択という手続きと，その結果から捉え直した研究者たちがいた（たとえば Rachlin & Green, 1972）。いま，すぐに提示される小さな餌 [smaller and sooner (shorter)；SS] と，遅延をおいて提示される大きな餌 [larger and later (longer)；LL］の 2 つの選択肢からなる選択を考えてみよう。このような実験手続きでは，LL 選択肢は**自己制御性選択肢**，SS 選択肢は**衝動性選択肢**と名づけられている。この手続きのもとでは，自己制御とは，衝動性選択肢と比較して，自己制御性選択肢がどれほど選択されるかという問いに改められる。こうすることで，自己制御は全選択における LL 選択の割合として表され，自己制御を数量的に把握することができるようになる。そして，どのような条件を用意すれば SS に比べてより LL を選択する自己制御が現れるのかが研究の焦点となる。

たとえば，SS と LL 選択肢のどちらかを選ぶ時点と，選ばれた選択肢（SS や LL）の結果が提示される時点との時間間隔が同じように長くなるにつれて，LL が選択される割合が次第に大きくなることを示した実験がある（Green et al., 1981）。このことは，自己制御できるようにするには，実際に選択された結果に入るずっと前の時点で選択肢のどちらかを決めてしまう必要があることを意味している。

お金を浪費しないように定期預金に入れておくこと，ダイエット中にスーパーに買い物に行くときに，買い物リストに書かれた物を購入する金額だけを持っていくことなどの工夫は，こうした選択結果の場面に入るよりもできるだけ手前で選択肢の決定をしており，**先行拘束**［precommitment］と呼ばれている。この先行拘束をはじめとして，自己制御の方法にはさまざまなものが見出されてきたが，それらについては本書がカバーする範囲を超えるため，ここでは割愛する（たとえば Logue, 1995；Watson & Tharp, 2007；高橋，2017 を参照）。

しかし，こうした衝動性選択肢（SS）と自己制御性選択肢（LL）の間の選択割合で自己制御を表現するという考え方のなかには，ス

キナーのいう制御対象行動も，この行動に影響を与える環境要因を操作する制御行動も，直接的には見当たらない。LL選択肢の選択行動とは，自分自身の行動によって，自分自身の別の行動に影響を与えるという常識的な意味での自己制御という行動ではなく，長い遅延と大きな強化子を組み合わせた特定の選択肢をより多く選択するということにすぎない。

　この実験「パラダイム」での各選択肢は，ある「価値」を表現しており，個体はそれらのうちより高い「価値」を選択するという前提が置かれているように見える。ここでいう「価値」は選択肢の特性によって定義されるから，この「価値」は定義可能で測定可能なものとして取り扱われている。本来ならば，SS選択肢に比べて時間当たりの強化量が多くなるLL選択肢への選択が，動物やヒトではなされにくいという知見があるが，その一方で，特定の条件でLL選択肢への選択割合を増加できることから，LL選択肢の選択がもたらす「より望ましい」価値を表す比喩として，「自己制御」という言葉が充てられているのである。

　それでは，LL選択肢を選ぶという行動は，自分の行動を制御するという自己制御とは異なるのだろうか。そうともいえるし，そうでないともいえる。というのも，LL選択肢と対になるSS選択肢があってはじめて，「自己制御」という比喩がこの「パラダイム」では成り立っているからである。このことを具体的に見てみると，たとえば，SS選択肢のところに，LL選択肢と同じ強化遅延でSS選択肢と同じ強化量を持ったSL［Smaller and Later］選択肢を置いたとしよう。すると，もしもこのSL選択肢がLL選択肢よりも好まれるような条件が見出されたならば，LL選択肢は「自己制御」性選択肢とはもはやいいにくいことになる。なぜなら，小さい餌で長い遅延時間の選択肢は，明らかに，より「自己制御」的な選択肢

4　自己制御と「意志」の問題　　249

だからである。こうして，LL 対 SS という実験「パラダイム」は，選択肢に与えている価値の比喩のうえに成立していることがわかる。

STEP UP!⑰　ハトに自己制御を教えることは可能か

　実験行動分析学の研究者たちは，衝動性（SS）選択肢を選びがちな動物に，自己制御性（LL）選択肢を選ばせるためにさまざまな工夫を考えてきた。ある研究者たちは，ハトに自己制御を「教えて」いる（Mazur & Logue, 1978）。統制群として 4 羽，実験群として 4 羽のハトが用いられ，統制群のハトは，最初の訓練で，すぐに 2 秒間餌が食べられる（2 秒間強化子）選択肢（SS）と 6 秒遅延後に 6 秒間餌が食べられる（6 秒間強化子）選択肢（LL）間の選択を行った。実験群のハトは，2 秒間と 6 秒間の両方の強化子が 6 秒遅延後に提示される選択肢間での選択を行い，その後，2 秒間強化子の遅延時間が 1 万 1000 回以上をかけて 0 秒になるように徐々に短縮されていった。統制群のハトは，LL を選択することはなかったが，実験群のハトはそれに比べてずっと高い頻度で LL を選択した。こうしたある種の溶化（あるいはフェイディング［fading］）の手続きが，LL 選択肢を選ぶ行動を自発させるのに効果があることは，ヒトでも示されている（Dixon et al., 2003; Schweitzer & Sulzer-Azaroff, 1988）。

選択行動と随伴性

　しばしば，あらゆる行動は選択行動であるといわれる（たとえば Mazur, 2006）。このようにいわれる理由は，どんな行動でもその行動をするかしないかを個体は選択しているからである。しかし，これまで学んできたように，「行動は個体が選択しているのではなく，置かれている環境によって選択（淘汰）されているのである」。こうした見解に立てば，個体は，選択肢間の価値を測定して，その価値の高いほうを選んでいるのではない。

価値は強化子としての特性の表現であり，基本的にはその環境的特性（強化率，強化量，強化確率，強化遅延時間など）によって，あるいは行動的指標（反応率，反応時間，弾力性など）によって表現されるものである。つまり，価値は環境の変数と，そのもとで採用された行動指標の双方によって表され，どの変数とどの指標の組合せが用いられるかは，研究者や実践家に任せられている。しかも，価値は対象に固有なものとして定められるのではなく，他の環境や行動との相対的な関係によって定まってくることもまた，本章で見てきた重要な事実である。

　価値をめぐる問題が，選択行動という研究場面に現れ，行動分析学の目的の1つである随伴性による制御の問題とは，あたかも独立した領域として発展してきているかのように論じてきたが，果たしてこれら2つは，行動についてのまったく異なる研究領域を占めているのだろうか。

　これまで私たちは，継時的に出現する刺激事象や反応事象の時間的確率的な整置を，随伴性のもとに分析してきた。一方，選択行動の分析とは，同時に存在する複数の（環境および行動）事象間と行動の相対的関係を分析することにほかならない。こうした相対的関係が，継時的な行動の出現にどのような影響をもたらすのか，あるいは継時的な行動の特性と同時的な行動の特性には，どのような相互作用があるのか，こうした議論は，ようやく手がつけられたところであるが，その解明は，随伴性の制御をより深く実りあるものにすると思われる。

「自己」をどう捉えるか

最後に，自己制御の**自己**［self］について触れておこう。ある有名な実験（図 8-8；Epstein et al., 1981）で，ハトは青い光の円（スポット）に対してつつき反応をすると，強化子が提示されるような訓練を受けた。その後，

4　自己制御と「意志」の問題　　251

図8-8 ハトの自己意識を示す実験

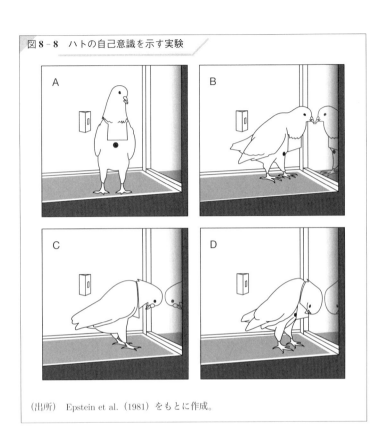

(出所) Epstein et al. (1981) をもとに作成。

青い円の場所は鏡を使って見ることができるが、振り返るとその円は消えており、その青い円がついていた場所をつつくと強化子を得るという訓練が加えられた。最後にハトは前掛けをつけられ（図8-8A）鏡に向かうが、このときだけ自分の身体につけられた青い円が前掛けの端から姿を現し、鏡に映るようにした（図8-8B, C）。その途端、ハトは自分の青い円に対してつつき行動を自発した（図8-8D）。

この実験的研究は、霊長類を用いて麻酔中に眉を赤く塗り、目覚

めたところで鏡を見せて，眉の部分に手をやれば「自己意識」があるとした先行研究（Gallup, 1970）を下地にしており，研究者たちはハトでもそうしたことが可能であることを，この研究によって示した。しかし，もちろんそれは自己という概念をハトが持っていることを，また鏡に映っている自分の姿が人々がいう「自己」と同じものであるということを，主張しているのではない。ただ，ある随伴性を整置することで，さまざまな種がよく似た行動を示すことを明らかにしたにすぎない。私たちのいう「自己」を本当の意味で明らかにするには，この言語行動を育ててきた社会や文化の随伴性を理解する必要がある。本書の最後となる次の第9章で，その一端に触れようと思う[9]。

●注

1) なお，添え字のiとcは道具的［instrumental］，完了［comsummatory］を表す。完了行動とは，摂食，摂水行動のような，一連の（道具的）行動の後の最終段階にあたる（「本能的欲求」を満足させる）行動をいう。

2) 無形強化子のように，行動することそのものが強化子として働くものがある。たとえばゲームをしたり，運動したりする行動はその例である。パズル解き行動に金銭や食べ物などの有形［tangible］強化子を随伴させると，その行動の頻度が逆に減少してしまうという現象の説明に使われた内発的動機づけ［intrinsic motivation］（Deci, 1971）の問題は，R：R随伴性からも考察することが可能かもしれない（坂上，2005a）。

3) ある場面で強化子として働くことが確認された刺激は，別の場面でも強化子として機能するという考え方を，場面間転移性［trans-situationality］と呼ぶ（Meehl, 1950）。

4) 変化抵抗は，ベースラインの反応率を1として，消去などの反応減少操作によって反応率がどのように減弱するかを見たものである

（Nevin, 1974；井垣・坂上，2003 を参照）。

5) たとえば，選択割合から価値を定義しようとする場合，「価値」を各選択肢における強化率，強化量，強化遅延などの指標を比として表したうえで，それらに対する感受性を各指標のべき数とし，これらの積で表すような場合もある（例：$V = (R_1/R_2)^{sr*}(A_1/A_2)^{sa*}$，ここで V は価値，R は強化率，A は強化量，sr は強化率の感受性，sa は強化量の感受性，添え字の 1, 2 は選択肢を表す。べき指数は (8-2) 式における s に当たる）。

6) ここに挙げた並立連鎖スケジュールのほか，2 つのキイのうち一方のキイをスケジュール変更（あるいは切り替え）キイに，もう一方を各スケジュールでの反応キイとしたスケジュール変更キイ［changeover-key］手続き（Findley, 1958）などの測定上の工夫が編み出された。

7) 最近見出された選好パルス［preference pulse］という，強化された選択肢側への強化後の強い選好と，その後の他の選択肢への移行現象は，微視的なレベルでの選択行動の推論に対して，新しい知見をもたらしている（Baum, 2010）。

8) 最近の研究のまとめとしては，Hursh（2014）を参照されたい。

9) ここで例として挙げられた実験は，Columban Simulation Project と呼ばれる，ハトを用いた「高次認知機能」である言語コミュニケーション，洞察，メモ取り行動などを形成した，一連の実験の 1 つである。

演習問題

8-1[Basic] 反応がある刺激に伴われた結果，その後の自発頻度が増加することを強化と定義したが，反応遮断化理論は強化をどのように定義し，その定義にはどのような意義があるか論じなさい。

8-2[Basic] マッチング法則から逸脱するケースを挙げなさい。

8-3[Search] 「primrose path（快楽への回廊）」と呼ばれる実験パラダイムがあるが，これと自己制御の研究との関わりを調べなさい。

8-4[Search]　心理学の他の領域では「価値」をどのように取り扱っているかを調べ，行動分析学での取り扱いとの違いを述べなさい。

8-5[Advanced]　行動経済学［behavioral economics］の考え方は，行動の研究にどのような新しい観点を与えたか，あなたの考えを述べなさい。また，「行動経済学」［BEHAVIORAL ECONOMICS］が，行動分析学の研究に与えた影響についても調べなさい。

8-6[Advanced]　内発的動機づけという概念があるが，本章で述べた強化の概念と関連づけて論じなさい。

第9章 言語行動と文化随伴性

●行動分析学から展望する

Introduction

近年の高等霊長類の言語獲得に関する研究から，人工的な学習環境によって彼らも「言語機能」を有するコミュニケーション行動が可能であることが明らかになってきた。しかし，私たちヒトと彼らとの大きな違いは，個人の学習体験を言語によって他者に伝えることで，先人の学習を引き継ぎ，共有し，「文化」として継承していけるか否かということにある。本章では言語，情動，思考，ルール形成といった個々の行動の成立について取り上げ，「文化」とは何か，そして「心」とは何かを再び考えてみよう。

1 言語行動と機能

言語を行動として捉え，機能として分析する

行動分析学が，行動の形態や構造の分析ではなく，機能の分析を重視するということはすでに述べてきた。行動分析学以外の一般的な言語研究は，統語論，意味論，語用論などの立場から，主として言語そのものの構造の分析に主眼を置いてきた。これに対して，行動分析学では言語を行動から考える，つまり**言語行動** [verbal behavior］として捉えることで，個体と**聞き手**［listener］を含む環境の相互交渉やその制御変数を分析する。スキナーは言語行動を「他者の媒介を通して強化される行動」（Skinner, 1957, p. 2）と定義し，さらに，「(聞き手としての) 他者は**話し手**［speaker］の行動を（それが過去に）条件づけられてきた方法（言語共同体の随伴性）に従って強化する必要性がある」としている（Skinner, 1957, p. 225）。このように言語行動の研究には，聞き手と**言語共同体**という環境要因の分析が欠かせないものとなる[1]。

　行動の機能に注目する行動分析学の考え方に基づけば，言語行動も他の行動と同様に機能的に分析できる。たとえば，交通整理をしている警官が笛を吹いたり旗を振ったりする行動がある。この行動はドライバーから見るとあたかも言語行動として機能し，警官の動作に対してドライバーがすばやく反応することで，円滑な交通状態がもたらされているように見える。また，発話が困難な重度の知的障害のある自閉症の子どもに対して，自分の要求を表出する際にカードを指し示したり，手渡したりといった行動を教えるプログラムもある。これらの行動は言葉としての形態はとっていないが，それぞれ「進め」「止まれ」「ちょうだい」といった聞き手への伝達機能を持つ言語行動とも考えることができる。

言語行動と他者の存在　ここで，言語行動と他の**社会的行動**との相違について考えてみたい。佐藤（2001）は，言語以外のオペラント行動では，行動が自発された直後の環境変化が生じる際に，行動の自発が直接環境に変化をもたらす場合と，自発された後にたまたま環境が変化する場合とがあり，前者を**行動内在的随伴性**，後者を**偶発的随伴性**と呼んだ。これに対して言語行動の場合は，聞き手の存在が環境変化の成否に影響することから**付加的随伴性**と呼んでいる。付加的随伴性とは，「当該のオペラント行

動自体は直接には強化をもたらす道具とはなっておらず，他者が強化をもたらす道具として機能する道具となっている随伴性」と定義されている。つまり，子どもが玩具に直接手を伸ばす行動は，環境に対して直接働きかける行動であるが，「ちょうだいサイン」のように付加的随伴性によって制御される行動は，玩具という環境に対して直接働きかけることはなく，他者の行動の弁別刺激となり，その他者の行動によって強化を得るための道具となっている。このように言語行動を定義する際に，聞き手としての他者の存在は重要である。

　では，聞き手が存在しない場合の独り言や，スマートフォンや人工知能に語りかける行動は，言語行動といえるであろうか。独り言の多くは「腹減ったな」「そうだラーメンでも食べよう」というように自分という聞き手に向けて発せられる言語行動であり，聞き手である自分の行動によって強化される。また，スマートフォンの応答行動によって話し手の言語行動が制御されれば，スマートフォンの応答プログラムも「人工的に作られた聞き手」として考えることが可能であり，スマートフォンに語りかける行動も「言語行動」といえるであろう。このことから，私たちが「思考」と呼んでいる行動も内言化した言語行動ということができる。ヴィゴツキー（L. S. Vygotsky, 1896-1934）は外言と内言を区別したが，ここでの言語行動は，そうした意味での内言とほぼ同一のものと考えられる。内言の場合，自分自身が話し手でもあり，聞き手でもあり，これらが頻繁に交代することで自分自身と会話することができる。スキナーを含め多くの行動分析学者たちは，思考と内言との関係に注目してきたが，これについては後の第3,4節で取り上げる。

言語行動と社会的行動　再び言語行動の定義に戻ろう。他者の行動への弁別刺激となり，それを手がかりに自

1　言語行動と機能　259

発される他者の行動によって強化される行動，という定義では「楽器を演奏する行動も目の前の他者に対して自発されれば，言語行動であるといえる」（佐藤，2001）。ただし，こうした定義は，機能を強調した広義な定義であり，これをそのまま採用すると，他者に働きかける社会的行動のほとんどが言語行動となってしまうという懸念がある。たしかに，楽器演奏行動は他者の前で自発されれば，他者の行動の多様な弁別刺激となりうる。しかし，政治的状況で禁止されている作品をあえて演奏するような特別な場合を除いて，各聞き手にとってさまざまに「解釈」されてしまうことから，言語と比較すると，聞き手に対して効率的に行動の制御を可能にする弁別刺激としての機能は乏しい。

　私たちは聞き手に対して，表現や言い回し，トーンや抑揚，表情やジェスチャー，書き言葉であれば手紙かメール，あるいは絵文字やスタンプの種類など，さまざまな言語行動を自発する。聞き手に対して環境の何によって制御されているかを特定する伝達効率性の高さという変数も，言語行動とそれ以外の社会的行動とを区別する基準の１つにはなるだろう。

　ヒト以外の動物も，模倣や協力行動を示すことが自然場面や実験場面で確認されており（Hayes & Hayes, 1952），動物に複雑な条件性弁別を教えることも可能であることから，社会的行動と呼ばれるものはヒトだけに固有のものではない。言語行動についてはスキナーが，「聞き手によって制御される」という環境要因の側面から，機能的に広範に定義した。しかし，社会的行動の側面から言語行動を区別するという狭義の機能的定義は，次節で述べる情動などの私的事象を記述できること，また，さまざまな体験の随伴性を記述することで，条件性弁別刺激を自ら生み出し，それによってさらに私たちの行動に強い影響を与えるという特徴にあるのではないだろうか。

　　260　　第９章　言語行動と文化随伴性

行動分析学では，行動として言語を捉えることで，構造的に言語を捉える他の学問よりも，その研究対象と範囲を拡大することが可能になることは確かである。つまり，動物からヒトまでのコミュニケーション行動を機能という同じ枠組みで分析できることで，今日までのチンパンジーを中心とした高等霊長類の言語学習研究の発展や，重度の知的障害や自閉症スペクトラムのある子どもたちへの効果的なコミュニケーション指導の成果が得られたといっても過言ではない。

STEP UP! ⑱　マンドとタクト

　スキナー（Skinner, 1957）は言語行動をその機能によって，マンド［mand，要求言語行動］，タクト［tact，記述言語行動］，エコーイック［echoic，音声模倣］，イントラバーバル［intraverbal，言語間制御］，テクスチュアル［textual behavior，読字行動］，トランスクリプション［transcription，書き写し行動］などに分類した[2]。マンドとタクト以外の言語行動が，弁別刺激としての言語行動によって主に制御されるのに対し，マンドとタクトはそれとは異なる特別な制御関係に特徴がある。

　マンドは，たとえば話し手が「ミズ」と言い，それに対して，聞き手が水を与えてくれるような，後続する特定の事象によって強化される言語行動である。マンドは弁別刺激としての水がない状態でも自発され，水かそれに代替する飲料によって強化される一方で，お菓子や賞賛などでは強化されず，こうした特定の強化子によって制御を受ける。

　これに対してタクトは，山道を散策していて美しい湧き水を見つけた際に，話し手が「ミズ」と言い，それに対して聞き手が「ほんとだ，きれいだね」というように，弁別刺激である「湧き水」によって強く制御される言語行動である。後続する強化子はマンドのように特定的なものでなくてもよい。つまりマンドが強化子との一致

1　言語行動と機能　　261

によって強化される言語行動であるのに対し，タクトは弁別刺激との一致によって強化される言語行動である。マンドとタクトは同じ反応型（たとえば「ミズ」という発話）であったとしても，その機能は異なっており，言語獲得の過程においても，一方が成立したからといって他方が成立するとは限らないということがわかってきている（Lamarre & Holland, 1985）。

しかしながら，話し手が目の前に見えるものの名前を表出する場合のように，その言語行動がマンドなのかタクトなのかを正確に同定するためには，聞き手の行動という後続する事象によって，その言語行動がどのように変容するかを吟味する必要がある。日常的な言語行動の多くの随伴性は，スキナーの機能的な分類のようにそれぞれを明確に分類することは困難であるが，機能的分析という視点によって，言語行動も他の行動と同様な枠組みで分析されるという点で多くの利点を持つ。

2 情 動 反 応

第1章でも述べたように，行動の直前の出来事として私たちは**感じ・気持ち** [feeling]，**感情・情緒・情動** [emotion, affect] を取り上げ，それを行動の原因としてよく他者に報告する。「怒り」「恐れ」「悲しみ」「喜び」などの言語行動で記述される反応は，行動分析学ではどのように考えればよいのであろうか。心理学のなかでも感情，情緒，情動という用語についての明確な定義や定義上の違いについて見出すことは困難である。また，その分類も諸説存在し，原因についての仮説も複数存在する。本節ではヒトと動物の反応とを区別しない意味から，「情動」という用語を用いる。

情動反応の制御

「悲しいから泣くのではない，泣くから悲しいのだ」というフレーズで有名なジェイムズ・ランゲ［James-Lange］説は，情動から行動を説明しようとする人々の一般的な傾向をうまく捉え，むしろその方向性を逆転することで，情動の起こる原因を明確にしようとした。しかし，行動分析学にとっては情動もまた行動の１つであるので，「特定の環境要因が人を悲しませ，泣かせるのだ」と考える（坂上，2006）。情動のほかにも，第１章で述べたように他者の行動の原因を心的用語や心的構成概念に求める例はいろいろある。しかし，心的用語としての意識，知覚，認知，意志，思考，心的構成概念としての動機づけ，知能，性格などは，すべて行動の言い換え，もしくは物理的存在のアナロジーにすぎない。

まずは，具体的な例を挙げながら考えてみよう。たとえば雷鳴刺激は，ヒトを含む多くの動物にとって驚愕反応を引き起こす。雷鳴刺激によって，心拍数の増加や瞳孔の拡大，身をすくませる，驚愕の表情をするなどのさまざまな無条件レスポンデントが誘発される。同時に雷鳴という刺激と関連する黒雲や，激しい雨のような前駆的な刺激の出現によってもそれらの反応が生じるようになり（条件レスポンデント），ヒトの場合は「低気圧の接近」という天気予報士の言語刺激によってもそれらが生じるようになるであろう。さらに「怖い」という言語行動や，建物のなかに回避するなどのさまざまなオペラントも表出するであろう（第４章100ページの「雷恐怖症」参照）。

カタニアは，情動を「環境事象の結果としての種々の異なる反応クラスにおける相関的変化である」と述べている（Catania, 1968）。このように，私たちが日常のなかで「情動」と呼んでいる反応や行動は，レスポンデントとオペラントが複雑に絡み合った行動の継起，

もしくは共起であると考えられる。つまりここでは「情動」を，外的刺激に対する生得性行動としての反射（無条件レスポンデント），レスポンデント条件づけによって形成された新たな刺激により誘発された条件レスポンデント，モデルや言語といった刺激を弁別刺激としたオペラント条件づけによる弁別オペラントからなる，1つ以上の反応系の複合体であると定義しよう。

　情動が，生理的な反応からさまざまな社会的刺激によって制御されていく過程は，心理学のなかでもとくに発達心理学では重要なテーマとして研究されている。発達初期の乳児の「生理的微笑」や「泣き」などの情動反応は，外的刺激や空腹などの内的刺激によって誘発される無条件レスポンデントが主であろう。しかし，やがてそれらの反応は，他者との相互交渉のなかで学習性の行動としてその機能が変容していく。たとえば，「空腹（不快な状況）→ 泣き → ミルクが与えられる」や，「濡れたおむつ（不快な状況）→ 泣き → おむつを交換してもらえる（不快な状況がなくなる）」など，元来は無条件レスポンデントとして誘発されていた行動に対して，養育者による提示型や除去型の強化の随伴性操作が行われることにより，「泣き」という反応は後続事象によっても制御されるようになって，養育者へ向けられるオペラントとしての要求機能を確立していくであろう。こうして，オペラントとしての「泣き」は養育者の行動によって増減する。またこの際の情動反応は，他者の行動に対して，弁別刺激としても強化子としても機能する。ここで述べたように，情動反応は，他個体の行動に影響を与える最も単純な行動でもある。動物間で観察される敵意や好意の表現，たとえば威嚇や服従なども，社会的関係を構築するうえで重要な役割を担っている。

　私たちは多くの情動反応を，「うれしい」「悲しい」「怒っている」などの言語で記述し，他者に伝達している。情動を記述する言語行

264　第9章　言語行動と文化随伴性

動は複雑で多様である。前述したように情動反応とそれを記述する言語行動は，それぞれの制御要因が異なっており，当然区別して分析していかなければならない。これらは，さまざまな文脈によって制御されるオペラント反応であるため，特定の時代や地域の言語共同体といった環境要因にも強く制御される。たとえば，現時点ではほとんど使用されない古典文学のなかの「いとをかし」や「あはれ」などの語のように，特定の文化のなかで存在した情動反応を記述する言語行動すべてが，他の文化や言語のなかにそれに対応するものが存在するとは限らない。つまり，その情動をもたらす習慣的行動や，それを記述する言語行動の強化随伴性が時代とともに失われれば，その情動反応そのものも消失してしまう。別の言い方をすれば，ヒトにおける情動反応は，その言語共同体の影響を強く受けるという点で，ヒト以外の動物と大きく異なっている。第5節で，この影響をもたらしている文化とその随伴性について述べる。

情動に対する機能からのアプローチの重要性　先に述べたように，私たちが「情動反応」と呼んでいる行動は，レスポンデントとオペラントが複雑に絡み合った反応の継起，もしくは共起であると考えられるが，それぞれは誘発刺激と弁別刺激の両方の機能を持つ共通の環境事象によって制御されているかもしれない。そのうちオペラントの部分は，後続する環境変化によって制御されていると考えられる。たとえば，ある子どもが泣くことで親の注目反応や要求充足行動などによって強化されている場合である。このように，情動反応のいくつかは，誘発と淘汰という両方の，あるいは別々の随伴性によって制御されているのであろう。多くの情動反応が環境によって誘発され，淘汰されているにもかかわらず，本節の冒頭でも述べたように，私たちは情動反応を行動の原因として考えてしまう傾向がある。

表 9-1　環境操作による情動反応のタイプの分類

	好ましい事象	好ましくない事象
提示	うれしい	怒っている，怖い，不安な
除去	悲しい，寂しい	安堵した

（出所）　中村・小野（1989）を改変。Skinner（1974）にも同様の分類がある。坂上（2006）も参照。

　複数の反応からなる個々の情動反応の随伴性と，その互いの関連性を分析することは容易ではないが，それらを強化子や弱化子となるような好ましい事象や好ましくない事象の提示や除去という環境操作によって便宜的に分類すれば，表9-1のようになるだろう。

　表の上下と横の関係は，明らかに形態の異なる情動に関する言語が使用されるが，斜めの関係については相互に似通った語が用いられることがある。スキナーは，情動に関する言語は，その情動が起きやすい環境と関係の深い行動の分類に役立つが，一方では情動に関する言語を名詞化してしまうこと（たとえば喜び，悲しみなど）によって，それが行動であるにもかかわらず，その違いを形態に基づいて細かく区別し分類しようとしてしまう，と指摘している（Skinner, 1953）。反応型や名詞に基づいた分析の試みは，情動反応が何によって制御されているのかを明らかにすることにつながらないので，生産的な科学的営みとはならないだろう。それに代わって，情動反応の機能による分析がなされる必要がある[3]。

　情動という行動が興味深いのは，それが系統発生の比較的早い段階から認められるからである。多くの種類の動物は情動を表出するといわれる。そして，それを通して，動物は他の同種もしくは異種の動物と相互的な関係を持っているといわれる。たとえば群れをなして生活する動物の一個体が，危険な刺激の出現に関して叫び声を

あげた場合，それに誘発されて群れ全体が回避行動をとることなどがその例である。このような表出された情動は公的に接近すること，つまり自分以外の個体が観察したり感じたりすることが可能であり，その意味では他個体の弁別刺激となりうる資格を有している。一方，他個体が外から接近できない情動はどのように存在し，制御されているであろうか。次節では，このような情動反応を含む事象と言語行動との関係性について述べる。

3　私的事象と情動反応

　教師は，生徒にしばしば「よく考えて行動しなさい」という。行動の手掛かりとして，自分の言語行動を用いる場合，とくにそれが表に出ていないときには，人は「考えている」とよくいう。しかし，本人が考えているかどうかは他者には判別できない。行動分析学では，自分では接近できても他者には接近できない対象を，**私的事象**［private event］（あるいは出来事）と呼び，他者にも接近できる対象である**公的事象**［public event］と区別してきた。たとえばヒトにとって行動の弁別刺激となる「ルール」は，法規や教示のように公的事象である場合もあれば，自分のなかだけで作られている私的事象である場合もある。

私的事象の言語行動による記述

　ワトソンの**古典的行動主義**では，第三者による観察が不可能であることから心的事象一般は，その研究対象から外された。これに対して徹底的行動主義の立場をとる行動分析学では，これら心的事象を，感じていること，見ていること，覚えていることなどという私的事象と捉え直し，研究対象としてきた。たとえば，前節で論

じた情動反応は，表情や動作や音声など他者によって公的に観察される反応もあれば，観察困難な微細な反応もある。私たちが「気持ち」と呼んでいるものの多くは，情動反応を記述した言語行動であり，それが公的に接近可能でない場合，私たちは過去の学習から前後の文脈と利用可能な現象を通じて，「気持ち」を読み取ろうとする。同様に「気持ち」のように私的事象を記述する言語行動も，同じ言語共同体内の聞き手がその人の「気持ち」と共起している，両者が接近可能な現象を利用して記述することから獲得されていくと考えられる。

　たとえば，幼児が転んで泣いてしまったという場合，多くの親は公的事象である幼児の「転ぶ」という動作や，そのときの傷や表情を弁別刺激として，「痛いね」という幼児の内的状態を言語化する。これを繰り返すことにより，子どもは内的な感覚（痛感覚）とほぼ同時に与えられる親からの「痛い」という言語刺激を，痛感覚に対して「イタイ」というように，私的事象に対する記述として利用可能になってくる。子どもからの「イタイ」という言語行動は，親のなぐさめや共感的行動や治療によって強化される。そのようにして獲得された「イタイ」は他の場面，たとえば熱いものにさわるという場面で生じる場合もある（刺激般化）が，その都度，聞き手によって適切な記述（「アツイ」）に修正される。このようにして，情動という私的事象に対応する，言語共同体による共通で適切な言葉が形成されていくと考えられる[4]。

　同様に「快」の感覚についての記述も，子どもが笑っているときに「楽しいね」と言って他者が子どもの私的事象について記述していくことで可能になる。他者の私的事象を記述する行動や，話し手の私的事象の記述行動を強化する聞き手の行動は，その聞き手が所属する言語共同体の文化随伴性ともいえるものに制御を受けている。

私たちが，情動反応に対するタクトを，それが未獲得の話し手に対して教えるという場合，その情動反応がどのような刺激によって生じたのか，またそのときに話し手はどのような反応を示したか，といった公的事象を弁別刺激とし，聞き手の言語コミュニティに共通の反応として強化することになる。

　情動を記述する言語行動の成立に伴って，実際に条件づけを経験しなくても，他者の行動の観察や記述などによって，情動反応が生起するようになり，情動反応とそれを記述する言語行動の制御関係はさらに複雑化していく。悲劇のストーリーが描かれた映画を見たり，物語を読んだりすることで涙したりする，などがその例である。

　第1章でも述べたように，私的事象を公的事象としていく過程，つまり他者の「心を知る」ことは，私たち多くの聞き手が強化される事象である。私たちは他者の私的事象である動機や気持ちを，たとえそれが公的事象として顕示的に身体を通して表出されていたとしても，より明確な公的事象とするために，言語化して聞きたがる傾向もある。あるスポーツ選手が優勝し満面の笑みを浮かべているにもかかわらず，インタビュアーが「いまのお気持ちは？」と尋ねる場合はその一例ではないだろうか。

STEP UP! ⑲　私的事象の真偽性は検証できるか

　私的事象を公的事象にしていくことは，現在の私たちの社会にとって大きな強化子となるが，同時にいくつかの問題も生み出している。その1つは，犯罪の動機や計画性の有無によって，罪の重さが決まってしまうような犯罪捜査や裁判の場合である。たとえば取り調べ現場において，取り調べ官の強制によって被疑者の自白行動がなされるとその真実性が疑われるために，取り調べの様子をビデオ

撮影や録音すべきであるという議論がある。たしかに，録音やビデオ録画によって，両者の視線や表情，抑揚やしぐさといった微細な行動が公的に共有化されることにはなるが，だからといって被疑者の私的事象が明確になるわけではない。むしろ私たちの多くは，自白行動の確からしさの基準として，取り調べ官の強制性の有無にのみ注目してしまうかもしれない。

　これまで述べてきたように，「行動観察」という手続きだけで私的事象が明らかになるわけではない。私たち観察者は，観察可能で顕示的な行動を多くの人と共有できたとしても，結局は「一般的なルール」に照らして私的事象を推察するしかない。このような一般的なルールや客観的ガイドラインを作成することは，ハラスメントの基準などとも同様であるが，加害者か加害者でないかを公的に弁別するための便宜的基準でしかなく，完全にすべての人を守れるわけではない。

　見えない心を可視化するという心理学の基本テーマは，近年の生理学的測定機器の発展によって，生理学にその答えを求めることへと拡がっている。微細な情動反応や「意志」を測定するために，皮膚電位反応（GSR）や機能的磁気共鳴画像法（fMRI）などを用いた研究も行われている。しかし，これらの研究も，特定の部位の活動量変化などの生理的指標は測定できても，個人の生理的な現象を「気持ち」として公的な言語行動として記述していく際には，研究によって多くのデータから得られた「一般的な基準」と「一般的なルール」としての生理学的基準とを比較して推論するしかない。心理学の基本テーマとして見えない心を可視化すること，言語化できないものを言語化しようとすることは重要ではあるが，神経系の働きを可視化した場合も，その生理学的基準は心を推論する観察者に対して，表情やしぐさと同じレベルの公的事象となっただけで，やはり完全に「他者の心を読み取る」ことには至らないのである。

　私たちは，自分の情動をどこまで正確に言語化できるのであろう

270　第9章　言語行動と文化随伴性

か。また，自らの言語と情動は，どれほど精確に対応しているのであろうか。私たちは自己の気持ちであっても，それを精確に言語化できるとは限らない。心理カウンセリングのなかの「気づき」では，カウンセラーとの相互交渉のなかで，クライアントが「自らの感情に気づく」というプロセスが含まれるが，これはクライアントが自らの情動に対して新たな言語行動を形成したり，さらにその言語行動によって，新たな「情動」が誘発されたりするプロセスということもできる。たとえば，「みんなの前で発表すると失敗するかもしれない」「あの失敗さえなければ今頃はもっと評価されていたに違いない」などの「不安」や「反すう」というような行動（内在化した言語行動）がある。こうした言語行動を新たに生み出すことによって，私たちはその言語行動を条件レスポンデント刺激として，現在目の前に存在しない将来や過去の出来事に対して，嫌悪的な情動反応を誘発させられたり，条件性弁別刺激としての「いまだ存在しない将来の出来事」に対して，回避行動を自発したりする。このように，私的事象と言語行動の条件性弁別の成立によって，言語行動が私的事象である情動をコントロールするといった逆の関係も成立しやすくなる。この点については，次節で説明するルール支配行動を通じて再度考察してみたい。

4 ルール支配行動と随伴性形成行動

> 言語行動による行動変容

私たちは他者からの伝聞や書物を読んだりすることで，実際にその随伴性を体験したことのない環境において特定の行動を自発することができる。たとえば，あなたが私に「ラーメン次郎は美味

しいよ」といい，私はそれを手掛かりに，実際にラーメン次郎で食事をすることで，やはりそこのラーメンにやみつきになってしまったとする。この場合，私がラーメン次郎に行くという行動の弁別刺激は，あなたの「ラーメン次郎は美味しいよ」という言語行動であり，その言語行動は「ラーメン次郎という店で食事をしたら，その食事行動が強化されて行く頻度が高くなった」ということを意味している。

　このように，ある人が経験した随伴性をその人が言語行動として記述したものを，別の人が自分の3項強化随伴性の弁別刺激としたとき，その記述（された随伴性）を「ルール」と呼ぶことにしよう。そして，ルールを弁別刺激としてある行動が自発され，それが強化子に随伴されるといった経験をすることで，その行動が維持される場合，そうした行動を**ルール支配行動**［rule governed behavior］と呼び，これまで述べてきた自分自身の行動履歴を通じた，通常の3項強化随伴性のもとにある**随伴性形成行動**［contingency shaped behavior］と区別する（Skinner, 1969）。

　このルール支配行動は，ほとんど即座に学習が完成してしまうという点で特異的である。しかし一方では，随伴性形成行動のように，随伴性の変化に応じて速やかに行動を変容させることが難しいという特徴も持っている（この柔軟性の欠如については後述する）。ラーメン次郎についてのルール支配行動が成立したならば，おそらくあなたが「ラーメン三郎は美味しいよ」といえば，私はラーメン三郎の暖簾もくぐるかもしれない。そうした経験を積むことで，私はさらに進んで，今度はあなたの3項強化随伴性一般を弁別刺激として，行動を自発する傾向を高めるかもしれない。

　一方，このような他者由来のルールによるルール支配行動は，実際の強化随伴性にさらされると，その強化随伴性の影響を受けた随

伴性形成行動となる。他者ルールによるルール支配行動が，記述されたルールと一致せず強化されなかった場合，つまりラーメン次郎での食事が強化されなかった場合，あなたによる「ラーメン三郎は美味しいよ」（というあるルール）は弁別刺激としての機能を徐々に失っていく。そして同様な事態が繰り返されると，ルール全体が弁別刺激としての機能をも失っていくであろう。このようにルール支配行動は，その行動の初発以降は現実の随伴性にさらされることで，それとの一致／不一致によって，強化／弱化されるようになる。そして，その結果として，ある話者のルールに対しては従い，別の話者のそれには従わないなど，話者による制御も受けるようになる。

　ルールとなるものは，他者の言語行動に限るわけではない。たとえば，随伴性の記述という自分の言語行動もまた，ルールとなりうる（これを「自己ルール」と呼ぼう）。子どもたちが新しいカードゲームをはじめて覚えるという場面を考えてみよう。おそらく最初は，よくわからないから，トランプカードをすべて表にして，声に出しながら，カードを捨てたり，取ったりするところから始めるだろう。それらを自分で口に出して言うときに，ゲームをすでに知っている人は，そのルールを間違っているとか，合っているとか言って，修正していく。そのうちに彼らは，周りの人たちの力を借りず，しかも声に出さないで，カードを正しく運用するようになる。このように，自分の言語行動による自己ルールを他者によって修正されるだけでも行動は成立していく。

> **観察による行動変容**

また，3項強化随伴性の弁別刺激の部分は，ルールといった言語行動での記述に限られているわけではない。たとえば，他者の3項随伴性（弁別刺激：行動：強化子）についての観察そのものでも，自身の行動を制御することができる。こうした他者の行動を観察することによって，自分

4　ルール支配行動と随伴性形成行動　273

の行動を生成し，その後続事象によって行動が変容する過程は，**観察学習**［observational learning］と呼ばれる。いくつかの動物種，とりわけ霊長類に属する動物種に，この観察学習による行動の獲得があることが見出されている（Hall, 1963）。また，観察学習は，模倣［imitation］とも深い関係がある。

　一般に教育行動は，教科書やマニュアルといった教材や，言語教示をもとにしたルール支配行動の随伴性によって行われることが多い。しかし，伝統的な職人の修行の世界では，「技を盗め」「身体で覚えろ」などの言葉に象徴されるように，指導者からの言語による教示は最小限とされ，観察学習が要求されることがある。しかし，言語行動が可能なヒトの観察学習は動物のそれとは異なり，観察者はしばしば観察された事象に対して，「鉄の温度が高いときに強く槌を振るう」などのように，言語行動によって自己ルールを生成することも可能である。こうした観察学習をもとにした言語による行動の制御は，しばしば実際の随伴性と異なる場合が生じたり，実際の随伴性への順応が困難になったりすることも考えられる。しかし，言語化されることが困難なくらい微妙な状況や，材料の状態を弁別刺激にし，それに応じて微細な行動調整を行うためには，「技を盗め」「身体で覚えろ」「感覚をつかめ」などで表現されるような，言語に依存しない学習が効果的な場合があるだろう。

　ルール支配行動が成立することで，私たちは「文化の伝承」が可能となる。教育機関をはじめとする，いくつもの初期の学習場面を組織的に提供する機関では，ルールに従った行動を効率よく自発することを教えている。教師をはじめとする大人の記述するルールに従うこと，教科書などの教示に従うこと，校則などの規則を守ることなど，これらは子どもたちの「社会化」にとって，重要な過程を担っている。さらに，随伴させる無条件および条件強化子の密度を

薄めていくことによって，強化子の提示が長い間なくても，そうしたルールのもとで行動を自発するようにトレーニングされる。このようにさまざまなルールに従って，ほとんど強化子の随伴もなく，種々の行動を自発するようになるレベルに至った行動を**ルール追随行動**［rule following behavior］とここでは呼んでおくことにする。

ルール支配行動の限界　ルール支配行動の仕組みは，私たちに自分自身が経験していない状況下での行動の自発の仕方を教えてくれるが，同時にこの行動の限界や弱点も教えてくれる。

　動物を対象にした強化スケジュールの実験データとヒトを対象とした研究との大きな違いは，ヒトは強化スケジュールの変化に対して敏感に反応しないことである。この要因としては，先に挙げたようにスケジュールについて予測したり，考えたりするときに生成された自己ルールが影響していることが知られている。行動履歴の1つとして長い時間経過後に反応することが強化子に結びつく DRL スケジュールを経験したヒトは，その後，新しい履歴として FI スケジュールにさらされたとしても，典型的なスキャロップ・パターンを示すまでには，ラットやハトに比べて，より多くの時間がかかるかもしれない。一方，ラティスとウェイスは並立 FI 強化スケジュールの課題中に被験者に対して減算を実施させることで，**強化スケジュールへの感受性**が高まることを示した（Laties & Weiss, 1963）。この研究は，スケジュールによって自己産出される言語反応の存在と，その影響を示唆したものであろう。

　このように，ある環境の刺激に対して自己ルールという言語行動を自発することによって，極端な回避行動や，行動の生起頻度の上昇もしくは下降が生じることがある。とくに自己ルールが随伴性によって形成された場合，異なる随伴性にさらされても行動が容易に

4　ルール支配行動と随伴性形成行動　　275

変容しないことも明らかにされている（Catania et al., 1982）。

　たとえば，ある強迫性障害のクライアントが，外で着ていた衣服という一見何でもない刺激に対し，「ウイルスがついている」という言語行動を自発することで，強迫的な洗濯行動が生じた例を考えてみよう。このような場合，強迫的な洗濯行動の原因は，「不安」や「ストレス」にあるわけではない。このクライアントは過去，外出先から帰宅後に激しい嘔吐体験をし，その原因を「ウイルスによって嘔吐が生じた」というルールを表出していた。そのルールは「外で着ていたものにはウイルスが付着しているにちがいない」という別のルールと結びつき，洗濯行動の結果，実際に嘔吐反応が生じなかったという結果によって，「外出して付着したウイルスは洗濯によって除去できる」という自己ルールと，回避反応としての洗濯行動の両方が強化されてきたのである。このようにクライアントが「事実に基づいた行動（随伴性形成行動）」と考えている行動も，実際にはルール支配行動であるというケースは心理療法のさまざまな場面で見受けられる。**ACT**（アクセプタンス＆コミットメント・セラピー［acceptance and commitment therapy]）をはじめ現在の**認知行動療法**の多くは，こうした過剰なコントロールを及ぼすルール支配行動を，実際の随伴性形成行動へと引き戻すことをその治療過程に含んでいる。

　とくに複数のルール支配行動によって築き上げられてきたルール追随行動は，般性条件強化子のように多くのバックアップ強化子に支えられていることもあり，特定の機関や組織が作り出したルールから逸脱した行動をすることが難しくなるかもしれない。そのような場合，その随伴性の外にいる人からは，「洗脳された」とか，「はまった」とかいわれるのであろう。また，自分自身の強いルールによって制御されている人は，長い無強化期間があっても行動を自発

276　第9章　言語行動と文化随伴性

し続けるので，よくいえば「信念の強い人」であるが，別の角度からいえば，現実の随伴性に影響されにくい「頑固な人」ともいえるかもしれない。

　ルールを弁別刺激とした3項強化随伴性が行動を形成しうるということは，ある意味，バーチャルな世界，イメージだけの世界を手掛かりに行動を自発することができることを意味している。このような世界がすべて言語化可能なのかどうかは別としても，現実世界から切り離された「記号」や「象徴」のようなものにまで，行動が制御されるという点は，私たちの文化の成り立ちを考えるうえで示唆的である。スキナーは，いわゆる系統発生の進化の仕組みについての生存随伴性と，これまでに本書で学んできた強化随伴性の2つに加えて，社会や文化の淘汰機構を指す**文化随伴性**の3つを掲げてきた（Skinner, 1981）。言語行動，情動反応，私的事象，ルール支配行動とたどってきた私たちの考察は，ここでいよいよ文化の随伴性を考えることになる。

5　言語行動と文化

　変異・遺伝・淘汰という進化が働く最小のメカニズムを有した生物個体は，系統発生を通じて，まずその個体の生命維持に必要な環境への接近と，生命に危険を及ぼす環境からの回避という最小限の行動を獲得した。その後，より詳細な環境による誘発的な特性に対応する諸行動を備え（生得性行動），そのもとで，個体発生の過程における，S：S，R：S，S：R：S，R：Rといった条件づけの中核となる随伴性が，進化のメカニズムを通して新たに獲得されていったのであろう（学習性行動）。そして個体は，随伴性に制御される行動

の多様性や行動の対象となる環境特性の複雑性を，刺激般化，反応変動性，条件強化子，条件性弁別刺激，等価的関係に基づく派生関係などを通じて，おそらくは獲得していったと推測される。

しかし，このレベルでの学習性行動は，「今此処性」[to be here now]（本書では **HN 性**と呼ぶことにする）という，現在という狭い時間枠，かつ個体のごく近傍で起こる随伴性に基づいたものである。こうした限られた時間と空間を超えて，環境と行動の関係が拡がっていくには，本章で述べた言語行動，私的事象の記述，自己ルールといった，他個体や他集団との随伴性を育む仕組みが必要であり，文化随伴性はそうした仕組みを考えるうえでのよい手掛かりを与えてくれる。

「文化」という概念についての行動分析学による定義は，「心」と同様に複雑であり，同じ文化を構成する成員が「文化」という言語行動を自発する，あらゆる随伴性をサンプリングして分析することによって可能となるだろう。その随伴性は，日本語での「文化」と英語での "culture" とでは当然いくらかの違いを含んでいる。私たちが異国の環境で過ごすとき，弁別刺激や条件性弁別刺激に対して人々が自分と異なった行動を自発したり，行動の結果として生じる環境変化が異なっていたりすることに気づく。自分がいる社会のなかでの「価値」がその環境では「価値」を持たず，別の行動に対して「価値」が付与されることはよくあることである。文化とは，その共同体の成員が，ある共通の弁別刺激や条件性弁別刺激に対して自発した特定の行動が強化される仕組みであり，その反応型や強化基準は空間だけでなく，時間によっても変化し続けるものである。

ここ数十年で，ヒトの行動レパートリーは大きく変容した。インターネットと呼ばれる新しい環境の仕組みは，検索や通信に関わる行動の頻度を飛躍的に増大させ，旧来の行動，たとえば暗記する，

手紙を書くなどを減少させていった。また，スマートフォンの
SNSやゲームによって，多くの人々の行動が一斉に制御されるよ
うになっており，ネットワーク環境が現代の私たちの行動制御に大
きな影響を与えるようになってきている。これらは，人間の歴史の
なかで，長期にわたって維持され続けてきた行動でさえも，文化の
随伴性が変化することで圧倒的な影響を受けるという例である。

　動物個体のオペラントに代表される，環境に直接働きかける行動
において，その環境とは，もっぱら物理的化学的生物的な性質を有
する自然や人工の環境を指していた。しかし，同じオペラントであ
る言語行動の働きかける環境は聞き手であり，この聞き手の行動を
通して従来の環境の変化を生み出す点に，この言語行動の特徴があ
った。文化随伴性は，これをさらに系統立って拡張していく仕組み
を用意したといえる。たとえば，さまざまな教育機関は，国や政府，
特定の集団のルールに対して，特定の反応を自発することを推奨し，
そのルールに従う行動を強化する。こうした教育機関が組織的に強
化する教育行動は文化を効率的に伝承する機能を持っている。

　しかし，文化随伴性の最も重要な部分は，それがHN性を超える
ことを可能にする仕組みを持っている点にあると思われる。さまざ
まな制度，機関，規範などの文化的装置を作り出すことで，多数の
個体に対して，過去から未来にわたる時間と地球規模の空間に接近
をすることを可能にさせるとともに，これらの文化的装置を通じて
HN性を大きく改善させることが可能になったと考えられる。たと
えばネットワーク環境に検索を通じてアクセスすることで，私たち
はこれまでに考えられなかった「記憶」の拡がりを体験することが
できるようになった。

　しかし，HN性から自由になって時空の拡張が可能となる一方で，
私たちはその見返りに，未来の予期，過去への悔悟，そこには存在

5　言語行動と文化　　279

しないが空間的な距離を隔てたものからの脅威といった，HN性のみの世界であれば，存在しえなかった新たな行動の創出を余儀なくされており，そうした新しい行動はヒトに「ストレス」や「不安」と呼ばれるような新しい問題行動を生み出すに至っているようにも思われる。仕事の効率化や交通の高密度化が次々と生み出す苛立ち，うつ，不安の症状に，現代の私たちは苛まれている[5]。

　いわゆる「文化」というものが，特定の共同体の行動傾向や，それを規定する強化子や弁別刺激からなる随伴性として捉えられるのであるなら，その変容も可能なはずである。ただし，これまでに述べてきた学習性行動に関わる随伴性と異なり，文化随伴性は長い年月をかけて幾重にもある種の安全装置が掛けられており，慣行のシステムのなかには，変化させやすいものとさせにくいものがある。会社組織の改革と比較して，宗教の戒律や法律のなかの憲法や教育制度は変革させにくいし，変革に対しては多くの不安や抵抗を伴う[6]。しかも私たちはこれらの変革に伴う結果について，たしかな科学的根拠を持たずに議論している。

　会社組織のなかの行動システムの変更は，売上や利益という明確な価値の基準が適用可能であり，組織や制度改革の影響としての効果が測定しやすい。しかし，教育や憲法の場合は，その効果指標が複雑であったり，測定に時間がかかりすぎたりしてしまう。ましてや宗教の戒律となると，それに従うことによる「価値」が形成されているために，変更には強い抵抗が生じるであろう。何より私たちは，「自然に」変わることは受け入れても，政治や教育によって意図的に変容させられることを好まない[7]。

　しかし現在，私たちは少子高齢化や環境問題といった長期的な取組みのもとで意図的に変わることを求められている問題に直面している。文化随伴性に関わる行動分析学は，ある政策やルール変更が

280　第9章　言語行動と文化随伴性

人々の行動にどのような変容をもたらし，引き続いて長期的な変容を維持しうるかを科学的に分析する政策行動科学という領域を発展させることで，今後もその存在価値を見出すに違いない。

6 行動分析学を行動分析する行動

研究室でのどのような活動が，その学問的行動を支えていくのに必要なのか，特別支援教育におけるさまざまな関与セクターがどのように関わりあうことが，障害を持つ子どもたちを元気づけていくことになるのか。これらの問いは，個別の研究や実践場面での行動変容を考える際に表れる「どのように」という問いかけをする行動そのもの（第1章7節参照）を変容していくことを含んでおり，その対象が，研究者自身，実践者自身であることに注意してほしい。

スキナーは，アメリカの心理学者に向けたメッセージの1つである『科学的方法の一事例史』で，自分の研究は，ある理論から演繹される仮説を検証する実験ではなく，自分の研究行動を強化してきた事実に導かれて行っている実験である，と語っている（Skinner, 1956）。

行動分析学を推進していく実践者や研究者自身のこのような行動をも，行動分析学の対象として捉えることができるという，ある種の「メタ」性（行動分析学という学問的行動や実践的行動を，行動分析学自身の対象ともするという，ある種の自己言及的な性質）に注意を喚起するという意味も込めて，この行動分析学を支える哲学的立場は，「徹底的」[radical] 行動主義と呼ばれてきた（Catania, 1980）。

この「メタ」性には，おそらくもう少し深い意味があるように思われる。自己の行動をその依拠している学問のスコープのなかに入

れることは，ある種の自己「監視」や自己「規制」を行うことを意味する。別の言い方をするならば，行動分析学の学問的行動を支える実践者や研究者は，すべての現象を俯瞰するような，現象とは独立した「神」のような存在ではないことを，この「ラディカルな」立場は表明をしているといえる。本節の冒頭に挙げた「メタ」的な「どのように」は，そうした行動分析学の問いでもある。

　現実的に推進できる方法や手続きによって，現実的に実行可能な実験や実践を行った結果，それに基づいて現実的に変容可能な要因を同定し，さらにその後の研究や実践の現実的な変更を行うこと，これらが行動分析学という学問的行動のすべてである。社会性を持った行動の科学として行動分析学が果たす役割が，こうした学問的行動という観点から見て，あるコンパクトなサイズに見事に整えられている点に，私たち行動分析学に携わる者は改めて大きな驚きをもって気づくことができる。それと同時に，その「方法的適正さ」を有する科学に自分が関与していることに，強い誇りを感じることができる。

　第1章の冒頭に述べたような，個別事例として見れば，あくまで突発的に生じたような犯罪の原因を問われた場合，行動分析学の「専門家」は，どのような回答を出すであろうか。こうした突発的事件については，回答を留保するというのも1つの行動分析学的見識である。因果関係を同定しきれないものについて，たまたま観察できた身近な環境，とりわけ社会的関係にその原因を求めるようなコメントが，メディアには氾濫している。そのなかには，何ら科学的な分析さえもなされぬまま，「犯人捜し」を得々と行ったり，原因と責任を混同したような物言いをしたりすることも見られる。端的に実験できない（あるいはできていない）対象の原因は，特定できない以上，そこで行うべきことは，安直な因果の推測による犯人捜

282　第9章　言語行動と文化随伴性

しではなく，関係する当事者たちのこれからの行動の形成に向けての現実的かつ有効な対処を支援し，その結果として起こる事象（たとえば同様な犯罪の減少に効果的な変数の同定）を科学的に検証することである。

　原因が同定しにくいものに「理論」が生まれるという見方がある（Skinner, 1953）。そして「理論の構築」は，研究者がもっぱら行うものだと社会では信じられている。行動に関わる研究者は，「心」をめぐる「説明のための理論」を構築することで，自らの特権的な存在価値を主張することなく，むしろ自らの学問的行動そのものを変容・発展させる環境を作り上げるなかで，時間はかかるものの，次の世代の研究者に引き渡すことができる，確実な行動の制御要因を探し求めていかなくてはならないのではないだろうか。

●注

1)　スキナーは非言語行動と言語行動の区別について，「非言語行動は反応型と強化との関係は物体間の関係として記述される機械的形状的原理によって確立される。これに対して言語行動の場合は反応型（時には，パターンとも呼ばれる）と強化との関係性は，言語コミュニティの慣行的な反応の実施によって確立される」（Skinner, 1957, pp. 1-2）とし，定義として聞き手の反応によって強化される行動であることを主張している。スキナーの言語行動理論が他の言語学と異なる特徴は，話し手の言語のなかに意味があるのではなく，聞き手によってその機能が決定されるという点にある。しかしながら，こうした定義は広範すぎて動物の行動との区別が困難になること（Hayes et al., 2001）など，他の行動分析学者からも問題が指摘されている。詳しくは Passos（2012）などを参照。

2)　言語行動の機能については，スキナーの共著 *Verbal behavior* 以後，これをもとにしてさまざまな分類がなされてきている。たとえば，Winokur（1976）は mands, tacts（extended tacts）, echoics, textuals, intraverbals, autoclitics を取り上げている。Cooper et al.

(1987) は mand, tact, echoic, intraverbal, textual, transcription の 6 つを基本機能としている。Catania（1992）は弁別刺激である言語刺激との制御関係が明確な echoic behavior, textual behavior, transcription, dictation-taking を Vocal and Written Class として別に区別している。こうした種々の分類から考えていくと，後続事象との関係性から mands と tacts, intraverbals を区別し，先行事象が環境か他者や自己の言語行動かという点で tacts と intraverbals を区別することが合理的であるように見える。

その一方で，日常的な言語行動の形態的な分類である質問，応答，助言，教示などを mands, tacts, intraverbals の機能に分類することは，あまり有用ではないかもしれない。日常的な言語行動の多くは，mands, tacts, intraverbals としての純粋な機能を持つわけではなく，さまざまな刺激によって多重的に制御され，維持されている。行動分析の立場からは，これらの機能的分類に基づく用語を，個々の言語行動がどのような随伴性によって制御されているのかを分析する際の道具として捉えることが有用であろう。

3) 感情心理学では伝統的にこのような分類が試みられ，文化や人種が異なっても共通の基本感情が存在していることや，いくつかの動物においてもヒトと類似した情動反応が見られることが示されてきた（Ross et al., 2009）。しかし，文化や種によって共通性が認められることが，生得性を意味するわけではなく，つまり，聞き手の反応に共通している環境特性に基づいた淘汰的機能に着目していく必要がある。その点からいうと，むしろある文化に特有の感情についてむしろ検討していくべきかもしれない。

4) 痛感覚と温感覚は，体性表面感覚として身体にとって有害な刺激を回避する類似した機能を有している。このため弁別刺激の類似性に基づいて刺激般化が生じた結果，ここで挙げたような私的事象が共通に生じるが，公的事象としての「転んだ」と「熱いものに触った」の違いがあるので，聞き手によって分化強化されうる。

5) マインドフルネスなどの臨床的技法が，HN 性に立ち返ることで，問題行動の症状を軽減しようとしている点と何らかのつながりがあるのかもしれない。

6) とくに教育・統治・宗教機関による一方的で組織的な制御に対し

て，一個人が抗することは難しい。これに関して，Skinner（1953）では対抗制御［counter control］という考え方を提示している。この考え方の中心にあるものは，社会的な嫌悪刺激に対するヒトのオペラント行動で，ときには「相手を強化しない方法で退避したり回避したり，さらに制御者の反応を弱化することさえある」（Delprato, 2002）行動をいう（坂上，2005b）。

7) こうした文化随伴性のあり方，たとえば，ある随伴性の変化をどのように社会に定着させていったらよいのか，人々にとってより強化されやすい社会の仕組みをどう設計したらよいのか，などについては，いわゆるユートピアについてのさまざまな研究が参考になる。スキナーによる小説 *Walden two*（Skinner, 1948b；邦題『心理学的ユートピア』）は，行動分析学的考え方を共同体に適用したユートピア小説であり，社会のあり方へのスキナーの考え方を知るのに読むべき文献である。スキナーの *Walden two* をはじめとする行動分析学的ユートピアについては，坂上（2002b）を参照。

演習問題

9-1[Basic] 文化随伴性の違いは，その成員の情動反応へどのような影響をもたらすであろうか。例を挙げて説明しなさい。

9-2[Basic] 私たちの日常の行動から，ルール支配行動と随伴性形成行動の例を挙げ，その違いについて説明しなさい。

9-3[Search] スキナーの言語行動について，マンドとタクト以外の言語行動について調べ，各々の機能の違いについて説明しなさい。

9-4[Search] 情動反応の科学的測定に関する最近の研究について調べ，それらの果たす役割と限界について考察しなさい。

9-5[Advance] 野生のチンパンジーに見られる「ヤシの実割り」行動は，「文化」といえるだろうか。私たちの文化随伴性との違いについて説明しなさい。

おわりに

●機能の分析に徹底することで得られるものとは

　近年，臨床心理学の領域では，認知行動療法［Cognitive Behavioral Therapy］が著しい発展を遂げてきている。認知行動療法は，従来の行動療法ではあまり対象とされてこなかった私的事象に対して，認知モデルを取り入れることによって，その治療対象を拡大するとともに，無作為化試験という医学的な検証モデルの導入によって，臨床心理学におけるエビデンス研究を牽引してきた。その結果，現在では，精神医学的診断名に合わせて対応する治療技法が確立されてきている。

　行動分析学の立場から，現代の精神医学的診断や，それに対応して次々と登場する「新しい認知行動療法」の今後の展望と課題について，あとがきに代えて考察してみたい。

　可視的な病理器官が発見できない精神疾患について，精神医学ではその症状，つまり観察可能な行動に基づいて「疾患」として分類するという手法を取っている。たとえば自閉症スペクトラム（以下ASD）に関しては，幼児期から対人関係や社会性の発達に遅滞があり，常同性や固執性などの行動指標が観察されることで，ASDと診断し分類している。

　しかしこの基準は，ASDと診断された人が必ずしも共通の生物学的な疾患を持っていることを意味しない。たとえば，ある研究ではASDにおいて扁桃体の肥大を指摘し，別の研究では神経伝達物質であるセロトニンの問題を，別の研究ではミクログリアなど神経細胞を形成する物質の問題というように，研究者たちはASD群に

統計的に有意な証拠を集め，それを診断指標にしようと試みてきた。しかし，行動指標を超えようとして発展してきた可視的な器官的欠損や生理学的な特異現象の探索は，未だ現診断基準の行動指標を超えられないでいる。

　このような，行動の生物学的な根本原因に対するあくなき探求は，精神疾患に対する根治的な治療方法を確立するうえで価値あるものであることには違いないが，これらの試みは，最終的には遺伝子レベルまで遡るほかはないようにも思える。現在の医学的知見として，ASD は，遺伝的素因に環境要因が加わることでその症状が明確化していくことが共通の理解とされているが，このことは遺伝的要因，過去の学習経験，現在の環境という行動分析学が規定する行動の原因と共通の視点となる。

　ASD の治療に対して行動分析学の立場から，ロヴァスは，自閉症という疾患は仮説構成概念であり，その全体像を治療しようとする試みは，早々に治療を挫折に導くことを危惧し，あくまで個々の行動の制御要因を明らかにし，その結果として本態の治療に近づくのだ，と主張している（Lovaas, 1971）。

　個々の行動を維持している随伴性に着目し，環境操作することで行動変容の要因を発見し，治療することに徹底することは，診断名の違いを超えて同じ機能を持つ行動の理解や治療に，大きな恩恵をもたらす。たとえば，依存症における薬物やアルコールやギャンブルへの固執行動も，強迫性障害の強迫行為も，その機能に着目すれば，不安を誘発する刺激事態や，それに伴って生じる否定的思考行動からの回避という同様の行動として定義することも可能となる。治療としては環境そのものの改善，回避行動の消去，回避行動を強めている言語ルールの消去，回避以外の適応的な行動の強化という共通の治療要因を整備することが可能になると考えられる。これに

よって私たちは，診断ごとに紐づけられた技法という枠から解放されるだけでなく，診断概念というバリアを超えて，新たに有効な治療方法を構築できると考える。またそれは将来，行動の機能に基づいた新しい機能的診断へと変えていく原動力になっていくかもしれない。

　本書は第1章に「心とは何か」という挑戦的テーマを掲げ，続いて「環境とは，行動は何か」，そして行動の学習と原理について，現在までの行動科学的研究の蓄積とその諸理論について述べてきた。とくに，第9章は，言語，情動，私的事象，ルール支配行動，およびそれらを制御する文化という社会的制御について，基礎と応用という分野を異にする両著者で議論と推敲を重ねた。これは奇しくも，行動分析学という共通の言語行動を用いた，実験心理学と応用心理学の対話であったかもしれない。

　行動分析学における，環境による行動の制御に関する実験的知見と，「機能」という分析の視点，およびその手段としての単一事例の実験法は，基礎心理学の学徒においても，心理臨床を学ぶ学徒においても，行動の制御要因を探求するための有用で最適なツールといえる。

　本書が，基礎と応用の個々に分断されがちな心理学という科学を，体系的に理解し探求していくという行動の一助となることを期待したい。

2017年2月

井上雅彦・坂上貴之

読 書 案 内

『メイザーの学習と行動』［日本語版］（二瓶社，2008 年）
　J. E. メイザー著／磯博行・坂上貴之・川合伸幸訳
　●2017 年時点で最も内容的に充実した学習と行動に関する教
　　科書の翻訳。原著は第 8 版となっているが，日本語訳は第 6
　　版の翻訳である。より高いレベルでの，行動分析学における
　　基礎的で実験的な事実を把握するうえで，重要な参考書であ
　　る。

『スキナーの心理学──応用行動分析学（ABA）の誕生』（二瓶社，
2005 年）
　W. T. オドノヒュー・K. E. ファーガソン著／佐久間徹監訳
　●行動分析学の哲学的基盤である徹底的行動主義の考え方を学
　　ぶうえでのよい入門書。応用行動分析，認知，言語，自己制
　　御，社会的視点といった，本書の第 8, 9 章で取り扱った問題
　　を中心に述べている点で参考となる。

『行動理論への招待』（大修館書店，1976 年）
　佐藤方哉著
　●行動分析学を日本に導入した重要な 1 人である佐藤方哉によ
　　って書かれた，行動理論についての入門書。スキナーの哲学
　　的科学的な学問的立場が，実験心理学の歴史の中にどのよう
　　に位置づけられるかを，佐藤独特のさまざまなトピックから
　　論じている。

『オペラント心理学入門 —— 行動分析への道』（サイエンス社，1978 年）

G. S. レイノルズ著／浅野俊夫訳

●レイノルズによる教科書。半世紀前に書かれたものではあるものの，実験行動分析学のポイントを簡潔にそして力強くまとめたもので，その輝きは衰えておらず，まさに入門書としてふさわしい書籍といえる。読者は基本的な概念や実際に行われる実験を学ぶことができる。

『行動生物学辞典』（東京化学同人，2013 年）

上田恵介・岡ノ谷一夫・菊水健史・坂上貴之・辻和希・友永雅己・中島定彦・長谷川寿一・松島俊也編

●2017 年時点で心理学の学習分野で用いられる専門用語について，最も詳しく，最も網羅されている辞典である。行動生物学の辞典であるから，心理学以外の他分野での行動に関する専門用語についても，他に類を見ない充実ぶりである。

『自由と尊厳を超えて』（春風社，2013 年）

B. F. スキナー著／山形浩生訳

●スキナーの著作である *Beyond Freedom and Dignity* の新訳。スキナーは近現代の西洋社会の基盤となる人間の自由や尊厳の考えに対して，懐疑的な見解を持っていた。この書籍は，その見解を一般読者向けに書いたペーパーバックの翻訳である。

『人間と社会の省察 —— 行動分析学の視点から』（勁草書房，1996 年）

B. F. スキナー著／岩本隆茂・佐藤香・長野幸治監訳

●スキナーの著作である *Upon Further Reflection* の翻訳。ス

キナーの比較的後期の論文やエッセイを集めたものであり，複数の翻訳者が参加しているにもかかわらず，統一のとれた日本語訳となっている。

『応用行動分析学』(明石書店，2013 年)
　J. O. クーパー・T. E. ヘロン・W. L. ヒューワード著／中野良顯訳
　●通称，ホワイトブックと呼ばれる，応用行動分析学についての総合的で代表的な教科書の翻訳。行動分析学を学んだことを保証する資格を得るための試験に準拠したものともなっている。

『行動分析学研究アンソロジー 2010』(星和書店，2011 年)
　日本行動分析学会編／藤健一・望月昭・武藤崇・青山謙二郎責任編集
　●日本行動分析学会の発刊する専門学術雑誌『行動分析学研究』から選択された実験室や実践場面での研究論文に注を加えたアンソロジー。実際の研究を知るのに重宝する。

以上のほかに，行動分析学の立場で書かれたいくつかの教科書，たとえば，小野浩一『行動の基礎―豊かな人間理解のために』(培風館，2005 年)，伊藤正人『行動と学習の心理学―日常生活を理解する』(昭和堂，2005 年) などや，行動分析学に関わる翻訳書があるが，すべてを網羅することはできないので，紹介した書籍を足掛かりにして，探し出していってほしい。

引用・参考文献

Allison, J. W. (1983) *Behavioral Economics.* Praeger.

浅野俊夫 (1978)「個体行動とヒト化——行動分析の立場から（[特集] 人類の出現と進化）」『科学』**48**, 213-220.

浅野俊夫 (1978)「訳者あとがき」ジョージ・S・レイノルズ（浅野俊夫訳）『オペラント心理学入門——行動分析への道』サイエンス社

Ayllon, T. & Azrin, N. (1968) *The Token Economy: A Motivational System for Therapy and Rehabilitation.* Appleton Century Crofts.

Barlow, D. H., Nock, M. K. & Hersen, M. (1984) *Single Case Experimental Designs: Strategies for Studying Behavior Change* (2nd edition). Allyn & Bacon.（高木俊一郎・佐久間徹訳　1993『一事例の実験デザイン——ケーススタディの基本と応用』[改版] 二瓶社）

Baron-Cohen, S., Leslie, A. M. & Frith, U. (1985) Does the autistic child have a 'theory of mind'? *Cognition,* **21**, 37-46.

Baum, W. M. (1974) On two types of deviation from the matching law: Bias and undermatching. *Journal of the Experimental Analysis of Behavior,* **22**, 231-242.

Baum, W. M. (1979) Matching, undermatching, and overmatching in studies of choice. *Journal of the Experimental Analysis of Behavior,* **32**, 269-281.

Baum, W. M. (1993) Performances on ratio and interval schedules of reinforcement: Data and theory. *Journal of the Experimental Analysis of Behavior,* **59**, 245-264.

Baum, W. M. (2010) Dynamics of choice: A tutorial. *Journal of the Experimental Analysis of Behavior,* **94**, 161-174.

Baum, W. M. (2012) Rethinking reinforcement: Allocation, induction, and contingency. *Journal of the Experimental Analysis of Behavior,* **97**, 101-124.

Braitenberg, V. (1984) *Vehicles: Experiments in Synthetic Psychology.* MIT Press.（加地大介訳　1987『模型は心を持ちうるか——人工知能・認知科学・脳生理学の焦点』哲学書房）

Breland, K. & Breland, M. (1961) The misbehavior of organisms. *American Psychologist,* **16**, 681-684.

Brown, J. F. & Hendy, S. (2001) A step towards ending the isolation of behavior analysis: A common language with evolutionary science. *The Behavior Analyst,* **24**, 163-171.

Brown, P. L. & Jenkins, H. M. (1968) Auto-shaping of the pigeon's key-peck. *Journal of the Experimental Analysis of Behavior,* **11**, 1-8.

Catania, A. C. (1963) Concurrent performances: A baseline for the study of reinforcement magnitude 1. *Journal of the Experimental Analysis of Behavior*, **6**, 299–300.

Catania, A. C.(1968)*Contemporary Research in Operant Behavior*. Scott Foresman.

Catania, A. C.(1971)Elicitation, reinforcement and stimulus control. In R. Glaser(Ed.), *Nature of Reinforcement*. Academic Press.

Catania, A. C.(1980)Operant theory: Skinner. In G. M. Gazda & R. J. Corsini (Eds.), *Theories of Learning: A Comparative Approach*. Peacock.

Catania, A. C.(1991)Glossary. In I. H. Iversen & K. A. Lattal(Eds.), *Experimental Analysis of Behavior*(Vol. 2). Elsevier.

Catania, A. C.(1992)*Learning*(3rd edition). Prentice Hall.

Catania, A. C.(2013)*Learning*(5th edition). Sloan Publishing.

Catania, A. C., Matthews, B. A. & Shimoff, E.(1982)Instructed versus shaped human verbal behavior: Interactions with nonverbal responding. *Journal of the Experimental Analysis of Behavior*, **38**, 233–248.

Critchfield, T. S.(2016)Requiem for the Dead Man Test? *The Behavior Analyst*, **40**, 539–548.

Cooper, J. O., Heron, T. E. & Heward, W. L.(1987)*Applied Behavior Analysis*. Prentice Hall.

Cooper, J. O., Heron, T. E. & Heward, W. L.(2007)*Applied Behavior Analysis* (2nd edition). Prentice Hall.(中野良顯訳　2013『応用行動分析学』明石書店)

Deci, E. L.(1971)Effects of externally mediated rewards on intrinsic motivation. *Journal of Personality and Social Psychology*, **18**, 105–115.

Delgado, M. R., Olsson, A. & Phelps, E. A.(2006)Extending animal models of fear conditioning to humans. *Biological Psychology*, **73**, 39–48.

Delprato, D. J.(2002)Countercontrol in behavior analysis. *The Behavior Analyst*, **25**, 191–200.

Dixon, M. R., Rehfeldt, R. A. & Randich, L.(2003)Enhancing tolerance to delayed reinforcers: The role of intervening activities. *Journal of Applied Behavior Analysis*, **36**, 263–266.

Duffy, L. & Wishart, J.(1994)The stability and transferability of errorless learning in children with Down syndrome. *Down Syndrome Research and Practice*, **2**, 51–58.

Ekman, P., Sorenson, E. R. & Friesen, W. V.(1969)Pan-cultural elements in facial displays of emotion. *Science*, **164**, 86–88.

Epstein, R., Lanza, R. P. & Skinner, B. F.(1981)'Self-awareness' in the pigeon. *Science*, **212**, 695–696.

Estes, W. K. & Skinner, B. F.(1941)Some quantitative properties of anxiety. *Journal of Experimental Psychology*, **29**, 390–400.

Fantino, E. (1969) Choice and rate of reinforcement. *Journal of the Experimental Analysis of Behavior*, **12**, 723-730.

Fantz, R. L. (1961) The origin of form perception. *Scientific American*, **204**, 66-72.

Ferster, C. B. & Skinner, B. F. (1957) *Schedules of Reinforcement*. Prentice Hall.

Findley, J. D. (1958) Preference and switching under concurrent scheduling. *Journal of the Experimental Analysis of Behavior*, **1**, 123-144.

藤巻峻・坂上貴之 (2017)「応用行動分析学──体重減量のプログラム」今田純雄・和田有史編『食行動の科学──「食べる」を読みとく』朝倉書店

Gallup, G. G. (1970) Chimpanzees: Self-recognition. *Science*, **167**, 86-87.

Garcia, J. & Koelling, R. A. (1966) Relation of cue to consequence in avoidance learning. *Psychonomic Science*, **4**, 123-124.

Goeters, S., Blakely, E. & Poling, A. (1992) The differential outcomes effect. *The Psychological Record*, **42**, 389-411.

Green, C. W., Reid, D. H., White, L. K., Halford, R. C., Brittain, D. P. & Gardner, S. M. (1988) Identifying reinforcers for persons with profound handicaps: Staff opinion versus systematic assessment of preferences. *Journal of Applied Behavior Analysis*, **21**, 31-43.

Green, L., Fisher, E. B., Perlow, S. & Sherman, L. (1981) Preference reversal and self control: Choice as a function of reward amount and delay. *Behaviour Analysis Letters*, **1**, 43-51.

Hall, K. R. L. (1963) Observational learning in monkeys and apes. *British Journal of Psychology*, **54**, 201-226.

Hanson, H. M. (1959) Effects of discrimination training on stimulus generalization. *Journal of Experimental Psychology*, **58**, 321-334.

Harlow, H. F. (1949) The formation of learning sets. *Psychological Review*, **56**, 51-65.

Hayes, K. J. & Hayes, C. (1952) Imitation in a home-raised chimpanzee. *Journal of Comparative and Physiological Psychology*, **45**, 450-459.

Hayes, S. C., Blackledge, J. T. & Barnes-Holmes, D. (2001) Language and cognition: Constructing an alternative approach within the behavioral tradition. In S. C. Hayes, D. Barnes-Holmes & B. Roche (Eds.), *Relational Frame Theory: A Post-Skinnerian Account of Human Language and Cognition*. Kluwer Academic / Plenum.

Herrnstein, R. J. (1961) Relative and absolute strength of response as a function of frequency of reinforcement. *Journal of the Experimental Analysis of Behavior*, **4**, 267-272.

Herrnstein, R. J. (1970) On the law of effect. *Journal of the Experimental Analysis of Behavior*, **13**, 243-266.

Hinson, J. M. & Staddon, J. E. R. (1983) Hill-climbing by pigeons. *Journal of the*

Experimental Analysis of Behavior, **39**, 25-47.

Hodos, W. (1961) Progressive ratio as a measure of reward strength. *Science*, **134**, 943-944.

Howlin, P., Baron-Cohen, S. & Hadwin, J. A. (1998) *Teaching Children with Autism to Mind-Read: A Practical Guide for Teachers and Parents.* Wiley.

Hursh, S. R. (1978) The economics of daily consumption controlling food- and water-reinforced responding. *Journal of the Experimental Analysis of Behavior*, **29**, 475-491.

Hursh, S. R. (1984) Behavioral economics. *Journal of the Experimental Analysis of Behavior*, **42**, 435-452.

Hursh, S. R. (2014) Behavioral economics and the analysis of consumption and choice. In F. K. McSweeney & E. S. Murphy (Eds.), *The Wiley Blackwell Handbook of Operant and Classical Conditioning.* Wiley.

井垣竹晴・坂上貴之 (2003)「変化抵抗をめぐる諸研究」『心理学評論』**46**, 184-210.

今田寛監修・中島定彦編 (2003)『学習心理学における古典的条件づけの理論──パヴロフから連合学習研究の最先端まで』培風館

石井拓 (2015)「シングルケースデザインの概要 (記念シンポジウム)」『行動分析学研究』**29**, 188-199.

Jenkins, H. M. & Sainsbury, R. S. (1969) The development of stimulus control through differential reinforcement. In N. J. Mackintosh & W. K. Honig (Eds.), *Fundamental Issues in Associative Learning: Proceedings of a Symposium Held at Dalhousie University, Halifax, June 1968.* Dalhousie University Press.

Jenkins, H. M. & Sainsbury, R. S. (1970) Discrimination learning with the distinctive feature on positive or negative trials. In D. I. Mostofsky (Ed.), *Attention: Contemporary Theory and Analysis.* Appleton Century Crofts.

Johnston, J. M. & Pennypacker, H. S. (1993) *Strategies and Tactics of Behavioral Research* (2nd edition). L. Erlbaum Associates.

Jones, M. C. (1924) The elimination of children's fears. *Journal of Experimental Psychology*, **7**, 382-390.

Kagel, J. H. & Winkler, R. C. (1972) Behavioral economics: Areas of cooperative research between economics and applied behavioral analysis. *Journal of Applied Behavior Analysis*, **5**, 335-342.

Kazdin, A. E. (Ed.), (1977) *The Token Economy: A Review and Evaluation.* Plenum Press.

Köhler, W. (1938) Simple structural functions in the chimpanzee and in the chicken. In W. D. Ellis (Ed.), *A Source Book of Gestalt Psychology.* Routledge and Kegan Paul Ltd.

Klüver, H. & Bucy, P. C. (1939) Preliminary analysis of functions of the temporal lobes in monkeys. *Archives of Neurology And Psychiatry*, **42**, 979-1000.

Lamarre, J. & Holland, J. G. (1985) The functional independence of mands and tacts. *Journal of the Experimental Analysis of Behavior*, **43**, 5-19.

Laties, V. G. & Weiss, B. (1963) Effects of a concurrent task on fixed-interval responding in humans. *Journal of the Experimental Analysis of Behavior*, **6**, 431-436.

Lavond, D. G. & Steinmetz, J. E. (2003) *Handbook of Classical Conditioning.* Kluwer Academic Publishers.

Lea, S. E. G. (1978) The psychology and economics of demand. *Psychological Bulletin*, **85**, 441-466.

Lilienfeld, S. O., Lynn, S. J., Ruscio, J. & Beyerstein, B. L. (2009) *50 Great Myths of Popular Psychology: Shattering Widespread Misconceptions about Human Behavior.* Wiley. (八田武志・戸田山和久・唐沢穣訳　2014『本当は間違っている心理学の話――50の俗説の正体を暴く』化学同人)

Logue, A. W. (1995) *Self-Control: Waiting Until Tomorrow for What You Want Today.* Prentice Hall.

Lovaas, O. I. (1971) Certain comparisons between psychodynamic and behavioristic approaches to treatment. *Psychotherapy: Theory, Research & Practice*, **8**, 175-178.

Malott, R. W. (2008) *Principles of Behavior* (6th edition). Pearson.

Mazur, J. E. (1981) Optimization theory fails to predict performance of pigeons in a two-response situation. *Science*, **214**, 823-825.

Mazur, J. E. (2006) *Learning and Behavior* (6th edition). Pearson. (磯博行・坂上貴之・川合伸幸訳　2008『メイザーの学習と行動』[日本語版第3版] 二瓶社)

Mazur, J. E. & Logue, A. W. (1978) Choice in a 'self-control' paradigm: Effects of a fading procedure. *Journal of the Experimental Analysis of Behavior*, **30**, 11-17.

Meehl, P. E. (1950) On the circularity of the law of effect. *Psychological Bulletin*, **47**, 52-75.

Michael, J. L. (1993) *Concepts and Principles of Behavior Analysis.* Association of Behavior Analysis.

Mintz, D. E., Mourer, D. J. & Gofseyeff, M. (1967) Sequential effects in fixed-ratio postreinforcement pause duration. *Psychonomic Science*, **9**, 387-388.

宮野秀市・貝谷久宣・坂野雄二（2000）「簡易型VRエクスポージャーの試み――雷恐怖症の1症例」『行動療法研究』**26**，97-106.

中島定彦（1992）「動物の「知能」に対する一般学生の評定」『基礎心理学研究』**11**，27-30.

中村正純・小野浩一（1989）「情動」小川隆監修『行動心理ハンドブック』培風

館

Nevin, J. A.（1974）Response strength in multiple schedules. *Journal of the Experimental Analysis of Behavior*, **21**, 389-408.

奥田健次・井上雅彦（2000）「自閉症児への『心の理論』指導研究に関する行動分析学的検討――誤信課題の刺激性制御と般化」『心理学評論』**43**，427-442.

奥田健次・井上雅彦（2002）「自閉症児における自己／他者知識に関する状況弁別の獲得と般化」『発達心理学研究』**13**，51-62.

Ono, K.（1987）Superstitious behavior in humans. *Journal of the Experimental Analysis of Behavior*, **47**, 261-271.

Pace, G. M., Ivancic, M. T., Edwards, G. L., Iwata, B. A. & Page, T. J.（1985）Assessment of stimulus preference and reinforcer value with profoundly retarded individuals. *Journal of Applied Behavior Analysis*, **18**, 249-255.

Passos, M. L. R. F.（2012）B. F. Skinner: The writer and his definition of verbal behavior. *The Behavior Analyst*, **35**, 115-126.

Pavlov, I. P.（1927）*Conditioned Reflexes: An Investigation of the Physiological Activity of the Cerebral Cortex.* Oxford University Press.

Piazza, C. C., Fisher, W. W., Hagopian, L. P., Bowman, L. G. & Toole, L.（1996）Using a choice assessment to predict reinforcer effectiveness. *Journal of Applied Behavior Analysis*, **29**, 1-9.

Premack, D.（1959）Toward empirical behavior laws: I. Positive reinforcement. *Psychological Review*, **66**, 219-233.

Premack, D.（1965）Reinforcement theory. In D. Levine（Ed.）, *Nebraska Symposium on Motivation.* University of Nebraska Press.

Premack, D. & Woodruff, G.（1978）Does the chimpanzee have a theory of mind? *Behavioral and Brain Sciences*, **1**, 515-526.

Rachlin, H.（1992）Teleological behaviorism. *American Psychologist*, **47**, 1371-1382.

Rachlin, H. & Green, L.（1972）Commitment, choice and self-control. *Journal of the Experimental Analysis of Behavior*, **17**, 15-22.

Rachlin, H., Battalio, R., Kagel, J. & Green, L.（1981）Maximization theory in behavioral psychology. *Behavioral and Brain Sciences*, **4**, 371-388.

Reese, E. S.（1963）The behavioral mechanisms underlying shell selection by hermit crabs. *Behaviour*, **21**, 78-124.

Rescorla, R. A.（1967）Pavlovian conditioning and its proper control procedures. *Psychological Review*, **74**, 71-80.

Reynolds, G. S.（1961）Behavioral contrast. *Journal of the Experimental Analysis of Behavior*, **4**, 57-71.

Reynolds, G. S.（1968）*A Primer of Operant Conditioning.* Scott Foresman.

Reynolds, G. S.（1975）*A Primer of Operant Conditioning*（Revised edition）.

Scott Foresman.

Rilling, M. (1977) Stimulus control and inhibitory processes. In W. K. Honig & J. E. R. Staddon (Eds.), *Handbook of Operant Behavior*. Prentice Hall.

Ross, M. D., Owren, M. J. & Zimmermann, E. (2009) Reconstructing the evolution of laughter in great apes and humans. *Current Biology*, **19**, 1106-1111.

佐伯大輔 (2011)『価値割引の心理学——動物行動から経済現象まで』昭和堂

坂上貴之 (1991)「行動観察における記録法と行動指標 (文学部創設百周年記念論文集 II)」『哲學』**92**, 211-236.

坂上貴之 (1997)「行動経済学と選択理論 ([特集] 選択行動研究の現在)」『行動分析学研究』**11**, 88-108.

坂上貴之 (2002a)「行動分析学と経済学——進化的枠組みの中での共同作業をめざして ([特集] 行動経済学の現在)」『行動分析学研究』**16**, 92-105.

坂上貴之 (2002b)「悪くはない出発——行動分析学的ユートピア」坂上貴之・異孝之・宮坂敬造・坂本光編『ユートピアの期限』慶應義塾大学出版会

坂上貴之 (2005a)「反応増加の幸福と害毒——内発的動機づけ論争と反応遮断化理論」異孝之・宮坂敬造・坂上貴之・岡田光弘・坂本光編『幸福の逆説』慶應義塾大学出版会

坂上貴之 (2005b)「倫理的行動と対抗制御——行動倫理学の可能性 ([特集] 行動分析と倫理)」『行動分析学研究』**19**, 5-17.

坂上貴之 (2006)「情行為試論——悲しいから泣くのではない。環境事象があるから泣き, 悲しむのてある。」坂本光 坂上貴之・宮坂敬造・岡田光弘・異孝之編『情の技法』慶應義塾大学出版会

坂上貴之 (2013)「強化スケジュール表記システムについての覚書 ([特集] 渡辺茂君・増田直衛君退職記念)」『哲學』**130**, 1-40.

佐藤方哉 (1976)『行動理論への招待』大修館書店

佐藤方哉 (1977)「行動とはなにか——実験的行動分析の立場から ([特集] 行動と脳)」『科学』**47**, 198-205.

佐藤方哉 (2001)「言語への行動分析学的アプローチ」日本行動分析学会編『ことばと行動——言語の基礎から臨床まで』ブレーン出版

佐藤方哉 (2007)「見本合わせは条件性弁別であろうか?——概念分析」『帝京大学心理学紀要』1-8.

Schoenfeld, W. N. & Cole, B. K. (1972) *Stimulus Schedules: The t-τ Systems*. Harper & Row.

Schweitzer, J. B. & Sulzer-Azaroff, B. (1988) Self-control: Teaching tolerance for delay in impulsive children. *Journal of the Experimental Analysis of Behavior*, **50**, 173-186.

Seligman, M. E. & Maier, S. F. (1967) Failure to escape traumatic shock. *Journal of Experimental Psychology*, **74**, 1-9.

嶋崎恒雄 (2009)「随伴性を測る」坂上貴之編『意思決定と経済の心理学』朝倉書店

Shimp, C. P. (1966) Probabilistically reinforced choice behavior in pigeons. *Journal of the Experimental Analysis of Behavior*, **9**, 443-455.

Sidman, M. & Tailby, W. (1982) Conditional discrimination vs. matching to sample: An expansion of the testing paradigm. *Journal of the Experimental Analysis of Behavior*, **37**, 5-22.

Sidman, M., Wynne, C. K., Maguire, R. W. & Barnes, T. (1989) Functional classes and equivalence relations. *Journal of the Experimental Analysis of Behavior*, **52**, 261-274.

Siegel, S. (1976) Morphine analgesic tolerance: Its situation specificity supports a Pavlovian conditioning model. *Science*, **193**, 323-325.

Siegel, S. (2001) Pavlovian conditioning and drug overdose: When tolerance fails. *Addiction Research & Theory*, **9**, 503-513.

Siegel, S. & Ellsworth, D. W. (1986) Pavlovian conditioning and death from apparent overdose of medically prescribed morphine: A case report. *Bulletin of the Psychonomic Society*, **24**, 278-280.

Skinner, B. F. (1938) *The Behavior of Organisms: An Experimental Analysis.* Copley publishing group.

Skinner, B. F. (1948a) 'Superstition' in the pigeon. *Journal of Experimental Psychology*, **38**, 168-172.

Skinner, B. F. (1948b) *Walden Two.* Hackett Publishing.（宇津木保・宇津木正訳　1969『心理学的ユートピア』誠信書房）

Skinner, B. F. (1953) *Science and Human Behavior.* Macmillan.（河合伊六・高山巌・園田順一・長谷川芳典・藤田継道訳　2003『科学と人間行動』二瓶社）

Skinner, B. F. (1956) A case history in scientific method. *American Psychologist*, **11**, 221-233.

Skinner, B. F. (1957) *Verbal Behavior.* Prentice Hall.

Skinner, B. F. (1969) *Contingencies of Reinforcement: A Theoretical Analysis.* Appleton Century Crofts.

Skinner, B. F. (1971) *Beyond Freedom and Dignity.* Knopf.（山形浩生訳　2013『自由と尊厳を超えて』春風社）

Skinner, B. F. (1974) *About Behaviorism.* Knopf.

Skinner, B. F. (1981) Selection by consequences. *Science*, **213**, 501-504.

Staddon, J. E. R. (2001) *Adaptive Dynamics: The Theoretical Analysis of Behavior.* MIT Press.

Staddon, J. E. R. (2016) *Adaptive Behavior and Learning* (2nd edition). Cambridge University Press.

Staddon, J. E. R. & Simmelhag, V. L. (1971) The 'supersitition' experiment: A reexamination of its implications for the principles of adaptive behavior. *Psychological Review*, **78**, 3-43.

Suen, H. K. & Ary, D. (1989) *Analyzing Quantitative Behavioral Observation*

Data. L. Erlbaum Associates.

杉山尚子・島宗理・佐藤方哉・マロット，R. W.・マロット，M. E.（1998）『行動分析学入門』産業図書

高橋雅治編（2017）『セルフ・コントロールの心理学——自己制御の基礎と教育・医療・矯正への応用』北大路書房

Terrace, H. S.（1963）Discrimination learning with and without 'errors'. *Journal of the Experimental Analysis of Behavior*, **6**, 1-27.

Terrace, H. S.（1972）By-products of discrimination learning. In G. H. Bower (Ed.), *Psychology of Learning and Motivation, Volume 27: Advances in Research and Theory*. Academic Press.

Thompson, R. F.（2009）Habituation: A history. *Neurobiology of Learning and Memory*, **92**, 127-134.

Thompson, R. F. & Spencer, W. A.（1966）Habituation: A model phenomenon for the study of neuronal substrates of behavior. *Psychological Review*, **73**, 16-43.

Tinbergen, N.（1963）On aims and methods of ethology. *Zeitschrift Für Tierpsychologie*, **20**, 410-433.

Timberlake, W., & Allison, J.（1974）Response deprivation: An empirical approach to instrumental performance. *Psychological Review*, **81**, 146-164.

冨安芳和（1974）「観察法における観察者訓練」続有恒・苧阪良二編『心理学研究法 10』東京大学出版会

VandenBos, G. R.（2007）*APA Dictionary of Psychology*. American Psychological Association.

Vaughan, W.（1981）Melioration, matching, and maximization. *Journal of the Experimental Analysis of Behavior*, **36**, 141-149.

ヴィゴツキー（Vygotsky, L. S.）・柴田義松訳（2001）『思考と言語』［新訳版］新読書社

Vyse, S. A.（1997）*Believing in Magic: The Psychology of Superstition*. Oxford University Press.

Watanabe, S., Sakamoto, J. & Wakita, M.（1995）Pigeons' discrimination of paintings by Monet and Picasso. *Journal of the Experimental Analysis of Behavior*, **63**, 165-174.

Watson, D. L. & Tharp, R. G.（2007）*Self-Directed Behavior: Self-Modification for Personal Adjustment* (9th edition). Wadsworth Publishing.

Watson, J. B. & Rayner, R.（1920）Conditioned emotional reactions. *Journal of Experimental Psychology*, **3**, 1-14.

Winokur, S.（1976）*Primer of Verbal Behaviour: An Operant View*. Prentice Hall.

山本淳一（1987）「自閉児における刺激等価性の形成」『行動分析学研究』**1**, 2-21.

本書で使用した略記

＊は本書独自の略記

略　記	名　称
ACT	アクセプタンス & コミットメント・セラピー [acceptance and commitment therapy]
alt	論理和 [alternative]
CER	条件情動反応 [conditioned emotional response]
chain	連鎖 [chained]
COD	選択変更後遅延 [change-over delay]
conc	並立 [concurrent]
conjt	共立 [conjoint]
conjunc	論理積 [conjunctive]
CRF	連続強化 [continuous reinforcement]
DMTS	遅延見本合わせ [delayed matching to sample]
DRH	高反応率分化強化 [differential reinforcement of high rate]
DRI	両立不能行動分化強化 [differential reinforcement of indispensable behavior]
DRL	低反応率分化強化 [differential reinforcement of low rate]
DRO	他 (無) 行動分化強化 [differential reinforcement of other (zero) behavior]
EXT	消去 [extinction]
FI	固定時隔 [fixed interval]
FR	固定比率 [fixed ratio]
FT	固定時間 [fixed time]
GSR	皮膚電気反射 (反応) [galvanic skin reflex (response)]
＊ HN 性	今此処性 [to be here and now]
interlock	連動 [interlocking]
IRI	強化間時隔 [inter reinforcement internal]
IRT	反応間時間 [interresponse time]
LL	遅延大強化子 (自己制御性選択肢) [larger and later (longer)]
mix	混合 [mixed]
MTS	見本合わせ [matching to sample]
mult	混成 [multiple]
PIE	系統発生的に重要な事象 [phylogenetically important event]
PRP	強化後休止 [postreinforcement pause]

RI	乱動時隔	[random interval]
RR	乱動比率	[random ratio]
RT	乱動時間	[random time]
* R^P	原始自発反応	[primitive spontaneous reaction]
* R^C	条件レスポンデント（条件反応 CR）	[conditioned respondent]
* R^O	オペラント	[operant]
* R^U	無条件レスポンデント（無条件反応 UR）	[unconditioned respondent]
* SL	遅延小強化子	[smaller and later]
SS	即時小強化子（衝動性選択肢）	[smaller and sooner (shorter)]
* S^B	生物学的に重要な刺激	[biologically important stimulus]
* S^C	条件レスポンデント刺激（条件刺激 CS）	[conditioned stimulus]
* S^d	条件性弁別刺激	[conditional discriminative stimulus]
S^D	弁別刺激	[discriminative stimulus]
* S^N	中性刺激	[neutral stimulus]
* S^r	条件強化子	[conditioned reinforcer]
S^R	（無条件）強化子	[(unconditioned) reinforcer]
* S^U	無条件レスポンデント刺激（無条件刺激 US）	[unconditioned stimulus]
tand	連接	[tandem]
VI	変動時隔	[variable interval]
VR	変動比率	[variable ratio]
VT	変動時間	[variable time]

事項索引

◆アルファベット

ABAB デザイン　51
ABA デザイン　→反転法
ACT　→アクセプタンス & コミットメント・セラピー
CS 先行提示　→潜在制止
fMRI　→機能的磁気共鳴画像法
go/no-go 手続き　200
GSR　→皮膚電位反応
HN 性　→今此処性
R：R 随伴性　→反応：反応随伴性
R：S 随伴性　→反応：刺激随伴性
S：S 随伴性　→刺激：刺激随伴性
S-R 理論　→刺激−反応理論
S：R：S 随伴性　→刺激：反応：刺激随伴性
κ　→コーエンのカッパ係数

◆あ 行

アクセプタンス & コミットメント・セラピー（ACT）　276
アドリブ記録法　47
アドリブ体重（安定体重）　164
アリストテレスの 4 原因説　26, 82
安定基準　60
安定体重　→アドリブ体重
意志　246
異種見本合わせ　204
1 次強化子　→無条件強化子
移調　212
一致係数（一致率）　40
一般化マッチング法則　235
遺伝的資質　58
今此処性（HN 性）　278
因果関係　13, 48

飲水行動　171
イントラバーバル（言語間制御）　261
隠蔽　106, 110
運動　36
鋭敏化　75, 77
エクスポージャー（暴露法）　100
エコーイック（音声模倣）　210, 261
延滞条件づけ　111, 112
　長い――　97
　短い――　96
オペランダム（操作体）　118, 133
オペラント　118, 123, 153
　――強化　193
　――条件づけ　118
　――随伴性空間　189
　記述的――　132
　機能的――　133
　弁別――　140, 194
オペラント実験箱　119
オペラント・レベル（ベースライン反応率）　122
音声模倣　→エコーイック

◆か 行

外言　259
介入条件　51
「概念」　207
解発（触発）　71
解発子（解発刺激，触発子）　71, 151
回避　128, 162
　シドマン型――　129
　受動的――　128
　自由オペラント型――　129

能動的—— 128

開放経済的実験環境 242

価格（行動——） 165

書き写し行動　→トランスクリプション

鍵刺激 71

学習 119

　——セット 213

　過剰—— 76

　観察—— 274

　試行錯誤—— 118

　対連合—— 82

　味覚嫌悪—— 105

学習性行動 63

学習性無力感 102

確立操作（セッティング・イベント，設定事象，動因操作，動機付与操作） 163

加算法 94

過剰学習 76

過小マッチング 234

過剰予期効果 108, 110

課題分析 148

過大マッチング 235

価値 229, 244

活動 36

雷恐怖症 100

間隔スケジュール　→時隔スケジュール

喚起的効果 174

環境 31

　——操作 50

　——の制御 66

　——変化 118

　——要因 23, 58

関係型スケジュール 183

関係性 28

関係説 212

間欠強化スケジュール　→部分強化スケジュール

観察 32, 39

観察学習 274

観察者訓練 40

観察反応 180

感じ・気持ち 262

感受性 235

感情・情緒・情動 262

感性予備条件づけ 108, 110

聞き手 258

儀式的行動 171

記述言語行動　→タクト

記述的オペラント 132

機能的オペラント 133

機能的磁気共鳴画像法（fMRI） 270

機能による行動の定義 34

機能分析 21

逆転法　→反転法

逆マッチング 245

逆行条件づけ 96, 112

逆行連鎖 147

究極要因 82

強化 124, 162

　——確率 163

　——間時隔 163

　——遅延 163, 186

　——の相対性 224

　——フィードバック関数 184

　——率 163

　——量 163

　——履歴 165, 188

　オペラント—— 193

　偶発的—— 171

　除去型—— 128, 162

　提示型—— 127, 162

　レスポンデント—— 91

　分化—— 137

驚愕反射 98, 195

強化後休止　→反応潜時

強化子（強化刺激） 118, 123

事項索引　305

──アセスメント　125
1次──　143
社会的──　144
条件──　153
除去型──　128, 162
提示型──　128, 162
2次──　143, 153
バックアップ──　144
プレマック型──　228
無形──　228
無条件──　143
有形──　253
強化刺激　→強化子
強化随伴性　126, 140, 153, 161
強化スケジュール　→スケジュール
共感　12
共立スケジュール　181
局所反応率　191
巨視的最大化理論　239
偶発的強化　171
偶発的随伴性　258
群間比較法（群間比較実験デザイン）　58
継時型スケジュール　178
計時行動　173
継時的提示（追提示，対提示）　89
継時比較　230
継時弁別手続き　200
系統発生　82, 266
──的に重要な事象　81
嫌悪刺激　129, 162
嫌悪性制御　162
言語間制御　→イントラバーバル
言語共同体　258
言語行動　257
原始自発反応　74, 152
現前的出来事　9
厳密なマッチング　235
行為　36
効果の法則　119

高次スケジュール　183
向性　70
構成スケジュール　167, 177
公的事象　267
行動　27
──価格　165
──クラス　133
──対比　199
──の機能的定義　131
──の変容　64, 66
──履歴　58
学習性──　63
儀式的──　170
社会的──　258
随意的──　155
生得性──　64
淘汰性──　64, 118
非随意的──　155
本能的──　68
誘発性──　65
行動型　→反応型
行動観察法　45
行動経済学　187, 239
行動形成　→反応形成
行動主義
古典的──　81, 267
新──　19
徹底的──　2, 267, 281
理論的──　186
行動生態学　72
行動生物学（動物行動学）　72
行動内在的随伴性　258
高反応率分化強化スケジュール　176
興奮性条件づけ　112
コーエンのカッパ係数（κ）　60
「心」　1
心の理論　214
個体　→生物個体
個体内実験デザイン　→単一事例法

個体内反復実験デザイン →単一事例法

個体発生 82
固定時隔スケジュール 172
固定時間スケジュール 169
固定スケジュール 169
固定的活動パターン 70
固定比率スケジュール 173
古典的行動主義 81, 267
古典的条件づけ →レスポンデント条件づけ
混合スケジュール 178
混成スケジュール 178, 198
痕跡条件づけ 97

◆ さ 行

サリー・アンの誤信念課題 214
3項強化随伴性 140, 153, 229, 272
恣意的見本合わせ（象徴見本合わせ） 204, 208
ジェイムズ・ランゲ説 263
時隔スケジュール（間隔スケジュール） 172
時間条件づけ 97
時間スケジュール 169
時間マッチング 234
時間割引曲線 230
至近要因 82
刺激 15, 37
　——クラス 207
　——性制御 140, 194, 216
　——等価性 208
　——一般化 76, 196, 268
　鍵—— 71
　強化—— 123
　嫌悪—— 129, 162
　生物学的に重要な—— 88, 151
　中性—— 67, 89, 151
　文脈—— 103
　弁別—— 140, 194

刺激：刺激随伴性（S：S随伴性） 86
刺激：反応：刺激随伴性（S：R：S随伴性） 86
刺激—反応理論（S-R理論） 69
刺激—有機体—反応 82
自己 251
　——制御 246
　——制御性選択肢 248
　——ルール 273
試行間時隔 170
試行錯誤学習 118
指数割引 187
実験神経症 102
実験法（実験デザイン） 50
実時間記録法 46
私的事象 267
自動行動形成 →自動反応形成
自動反応維持 156
自動反応形成（自動行動形成） 156
シドマン型回避 →自由オペラント型回避
死人テスト 30
自発 65
　——する行動 118
自発の回復 75, 92
社会の強化子 144
社会的行動 258
遮断化 164, 229
　食物—— 164
弱化 124, 162
　除去型—— 129
　提示型—— 129
弱化子（罰子，罰刺激） 118, 123
　条件—— 153
　除去型—— 129
　提示型—— 129
シャトル箱 128
自由オペラント型回避（シドマン型回避） 129

事項索引　307

自由オペラント型手続き　121
終環（第2リンク）　181, 237
自由接近事態　223
従属変数　31
終端行動　171
受動的回避　128
手動反応形成　158
需要の価格弾力性　187
需要の法則　242
需要量　166
馴化　75
　　──の増強　77
　　脱──　77
馴化－脱馴化法　79
瞬間記録法　47
順行条件づけ　97
順行連鎖　147
準備性　159
瞬目反射　97
準連続記録法　46
消去　120
　　──スケジュール　170
　　──抵抗　170
条件強化子（2次強化子）　143, 153
　　般性──　144
条件刺激　→条件レスポンデント刺激
条件刺激先行提示　→潜在制止
条件弱化子　153
条件情動反応（条件抑制）　98
条件制止　94, 107, 110, 112
条件制止子　94
条件性弁別　150
条件性弁別刺激　150, 154, 202
条件づけ　63
　　延滞──　111, 112
　　オペラント──　118
　　感性予備──　108, 110
　　逆行──　96, 112
　　興奮性──　112
　　古典的──　87

痕跡──　97
時間──　97
順行──　97
制止性──　112
道具的──　119
同時──　97
長い延滞──　97
2次──　108, 110
パブロフ型──　87, 91, 152, 153
弁別オペラント──　138, 153
短い延滞──　96
レスポンデント──　87, 91, 153
条件反射　→条件レスポンデント
条件反応　→条件レスポンデント
条件補償反応　104
条件抑制　→条件情動反応
条件レスポンデント（条件反射，条件反応）　91, 92
条件レスポンデント刺激（条件刺激）　91
象徴見本合わせ　→恣意的見本合わせ
衝動性選択肢　248
消費量　166
初環（第1リンク）　181, 237
除去型強化（負の強化）　128, 162
除去型強化子（負の強化子）　128, 162
除去型弱化（負の弱化）　129
除去型弱化子（負の弱化子）　129
除去デザイン　→反転法
食事　165
触発　→解発
触発子　→解発子
食物遮断化　164
所産　37
事例史　58
新奇選好　79
真空行動　71
新行動主義　19
心的概念（心的構成概念）　22, 214

心的動詞　217
心的用語　22
真にランダムな条件　→ランダム統制
　　手続き
「信念」　218
信頼性　39
随意的行動　155
　非──　155
推移律　208
随伴性　36
　──形成行動　272
　──の操作　85
　R：R──　86
　R：S──　86, 119
　S：S──　86
　S：R：S──　86
　強化──　126, 140, 153, 161
　偶発的──　258
　行動内在的──　258
　3項強化──　140, 153, 229, 272
　刺激：刺激──　86
　刺激：反応：刺激──　86
　生存──　126
　反応：刺激──　86, 119
　反応：反応──　86, 224
　付加的──　258
　文化──　126, 277, 280
随伴性空間
　オペラント──　189
　レスポンデント──　111
スキャロップ　172
スケジュール（強化──）　140,
　　163
　──への感受性　275
　──変更キイ手続き　254
　──誘導性攻撃行動　171
　間隔──　172
　関係型──　183
　間歇強化──　170
　共立──　181

継時型──　178
高次──　183
構成──　167, 177
高反応率分化強化──　176
固定──　169
固定時隔──　172
固定時間──　169
固定比率──　173
混合──　178
混成──　178, 198
時隔──　172
時間──　169
消去──　170
成分──　178
相互依存──　224
多元──　178
他行動分化強化──　176
調整──　183
低反応率分化強化──　175
パーセンタイル──　191
反応間時間分化強化──　175
反応相互依存型──　168
反応非依存型──　167
反応偏依存型──　168
比率──　173
部分強化──　170
並立──　180, 199, 232
並立連鎖──　181, 236
変動──　169
変動時隔──　172
変動時間──　169
変動比率──　173
無行動分化強化──　176
要素──　167
乱動──　169
乱動時隔──　172
乱動時間──　169
乱動比率──　173
両立不能行動分化強化──　176
累進──　182

事項索引　　309

連結—— 183
連鎖—— 178
連接—— 178
連続強化—— 170
連動—— 182
論理積—— 182
論理和—— 182
ストループ効果 150
生活体 →生物個体
制御行動 247
制御対象行動 247
制止性条件づけ 112
成績 37
生存随伴性 126
生体 →生物個体
生得性行動 64
生得的出来事 9
生得的反応連鎖 72
正の強化 →提示型強化
正の強化子 →提示型強化子
正の弱化 →提示型弱化
正の弱化子 →提示型弱化子
生物学的制約 159
生物学的に重要な刺激 88, 151
生物個体（個体，生活体，生体，有機体） 29
成分スケジュール 178
生理的微笑 264
セッション 42, 121
——時間 42
——内行動記録法 45
絶対説 212
設定事象 →確立操作
セッティング・イベント →確立操作
節約 77
全課題提示法 148
選好 125
——パルス 254
先行拘束 248
選好注視法 78

潜在制止（CS 先行提示，条件刺激先行提示） 108, 110
潜時 98
漸次的近似（逐次的接近） 136
全体反応率 191
選択切り替え反応 →選択変更反応
選択行動研究 232
選択変更後遅延 235
選択変更反応（選択切り替え反応） 234
総インターバル記録法 46
相関関係 13, 48
双曲割引 187
相互依存スケジュール 224
走行反応率 191
操作 33
操作体 →オペランダム
走性 70
阻止（ブロッキング） 106, 110

◆ た 行

第 1 リンク →初環
第 2 リンク →終環
対応法則 →マッチング法則
対抗制御 285
対称律 208
代替材 244
対比 198
行動—— 199
代用貨幣 →トークン
タクト（記述言語行動） 261
多元スケジュール 178
他行動分化強化スケジュール（無行動分化強化スケジュール） 176
多重機能性 143
多層ベースライン法 56
脱馴化 77
脱制止 93
妥当性 40
タブー語 98

単一事例法（個体内実験デザイン，個体内反復実験デザイン，単一事例実験デザイン，単一被検体法，被験体内実験デザイン，被験体内反復実験デザイン）　56

弾力性　166

　——係数　231

　需要の価格——　187

遅延低減仮説　237

遅延見本合わせ　203

逐次改良理論　239

逐次的接近　→漸次的近似

「知情意」　3

遅滞法　93

「知能」　213

仲介変数　62

中間行動　171

中性刺激　67, 89, 151

超常刺激（超正常刺激）　71

調整スケジュール　183

頂点移動　197

直前の原因　14

追提示（対提示）　→継時的提示

対連合学習　82

定位　70

提示型強化（正の強化）　127, 162

提示型強化子（正の強化子）　128, 162

提示型弱化（正の弱化）　129

提示型弱化子（正の弱化子）　129

低反応率分化強化スケジュール　175

ティンバーゲンの4つの説明　26

テクスチュアル（読字行動）　261

徹底的行動主義　2, 267, 281

転移　208

同一見本合わせ　203

動因　164

　——操作　163

等価クラスの拡張　211

等価点　183

等価律　208

動機づけ　164, 247

　内発的——　253

動機付与操作　→確立操作

道具的条件づけ　119

同時条件づけ　97

同時比較　231

同時弁別手続き　199

同時見本合わせ　203

動性　70

淘汰機能　67

淘汰性行動　64, 118

逃避　128, 162

動物行動学　→行動生物学

動物の心　4

読字行動　→テクスチュアル

特徴正効果　206

独立　17

独立関係　49

独立変数　31

トークン（代用貨幣）　145

　——・エコノミー（代用貨幣経済）　146

トポグラフィ　→反応型

トランスクリプション（書き写し行動）　261

◆な　行

内言　217, 259

内発の動機づけ　253

長い延滞条件づけ　97

泣き　264

納得　12

二元論　2

2次強化子　→条件強化子

2次条件づけ　108, 110

二重過程理論　78

「認知」　4

認知行動療法　276

能動的回避　128

◆ は　行

バイアス　→偏好
バイオフィードバック　157
暴露法　→エクスポージャー
派生的関係　208
パーセンタイルスケジュール　191
バックアップ強化子　144
罰子　→弱化子
罰刺激　→弱化子
話し手　258
パブロフ型条件づけ　→レスポンデント条件づけ
場面間転移性　253
般化
　――テスト　196
　刺激――　76, 196, 268
　レスポンデント――　93, 100
般化勾配　196
　弁別後――　197
反射　→無条件レスポンデント
反射律　208
般性条件強化子　144
反転法（ABAデザイン，逆転法，除去デザイン）　50
反応　14, 37
　――間時間　165
　――強度　165
　――クラス　131, 133
　――持続時間　165
　――出現率　162
　――出力　185
　――潜時（強化後休止）　165
　――頻発　175
　――分布　135
反応型（行動型，トポグラフィ）　33, 63
反応間時間分化強化スケジュール　175

反応休止―走行　→反応停止―走行
反応形成（行動形成）　134
　自動――　156
　手動――　158
反応：刺激随伴性（R：S随伴性）　86, 119
反応遮断化理論　226
反応相互依存型スケジュール　168
反応停止―走行（反応休止―走行）　174
反応：反応随伴性（R：R随伴性）　86, 224
反応非依存型スケジュール　167
反応偏依存型スケジュール　168
反応率　120, 165
　局所――　191
　全体――　191
　走行――　191
　ベースライン――　122
反応連鎖　146, 154
　生得的――　72
被験体内実験デザイン　→単一事例法
被験体内反復実験デザイン　→単一事例法
微視的最大化理論　238
非随意的行動　155
皮膚電位反応（GSR）　270
皮膚電気反射（皮膚コンダクタンス反応，皮膚電気反応）　98
比率スケジュール　173
頻度記録法　46
不安　99, 271
封鎖経済的実験環境（閉鎖経済的実験環境）　242
フェイディング　→溶化
フェイド・アウト（溶暗化）　205
フェイド・イン（溶明化）　205
不応期　89
付加的随伴性　258
付随行動（付属行動）　171

負の強化　→除去型強化
負の強化子　→除去型強化子
負の弱化　→除去型弱化
負の弱化子　→除去型弱化子
部分インターバル記録法　46
部分強化効果　170
部分強化スケジュール（間欠強化スケ
　　ジュール）　170
プレマック型強化子（無形強化子）
　　228
プレマックの原理　224
ブロッキング　→阻止
分化強化　137
分化結果効果　206
文化随伴性　126, 277, 280
文脈刺激　103
閉鎖経済的実験環境　→封鎖経済的実
　　験環境
並立スケジュール　180, 199, 232
並立連鎖スケジュール　181, 236
ベースライン条件　51
ベースライン反応率　→オペラント・
　　レベル
変化抵抗　253
偏好（バイアス）　235
変動時隔スケジュール　172
変動時間スケジュール　169
変動スケジュール　169
変動比率スケジュール　173
弁別　196
　　——可能性　198
　　——機能　67
　　——訓練　197
　　条件性——　150
弁別オペラント　140, 194
　　——条件づけ　138, 153
弁別後般化勾配　197
弁別刺激　140, 194
　　条件性——　150, 154, 202
報酬　158

飽和化　164, 229
補完財　244
本能的逸脱　159
本能的行動　68

◆ ま 行

マッチング
　　過小——　234
　　過大——　235
　　逆——　245
　　厳密な——　235
　　時間——　234
マッチング法則（対応法則）　181,
　　233
　　一般化——　235
マンド（要求言語行動）　261
味覚嫌悪学習　105
短い延滞条件づけ　96
見本合わせ　202
　　異種——　204
　　恣意的——　204, 208
　　象徴——　204
　　遅延——　203
　　同一——　203
　　同時——　203
無形強化子　→プレマック型強化子
無行動分化強化スケジュール　→他行
　　動分化強化スケジュール
無誤弁別　204
無差別曲線　240
無条件強化子（1次強化子）　143
無条件レスポンデント（反射，無条件
　　反射，無条件反応）　68, 88,
　　152
無条件レスポンデント刺激（無条件刺
　　激）　69, 88, 152
迷信行動　169, 170
迷路　119
模倣　274
問題箱　118

事項索引　　313

◆ や 行

薬物耐性　103
誘因　164
有機体　→生物個体
有形強化子　253
誘発　64, 89
　　──機能　67
　　──性行動　65
溶暗化　→フェイド・アウト
溶化（フェイディング）　250
要求言語行動　→マンド
要素スケジュール　167
溶明化　→フェイド・イン
抑制比率　99
予算制約線　240

◆ ら行・わ行

ランダム統制手続き（真にランダムな
　　条件）　92, 112
乱動時隔スケジュール　172
乱動時間スケジュール　169
乱動スケジュール　169
乱動比率スケジュール　173
離散記録法　47
離散試行型手続き　119
離散的な事象　131
両立不能行動分化強化スケジュール
　　176
履歴の出来事　9
理論的行動主義　186
累進スケジュール　182

ルール　272
　　──支配行動　272
　　──追随行動　275
　　自己──　273
レスコーラ・ワーグナー・モデル
　　108
レスポンス・コスト　145, 159
レスポンデント　88
　　──強化　91
　　──消去　92
　　──随伴性空間　111
　　──般化　93, 100
　　──弁別　93
レスポンデント条件づけ（古典的条件
　　づけ，パブロフ型条件づけ）
　　87, 91, 153
連結スケジュール　183
連結箱（連動箱）　183
連合　107
　　──強度　107
連鎖スケジュール　178
連接スケジュール　178
連続強化スケジュール　170
連続記録法　45
　　準──　46
連続的な事象　131
連動スケジュール　182
連動箱　→連結箱
論理積スケジュール　182
論理和スケジュール　182
割引率　230

行動分析学 —— 行動の科学的理解をめざして
Behavior Analysis: Understanding the Science of Behavior

2018 年 3 月 25 日　初版第 1 刷発行

著　者	坂　上　貴　之
	井　上　雅　彦
発 行 者	江　草　貞　治
発 行 所	株式会社 有　斐　閣

郵便番号　101-0051
東京都千代田区神田神保町 2-17
電話　(03) 3264-1315〔編集〕
　　　(03) 3265-6811〔営業〕
http://www.yuhikaku.co.jp/

印刷・大日本法令印刷株式会社／製本・牧製本印刷株式会社
©2018, Takayuki Sakagami, Masahiko Inoue.　Printed in Japan
落丁・乱丁本はお取替えいたします。
★定価はカバーに表示してあります。

ISBN 978-4-641-22102-4

JCOPY　本書の無断複写(コピー)は、著作権法上での例外を除き、禁じられています。複写される場合は、そのつど事前に、(社)出版者著作権管理機構(電話03-3513-6969, FAX03-3513-6979, e-mail:info@jcopy.or.jp)の許諾を得てください。